U0453556

等朔久，我們還有許多事
要做……也那永遠不知疲
倦和風度翩翩的身影，乃
像回到了徹搖遠明的西花
廳，回到了總理的崗位上。
我們要感謝攝影師，
是他們用歷史的巨筆
「紅鏡頭」書寫了這一個
個動人和永恆的瞬間。

当我们看到这一幅幅

栩栩如生的照片，仿佛我们

敬爱的周总理又回到了人

民中间。他那脸上绽放的笑

容是在告诉世界：中国人

民奋勇地站了起来，中国人

民没有克服不了的困难；

他那凝起的浓眉和他那面

孔仿佛乃在告诫国人：中

1963年4月3日，周恩来在北京玉泉山

西花厅，是周恩来会见外宾与召开会议的地方

周恩来和邓颖超生活和工作的西花厅后院，
每年4月，海棠花开，壮观至极

红镜头中的周恩来

顾保孜 著

杜修贤 摄影

贵州出版集团
贵州人民出版社

图书在版编目（CIP）数据

红镜头中的周恩来 / 顾保孜著 . -- 贵阳：
贵州人民出版社 , 2011.6

ISBN 978-7-221-09599-2

Ⅰ . ①红… Ⅱ . ①顾… Ⅲ . ①周恩来—传记
Ⅳ . ① K827=7

中国版本图书馆 CIP 数据核字 (2011) 第 110810 号

红镜头中的 周恩来

顾保孜 著　杜修贤 摄影

出版统筹　曹维琼

责任编辑　陈　荣　康征宇

贵州人民出版社

贵阳市中华北路 289 号　邮编　550004

发行热线：010-59623775　010-59623767

环球印刷（北京）有限公司

2011 年 8 月第 1 版第 1 次印刷

开本　710mm×1020mm　1/16

字数　220 千字　印张　16

定价　36.00 元

引言

  当我们看到这一张张栩栩如生的照片，仿佛我们敬爱的周总理又回到了人民中间。他那脸上绽放的笑容是在告诉世界：中国人民自豪地站了起来，中国人民没有克服不了的困难；他那蹙起的浓眉和沉思面孔仿佛又在告诫国人：中国是一个一穷二白的中国，要赶上世界强国，我们要只争朝夕，我们还有许多事要做……他那永远不知疲倦和风度翩翩的身影，又像回到了彻夜通明的西花厅，回到了总理的岗位上。

  我们要感谢摄影师，是他们用历史的巨笔——"红镜头"书写了这一个个动人和永恒的瞬间。

  打开"瞬间"背后的故事，我们发现一个真实立体的周恩来向我们走来。

目录 Contents

第一章
情满西花厅

　　周恩来是一个真正的忠实、高效、廉洁的人民公仆。他一生都在实践着党的全心全意为人民服务的宗旨，做到了鞠躬尽瘁，死而后已。在担任政府总理二十六年多的时间里，在处理内政、外交和大小公务活动中，他那自觉的强烈的公仆意识是无所不在的，正像他自己说的："为人民服务就是要像春蚕那样吐完最后一根丝。"

**自从周恩来爱上了西花厅，一住就是二十六年。
这里始终保持着庄严、幽静、美丽与朴素的风格**

自天安门广场往西经过新华门继续向前直到府右街南口（六部口），由此向北转弯沿中南海红墙一直到达近府右街北口处，见到那个有国徽的西北门往里向左手一拐便是西花厅。西花厅坐落在中南海大院西北角，是清末宣统年间修建的那种京城常见的旧王府式四合院建筑群。因年代久远，青砖灰瓦的屋宇，廊柱暗红陈旧，雕梁画栋亦已褪色斑驳，已不见昔日王府的豪华气派。

西花厅由前后两个院落组成。前院进门不远处可见一座小假山屏挡路人视线，茂密而细长的修竹环绕着它。院内自南向北的一条弯曲长廊隔在汽车道西侧，长廊中段设一凉亭，它的南端往西拐到尽头处筑一小巧的水榭，池子里没有放水，也就没有鱼虫水草和莲藕，常年干着。如今西花厅院内的房屋、亭子、长廊、水榭等建筑物看来已相当陈旧，但整个院子绿化得很好，树木花草繁茂，修剪整齐，院内环境幽静，空气清新，略有一点花草芳香，树上的知了鸣叫不停。

■60年代，周恩来和邓颖超常在西花厅前厅会见外宾

西花厅前院有一个漂亮气派的前厅，建在约一米高的平台上，是周总理接待与宴请外国宾客的地方。平台下边有一椭圆形花坛，四周栽低矮的常青树环绕，中央栽着周总理和邓颖超都喜爱的芍药花和月季花。花坛亦是交通标志，是来往汽车的环形岛，周总理和邓颖超经常来这里散步赏花。

西花厅的海棠花向为中南海及熟悉总理家的人士所称誉。每年初夏时节，后院里的海棠花盛开，每棵树上开满了红色和白色的花朵，芳香四溢，引来无数彩蝶纷飞，蜜蜂嗡嗡地叫着忙个不停。在此优美而宁静的环境里，蕴含着盎然生机。

1970年10月，周恩来和邓颖超在西花厅

后院的面积不大，是周恩来办公与居住区。一片绿地上满院海棠树，有几棵梨树、桃树和白皮松。周恩来办公室在坐北朝南的正房里。红色的廊柱绿色的窗框，下面的窗户镶着大块玻璃，上面是纱窗再加玻璃窗。每当风和日丽的时候，打开面向院子的玻璃窗，拉开白色的窗幔，室内就顿时亮堂起来。

周恩来办公室西隔壁有一个稍大些的房间称作"活动室"。室内有一张乒乓球桌子，北侧与西墙根处立着书橱，里边藏书主要是文、史、哲类的图书。西花厅的工作人员将"活动室"习惯地称之为"乒乓球房"，或干脆就叫"球房"。打乒乓球是周恩来在办公间隙唯一喜爱的活动腿脚的方式。常有警卫、秘书、医生陪他打球。周恩来右臂肘关节伤残屈曲，活动不方便。加上他已年近古稀，不可能挥拍抽杀，就像董必武说的，是打"卫生球"。

西厢房为工作人员办公处，东厢房为临时"客房"，来客作短暂住宿用。工作人员在西花厅十年只见过周恩来的亲侄女在这里短期住过几次，未见过别人来住过。

办公室往东是客厅，现在时髦的说法可称之为"多功能厅"。这儿是周恩来、邓颖超用餐、休息的地方，也是两位房主人在此会客，与亲属团聚所在地。邓颖超在此看电视。

3

红镜头中的
周恩来

由客厅往里（朝东）便是邓颖超的办公室兼卧室。邓大姐卧室隔壁是周恩来的卧室，周恩来卧室的东墙外是一条内走廊，这里有书架，存放一些旧书刊和文史资料类图书。当初设计这条内走廊的人，想必考虑冬季保温、夏季隔热以及隔音作用。

周恩来卧室内家具陈设极其简单。因为他一进卧室就上床，身后用枕头垫着斜靠在床头继续办公。他睡的是一张普通木床，下面用的是南方人喜爱的棕绷床垫。这很可能同他祖籍是浙江绍兴，生长于江苏淮安，依然保留某些南方人的生活习惯有关。

各房间和卫生间都由内走廊连接出入。走廊出口处是夜间警卫值班室，周恩来进卧室休息后，通向周恩来卧室走廊的门就锁上了，钥匙由警卫员保管。

周恩来居住在西花厅，一直过着俭朴的生活。这从他居住的房屋及院落都可以看得出来。自他住进来以后，不许装修与翻新房屋及庭院。

20世纪60年代初，周恩来身边工作人员乘总理出国访问的机会，为了保护和加固建筑物，他们抢时间搞了点简单的内装修，更换了窗帘、洗脸池与浴缸。周恩来回国见了十分生气，将他们狠狠地批评了一顿。事后，他语重心长地对身边人员说："我身为总理，带一个好头，影响一大片；带一个坏头，也影响一大片。所以，我必须严格要求自己……你们花那么多钱，把我的房子搞得那么好，群众怎么看？一旦大家都学着修起房子来，在群众中会造成什么样的影响？"

周恩来的这一番话发人深省。自此以后，再也没有人敢提及装修房屋之事了。

邓颖超在悼念周恩来的文中说：解放初期你偶然看到这个海棠花盛开的院落，就爱上了海棠花，也就爱上了这个院落，选定这个院落，到这个盛开着海棠花的院落来居住，整整居住了二十六年。这里始终保持着庄严、幽静、美丽与朴素的开国总理风格。

正如陈毅元帅所说："廉洁奉公，以正治国者周总理也。"

周恩来在出访途中，此时也是他难得的休息时刻

周恩来是党内做工作最多的人，也是最忙的人。为了争分夺秒，他开辟了"第二办公室"和"第三办公室"

周恩来是一个真正的忠实、高效、廉洁的人民公仆。他一生都在实践着党的全心全意为人民服务的宗旨，做到了鞠躬尽瘁，死而后已。在担任政府总理二十六年多的时间里，在处理内政、外交和大小公务活动中，他那自觉的强烈的公仆意识是无所不在的，正像他自己说的："为人民服务就是要像春蚕那样吐完最后一根丝。"

可以说，周恩来是党内做工作最多的人，也是最忙的人。他为国家的富强、人民的幸福呕心沥血，日夜操劳，"一天的工作时间总超过12小时，有时在16小时以上，一生如此"，被外国人称为"全天候周恩来"。

他白天忙于开会，接待外宾，有时连吃午饭的时间都没有，只好带些简单的饮食，在驱车途中用餐。深夜才是他回到自己的办公室处理大量文件、研究每个问题的时候。

在一天里，周恩来唯一的休息时间是在和邓颖超共进晚餐的时候。他喜欢听陕北民歌，每当这时他总是要把留声机打开，边吃边听，不时用手指轻敲桌子或是用脚点地，随着音乐拍打，露出安闲、愉快的表情。但就在这个短暂的时间里，当他想起要处理的事，也常常把秘书找来。

日复一日，年复一年。中国前几个发展国民经济的五年计划，都是周恩来主持制定和组织实施的。祖国每条大江大河的治理，每项重点工程的建设，原子弹、氢弹的研制成功，人造卫星的上天，无不凝结着他的心血。他在日理万机中送走了一个个不眠之夜，又迎来了一个个繁忙的早晨。难怪越南的胡志明主席对周恩来个人提出的唯一请求是："请为了中国人民和世界人民的利益每天多睡两小时。"

周恩来规定，一天24小时，凡有重要紧急的事情，不论他是在睡觉还是在吃饭，主办急件的同志要随时向他报告。有一次河南省发大水，为处理此事，周恩来几天几夜没怎么合眼。那天刚睡下，又来了急件，秘书想周总理太累了，等睡醒了再向他报告吧，就没有叫醒他。他醒来看了急件后，严肃地批评了秘书。秘书心疼地说："总理，你几天几夜不睡觉，要累垮的。"周恩来说："我的时间不属于个人。我少睡点觉算什么，发大水关系到几百万人的生命财产安全问题。以后要坚决按规定办。"

国内外许多有名有影响的人都著文说："无疑，周恩来是这个世界上工作最忙，工作最多的一个人。"

工作忙主要体现着他的奉献精神，而工作做得多，则不但体现了奉献精神，同时也体现出他过人的聪明才智。

我们只要看一看每一天周恩来的工作日程安排，看一看西花厅那经常不熄的灯火，我们就会想到人民的总理是怎样一种献身精神，那璀璨不灭的灯火是周恩来用生命点燃的！

周恩来一天的工作时间是从"早晨"醒来一睁开眼睛就开始了。他睡得晚，起床也晚，这里所谓的"早晨"大多是近中午时刻，甚至到下午一两点钟，偶尔会更晚些才起床。

西花厅的服务人员一清早便将卫生间打扫干净，一切生活用品都备齐。白天拉开窗帘打开窗户进行通风换气，夜间则关上窗户拉上窗帘使室内既保持空

■一九六六年元月，周恩来与邓颖超在玉泉山散步

气清新亦使室温相对恒定。

　　周总理每天起居作息等生活习惯与工作安排是："早晨"醒来一睁开眼睛便看手表。他偶尔按电铃叫人进去询问有何急事需要处理。要是时间许可，他也觉得困乏而没有睡够便接着睡。不然，他便按枕头边的电铃呼叫值班警卫人员。他们听到铃声，便进周恩来卧室随他一起到洗手间。

　　周恩来进卫生间后，有时坐在抽水马桶上就按电铃（电铃按钮在马桶旁的小条几上），把值班秘书叫进来，向他报告电话记录、待批阅的紧急文件和一天的工作安排等。有时候，他叫人（多半是周恩来熟悉的老部下）到卫生间来汇报工作，交谈的时间是几分钟，也可长达几十分钟。所以，日子一长，西花厅的工作人员赋予卫生间一个雅号叫做"第二办公室"。

　　秘书们都十分重视这一办公时间。一年之计在于春，一天之计在于晨么，为这一办公时间，秘书们都是预先有准备和协商的。

　　首先，他们将各自负责的急件拿出来，"争夺市场"，谁先送谁后送，要争一争，排排顺序，往往是那些立即需要批办的电报放在前面。这么大的国家，周恩来只要睡下三四小时，就会发生一些急事要办，何况国际风云瞬息万变。这一切都连着周恩来的"第二办公室"，要在坐马桶之时就加以处理和决策。

一般情况下，周恩来在"第二办公室"只处理急电急件，大事要事。那种日常性公事，不能拿到这里办。因为周恩来还要看报纸，可以说一次也没缺过。

假如"老资格"的周恩来办公室工作人员将卫生间戏称为"第二小公室"的话，那么卧室就被称之为"第三办公室"。周恩来起床后便到"第二办公室"开始了一天的工作日程，但周恩来是在卧室的床上结束一天工作的。

周总理每天深夜或凌晨离开办公室去卧室时总抱着一大摞文件。邓颖超戏称为"他每天总抱着金娃娃"去睡觉。

周恩来洗漱完毕进卧室躺到床上，继续看着"金娃娃"，批阅文件，常常在疲惫不堪时打瞌睡。手里拿着的红铅笔在文件上圈、点、画，到后来则画出一道道弯弯曲曲不规则的线条。有时，工作人员站在旁边劝他休息。他很少答应，只是叫人拿热毛巾擦一把脸，拿点花生米或者苏打饼干给他"充饥"，工作人员看出，其实他是想借此驱除"瞌睡虫"。有时，等工作人员取来花生米，他已呼呼地靠在床头睡着了，握在手里的铅笔已掉在了地上。

值班卫士随时注意着卧室内的动静，一旦周恩来入睡了，便轻手轻脚进去，将灯熄灭，再轻手轻脚出来，关严门，小声对值班的秘书们说："回去吧，总理睡了。"

当然，有时周恩来是自己关灯睡觉，这是主动有意地要睡觉，一般是没什么放不下的事情了，或者是头痛得无法看东西了。周恩来用脑过度的痛苦之状大家都见过，微蹙眉头，不敢睁大眼。这时他要服安眠药，并由护士人员帮忙做些头部按摩，促进血液循环。

周恩来主动熄灯睡觉，常发生睡不踏实的情况。一见他关灯，值班秘书就可以走了。可是工夫不大，周恩来"办公室"的灯又亮起来，这是他又想起了什么事，叫卫士再把秘书找来，或询问，或交待一件事，或对某项工作作出指示。

这种情况经常发生。周恩来见秘书跑来跑去，心里不安，就说："唉，真麻烦你们了。还是给你们寝室安部电话吧。"

于是，值班秘书的床头就安了一部红机子。周恩来床头装一部红机子，这部红机子没有拨号也没有铃，拿起话筒就可以让总机找人，可以打出去，外面打不进来，因为不响铃，怕响铃惊扰隔壁的邓大姐。

有了电话，就可以少跑许多腿。有些事，在电话里就可以说了，回答周恩来的询问或接受某项指示，而不必再从寝室跑到周恩来的"办公室"。

办公条件都是逐步提高。比如周恩来的"第三办公室"，开始条件简陋，周恩来抱着文件上床，在身边一放，就将背靠在了床头上。他批阅文件时，就将两腿弓起来，文件放在腿上，边看边批示。这样是很累人的，而且文件放在腿上，写字不易写好，还吃力。卫士见了这种情况，就帮忙找来一个硬纸板，让周恩来垫在腿上。

这样写字方便些，但人仍然很累。邓大姐见了，心有不忍，动了动脑子，把木工请来，亲自讲了设想。木工就按大姐的设想做了一张小桌子，带倾斜面，刚好能卡在床上。这样，周恩来办公就可以减轻些劳累。

这张小桌，平时只放三样东西：红蓝铅笔、老花镜和清凉油。20世纪60年代，周恩来劳累过度患了心脏病，小桌上便又加了一瓶预防心脏病猝然发作进行救急的药品硝酸甘油。现在，这张倾斜的小桌子就陈列在中国革命博物馆中。

邓颖超手里没有周恩来办公室的钥匙，要进办公室，得事先报告。周总理批阅文件绝对是细致认真。他的这种态度，确实发现了不少问题，避免了许多失误

周恩来是执行党的纪律的楷模，他的点点滴滴都值得各级干部学习。也许是长期从事党的秘密工作，养成的严格保密习惯。就拿周恩来办公室门锁的钥匙这么一件事来说，他规定只有三把，秘书有一把，便于他们出入办公室整理文件等；警卫人员有一把，便于清洁和整理房间；他自己保管一把，成天揣在兜里不离身。

邓颖超手里没有钥匙，她要进办公室，通常也得先敲门告知一声再进去，这是他们夫妻间相约的礼貌与规矩。

周恩来办公室的房间不大，约30平方米。当你推开办公室的门，立刻有一种房间狭小拥挤的感觉，因为屋子里的东西堆得满满当当，空间太小了。

办公室地上铺设绿呢地毯，沉重的玻璃书柜摆在东西北三面墙前。室内有两张铺有绿呢台布的办公桌。一张普通的大办公桌朝南临窗摆放，桌上放了许

周恩来在西花厅的办公室

多文件、文具等办公用品，有一个老式铜座绿色灯罩的台灯。这张办公桌的右侧几案上摆了三部电话机。

另一张办公桌，是一张如乒乓球桌大小的长条形会议桌，沿房间东西向横放着。它几乎占据整个房间四分之一的面积。任何人推门进去首先映入眼帘的便是这张醒目的、堆满文件的长条形会议桌。桌上的台灯是自制的，有两个20瓦日光灯管。早先因为办公室里秘书多，分工细，故周恩来办公桌左手下方安装一排标有秘书名字的电铃按钮，便于总理呼叫各位秘书。"文革"开始后，秘书逐渐减少，最后只有两个人，这排电铃装置也失去了作用。

长条形办公桌上放着一摞摞大小不等的文件堆，就像高矮不一的"小山包"。会议桌的东头留了一点空间，周恩来常在此进餐或接待个别来访客人在这儿谈话，放置茶杯等物品。时下人们常说"文山会海"，周恩来办公桌上的"小山包"可说是地地道道的"文山"了。

周恩来每天都要出席或主持各种各样的会议，还有外事活动等，而家里每天又有那么多文件等着他亲自来批阅。他能不忙不累吗？！

那张临窗办公桌的左手侧放着一个扶手小沙发，那只是一种摆设而已，很少见他坐在这张沙发上休息过。

"文革"初期，因为周恩来多次发作冠心病心绞痛，后来在办公室的西北

■ 周恩来的卧室陈设十分简陋

角安放了一张木板单人床，供他躺在那里小憩，充充电，养养神，或是午睡片刻，以及心脏病发作时卧床休息、服药、作心电图和吸氧气时用。

随着岁月的流逝，这张单人床的功能慢慢地发生了演变，床上没有了被褥枕头等卧具，而是堆满了文件。原因很简单，就是周恩来没有时间躺到单人床上去"充电"！

周恩来工作常常因过度劳累而感到胸部憋闷不适。他常感到房间里空气不够用，其实是冠状动脉供血不足引起心绞痛的表现，这是经心电图检查一再证实了的。但他不肯，确实也没有时间专门躺在床上休息吸氧气。在专家指导下，医护人员自行设计了一套"土造"中心供氧装置，通过曲折的管道系统将氧气直接输送到他的办公桌旁。周恩来在办公室里不知不觉地边办公边吸氧。这样，保证了定时定量供给氧气，亦减少了冠心病的发作机率。

周总理批阅文件绝对是细致认真。现在国家档案馆里有数不清的周恩来墨迹，其中的急电急件，大量的是在"第一办公室"里批阅，你可以从前查到后，再从后查到前，看有哪个批得不清？看有哪个错字或是使用不当的标点符号周恩来没有改正过来？周恩来一生严格、细致、谨慎。举个批阅文件的例子。

周恩来阅读文件，除逐一圈点外，当看完一页时，必要将这一页掀起，以

此页末行压在下页首行之上，看完上页右下角末一个字，再看下页首左上角第一个字，这样来保证两页连接处不会多字缺字。

报批的文电及汇报，一般是外交和军事排在前，这两个方面突发性事件多，急情况多。而农林系统一般靠后，除非发生了灾情，有重大灾情就要首先报。

记得有次汇报，负责农业的秘书对负责外交的秘书打招呼："喂，你快点啊。今天国务会议上，总理听农林口头汇报，基本情况我得先报。"

外交和军事方面的秘书很快完事，留时间给农业秘书汇报。可农业秘书有些犹豫，因为周恩来正在批阅文电，并且不时交代机要秘书发电，口述电文。等在农业秘书后面的还有负责文教体育的秘书，见农业秘书犹豫，就想先汇报。农业秘书知道周恩来永远是忙，等是不行的，只好汇报了。

也难怪农业秘书犹豫，那时是计划经济，他汇报有一连串的数字，比如粮食、棉花、油料等等的产量数字，征购数字，已完成数字，分配数字等等。在这种情况下汇报周恩来怎么可能记得住呢？

让人目瞪口呆的是，到了国务会议上，周恩来听汇报，居然给汇报者纠正了一个念错的数字！而且在问答中，一涉及数字，那位副部长就得重新翻材料，而周恩来就很不耐烦地帮他说出准确数字。事后这位副部长说："我们没法跟总理比，那么多数字，我们只能记到纸上，总理全能记在心里。"其他秘书说："你还不知道呢，总理就是早晨听了一次汇报就全记住了。"

当然，全国报来的文电和情况每天多似海，不可能全叫周恩来看，全向周恩来汇报，首先要经过秘书的筛选过滤，有选择地呈送，有选择地汇报。

有次国务会议结束后，一位副总理问周恩来有关黄河水利的问题："总理，这个文件我们报上去了，不知您有什么意见和指示？"

周恩来马上摇摇头，肯定地说："这个文件我没见到，也没听秘书讲过。"

他找来有关秘书李岩，果然，是被李秘书筛选下去了，没报周恩来。但凡报上来的，周恩来都是"过目不忘，过耳不丢"。此后，为避免筛选出差错影响工作，秘书们改变了做法，就是对筛下来的文件报告，有空时便向周恩来唠叨几句。不要小瞧这几句唠叨，周恩来听过就不会忘，万一哪位负责人向周恩来问及这件事，周恩来就不会不知道。

周恩来离不开《辞海》、《辞源》等工具书，为求一字准确，有时甚至要翻到《康熙字典》。翻到之后他还要亲自查阅核对一遍。凡属见报或下发的文件，更是严格把关，有引用经典著作的内容，他一定要找来原著核对。秘书帮忙核对之后他仍不放心，仍要亲自核对一遍。

周恩来这种谨慎细致、事必躬亲的态度，确实发现了不少问题，避免了许多失误。

其实，生活中的周恩来，很富有人情味，他的情趣爱好十分广泛。周恩来笑着叹口气："看戏是享受，想戏也是一种享受呢。"

看了上面说了这么多，知道了周恩来工作特别繁忙，拿现在的话说，就是工作起来特别地"玩命"。可是大家别以为周恩来只是一个缺乏生活情趣的"工作狂"，其实，生活中的周恩来，很富有人情味，他的情趣爱好是非常广泛的。

他爱好跳舞、爱好各种体育锻炼、喜欢唱歌、读小说、做诗、看电影、看戏剧以及下棋打牌，他还喜欢广交朋友。他一生没有别的嗜好，只是喜欢喝点酒。

周恩来与演出人员高歌一曲

　　周恩来是个爱玩又没时间玩的人。兴趣广泛又不能不压制兴趣，甚至忍痛将其窒息掉。

　　在人民大会堂，在建设工地，在许多群众集合的场合，历史都曾为我们留下周恩来指挥大家高歌的镜头。

　　周恩来喜欢唱歌，也喜欢听歌。他的听歌、唱歌有一致之处，也有不同之处。

　　一致之处是，他喜欢听喜欢唱民歌，不大喜欢"洋歌"，也就是我们现在所说的美声唱法。听这种歌他从来不跟着唱，也不会像那样用嗓。

　　他曾说过："这是一种很好的艺术，但不适合我。这种洋嗓子听着不舒服，洋嗓子和我们革命的历史联系不大，唤不起美好回忆。"

　　周恩来毕竟是一位职业革命家，有他独自的经历，当然也就有他自己的爱好和选择。就像生活中好姑娘很多，但未必好姑娘就可以成为好妻子，每个人还有其他性格、知识、经历、交往等许多考虑。听歌唱歌也就是这个道理。

　　周恩来喜欢听信天游，听到这种曲调便会生出莫名的激动，两眼闪出湿漉漉的波光，头轻轻地点出节拍，神情里流露出一种静谧无言的喜悦和舒心惬意的遐想。

　　但是，他很少唱信天游。从东北到云南，从新疆到台湾，所有的地方小调他都喜爱听，但极少放开喉咙高歌，这就是听与唱的不一致。

　　他喜欢高歌的是《我们走在大路上》、《社会主义好》、《长征组歌》、

《洪湖赤卫队》、《中华儿女志在四方》等激情澎湃、热烈奔放的歌。特别是《长征组歌》和《洪湖赤卫队》，简直可以说入迷上瘾，时间久听不到就难受，疲惫不堪而闭目小憩时，嗓子里必要哼哼这些歌曲。

他爱看爱听《长征组歌》，有演出尽量设法去看，独个儿听收音机，听到组歌就会用手轻轻击拍，或哼曲，或小声跟着唱。他最喜欢"毛主席用兵真如神"这一句。无论是在剧场还是独个儿听收音机，听到这里便会击出一个重音，无限感慨地把头点一点。

有一次，他独个儿在办公室听这支歌，到了"毛主席用兵真如神"，他的身体部位都随着音乐的节奏有所动作，仿佛全身心都融入了旋律之中。秘书忍不住问："总理，这一句有什么特别之处吗？"

他笑道："不是经过长征，那听不出这一句的美妙境界的。"

对各地民歌小调，周恩来喜欢沉醉一般悄悄欣赏。全身心地松弛，独个儿追逐体会着那感情的跳跃，意识的流动，仿佛渐渐走入一个美妙而古朴的童话世界，充满了花草的温馨和泥土的芬芳。

周恩来是位感情非常丰富的人。在某些作品里，常把周恩来工作中的严肃、谨慎、细致，笼统到整个生活中。其实不这样，休息时，哪怕是群众场

■ 1960年，周恩来观看了中央歌舞团演出的缅甸歌舞。演出结束后，上台和她们握手

1970年4月7日，周恩来总理在朝鲜出席平壤市人民委员会举行的大型歌舞音乐会，并和金日成主席一起同演员合影

面，只要不是办公室，他都是活泼又活跃。在老干部中，"活跃分子"是有其特定含义的，往往指革命队伍中上下组织，左右联络，出头露面进行宣传鼓动的同志。在中国的领袖群中，周恩来几乎可以称为唯一的"活跃分子"，再没有第二个人能像他那样常常按捺不住地放开歌喉，甚至要指挥起成千上万的人一道唱。更没有第二个人能像他那样乐于自告奋勇，教同志们唱《志在四方》，唱《长征组歌》。

过去有许多影视资料和报道文章都记录过周恩来带领群众放声高歌的情景，无须多讲。这里想讲一点的只是他这样做，丝毫没有什么做作或工作需要，那确实是一种感情洋溢需要释放的再自然不过的表现。

周恩来喜欢民族歌曲，自然也喜欢京剧及各种地方戏剧，喜欢看各种国产影片。对于戏剧，有人曾问过周恩来："总理，你喜欢京剧还是喜欢越剧？"周恩来说："都喜欢。"又问："比较起来，更喜欢哪一个？"周恩来一笑："比较起来我更喜欢话剧。"

这话不假，周恩来在南开学校读书时，不仅是品学兼优的学生，而且也是表演话剧的活跃分子。

1909年，南开剧社便成立了。校长张伯苓亲自写了南开第一幕新剧《用非所学》，供剧社排演并亲自担任角色。1914年11月，南开新剧团成立，下设编纂、演作、布景、审定四个部，周恩来担任话剧布景部副部长，并亲自登台扮演许多角色，如《一元钱》中的孙慧娟、《仇大娘》中的范慧娘、《恩怨缘》

中的烧香妇、《千金全德》中的高桂英、《华娥传》中的华娥、《老千金全德》中的童男等。

在话剧中，周恩来一般都是男扮女装，饰演主角。那么为什么没有女同学出演呢？

周恩来回忆道："我在南开学校读书时，演过话剧。那时学校还不够解放，男女分校，我们演剧没有女角，就由我来扮……我们演得很成功。"

南开学校的话剧不仅受到本校师生的欢迎，而且得到京津许多地区观众的瞩目，它的声誉超过了专业剧团。许多学校和专业剧团争相上演南开学校的话剧，同时在社会上引起了很大的反响。

1915年10月18日，广德楼戏园上演南开学校话剧团演出的话剧，周恩来闻讯后与李福景等20多人组成"津门学界观剧团"，乘火车前来北京，下榻于前门西河沿元成房。当晚，来到大栅栏广德楼戏园，在包厢里观看了《因祸得福》（即《仇大娘》）。观毕，周恩来等人返回客房进行了热烈的讨论，到次日凌晨两点钟。下午，周恩来等人再次来到广德楼，观看话剧《恩怨缘》。统观全剧，无懈可击，剧本佳，又加之演者之聚精会神，遂得圆满之结果。剧终后，周恩来等人去外面吃晚饭，饭后又返回戏园观剧。这场话剧演得比头天晚上的效果要好，大家直至午夜才返回住所。

通过观摩，周恩来等人不仅了解了北京的演出情况，同时在互相学习、取长补短等方面，也有一定的收获。

当年周恩来几次观摩话剧的广德楼，如今已成为前门小剧场。1957年，周恩来再次来到这里，他和秘书从大栅栏东口步行到前门小剧场，拿着预先买好的入场券，观看了北京曲剧《杨乃武与小白菜》。观毕，他到后台亲切地接见了魏喜奎等演员。他说："我出国访问刚刚归来，看到报纸上的广告，就赶来看你们的戏了。"他还说："我喜欢这出戏，不只因为它是我从小就爱看的家乡戏，更主要的在于它跟别的公案戏不一样，平反冤案，并没有借助清官，而是借助两宫斗争，揭露了封建社会的黑暗。"在周恩来的关怀下，不久，这出剧拍成了电影。

周恩来不光是到北京来看别人演南开新剧，他自己参加演出的《一元钱》也曾进京演出。该剧表现的是一对青年男女不为贫富巨变所动，追求自主婚姻的动人故事，在南开演出后受到好评，并应北京文艺界之邀，赴北京演出，著名京剧大师梅兰芳闻讯赶来，观看了演出，并与演员们进行了座谈。解放后，已是共和国总理的周恩来与梅兰芳相见时，曾经高兴地回忆起这件往事。周恩来说："30多年前，南开校庆，我们排演了话剧《一元钱》，北京文艺界曾邀我们来京演出。"说到这里，梅兰芳说："我想起来了，您在《一元钱》里演一个女子。演过之后，好像我们还开了座谈会。"周恩来笑着说："对。虽然那是青年时代的事，但我们可以说是同行。"

走上职业革命家道路后，周恩来自己便不再登台演戏了，但他对话剧艺术、话剧团体仍给予极大的关注，即使是在如火如荼的抗战热潮中，也是如此。1937年10月，中国旅行剧团在汉口法租界天声舞台首演四幕抗日锄奸话剧《前夜》，该剧由阳翰笙编剧，由中国旅行剧团团长唐槐秋导演并主演。应阳翰笙之邀，周恩来前来观看演出，给剧本提意见并作指导。

演出结束后，周恩来在阳翰笙的陪同下，来到后台看望演员，并微笑着和全体演职员一一握手。当与唐槐秋握手时，唐槐秋客气地说："您好！请多指导。"周恩来更加客气地说："我是来学习、受教育的。"在对演出加以肯定和鼓励之后，他还希望中国旅行剧团更多地创作演出这种振奋抗日精神、鼓舞抗日斗志的好戏。

自此以后，凡是中国旅行剧团推出新剧，周恩来都来看。他每次到剧场，都有邓颖超陪同，另有秘书、警卫、司机等随员。每次演出结束，他都到后台看望演职员，祝贺演出成功。他们每次来看演出，都是照章购票，绝不"看白戏"。一次，唐槐秋托田汉给周恩来送去6张戏票，请他来看戏。周恩来见了戏票，就问田汉：

"戏票好多钱？"

田汉说："这是槐秋请你看戏，他要我带给你的。"

周恩来说："那不行！"又郑重表示，"槐秋的剧团是职业剧团，全靠卖票维持生活和发展。我们怎么能'看白戏'呢？"

田汉只好说："那票钱由我来付吧！"

周恩来说："不行！不行！你不也就那么几个钱吗？"

结果，田汉拗不过他，还是收了他的6张票钱，才算了事。

解放后，周恩来对话剧的兴趣有增无

1962年，周恩来在文化宫与上海的演员握手

▍1960年11月，周恩来总理与中央歌舞团的演员们握手

减，他天天看报纸，天天必看各剧场的节目预告。无论哪一天，你随便问周恩来："今天吉祥剧院演什么戏？"周恩来肯定可以马上告诉你。

有一次秘书问："总理，你看那些剧场节目预告干什么？"

周恩来笑着叹口气："看戏是享受，想戏也是一种享受呢。"

秘书含笑作一个总结："很少有总理没看过的戏，也很少有总理看完全场的戏。"

周恩来听罢哈哈大笑，频频点头。因为他这一句话道出了实情。周恩来酷爱看戏，没有什么戏不想看，但他"身不由己"，想看也看不完，太忙了。或者晚到看个尾巴，或者早到看个开头就马上要赶去参加会议。有头有尾地看完一场戏实在太少，有数的几场而已。

于是秘书们想出了个办法叫周恩来休息，其实这办法就是"假公济私"，"投其所好"。

什么是"假公济私"？就是把休息和工作搞得界线不分。凡有新电影、新戏剧出来，秘书们总要找出各种理由，安排周恩来去审查新片新剧，并且尽量"上纲上线"，说这是对文艺工作者是否关心、重视、支持的大问题，说作者和演员如何如何已经准备听取周恩来的意见，如果不去看就会挫伤文艺工作者的积极性，甚至是不利于党的知识分子政策云云。

这样一来，周恩来就不审查也得审查，不休息也得休息几个小时了。

周恩来

■ 1965年，周恩来、李先念等观看了话剧《刘胡兰》后，与演员们合影

　　所谓"投其所好"，就是按照周恩来对休息的解释，满足他的那种"休息"。比如把作者、演员请到家里来，同周恩来一起吃顿饭，聊聊天，自然是聊戏，聊演员的生活。这样聚会一次，解决了剧团的问题，也达到了让周恩来休息一下之目的。

　　每次看话剧，周恩来都十分投入，十分认真。看完后他都能提出几条建议，供演职员们参考。

　　1963年，前线话剧团演出了一部10场话剧《霓虹灯下的哨兵》，作者沈西蒙。这是一部思想性、艺术性兼备的剧本，以南京路上好八连的动人事迹为素材，表现了革命军人身居闹市拒腐蚀、永不沾的高尚品德，得到了各界人士的广泛赞许。

　　随即，前线话剧团奉命到北京汇报演出《霓虹灯下的哨兵》，陶玉玲在剧中扮演女主角春妮。周恩来到剧场观看演出后，十分高兴，休息时接见了作者和导演。演出结束后，又登上舞台和演职员一一握手。后来，邓颖超曾同陶玉玲说起过，周恩来看完戏兴奋得整夜睡不着觉，为了使这出戏得到提高，他先后看了6遍。

　　周恩来不仅一次又一次地看戏，而且非常认真，几乎每一次都提出具体的修改意见。如第二场赵大大捡到林乃娴的钱包没有马上还她，到第六场才还，周恩来指出：这样不妥，有损赵大大的形象。解放军拾金不昧，钱包应该马上交还。周恩来对演员如何塑造好角色也极为重视，要求演什么人就像什么人，

■ 1963年，周恩来总理在观看了张家口市京剧团演出的《八一风暴》后，与演员们亲切交谈

既要符合人物身份，又不能概念化。例如女特务曲曼丽穿了一身考究的裙服，周恩来马上指出："上海解放初期，这样的人是不会穿这种服装的，最好改穿工装裤，要朴素些。"导演遵照周恩来的意见，让演员换上了工装裤。不久，周恩来又来看戏，发现曲曼丽的裤腿改得又瘦又短，看上去像个阿飞，他马上又提出来，裤子要再改一改，既然要给她穿工装裤，就要像个工人，不能妖里妖气，不要一出场就让人看出她是个坏人，应该随着剧情的发展，矛盾的加深，逐步揭露出来，不然就看不出她的伪装。

周恩来不仅亲自指导修改，还请来了文艺界著名剧作家田汉、夏衍、曹禺等和许多领导同志来看演出，并且亲自主持座谈会，让大家提意见。在一次座谈会上，周恩来对陶玉玲说："春妮，你念的那封信写得好，念得也好，很使人感动。但是我来问问你，春妮是什么文化程度？"陶玉玲回答说："小学文化程度。"周恩来笑了，说："高小文化程度，能说出两小无猜吗？"大家不由得笑了起来，他又说，"这句词也很不口语化，可以改一改嘛。"陶玉玲想了想，说："那就改成'从小在一块儿'，好吗？"周恩来马上给予肯定："对，很好啊！"

周恩来很喜欢《霓虹灯下的哨兵》这个话剧，可以说是百看不厌。在百忙之中他又来到八一电影厂观看由该厂演员演出的这出话剧。

听说周恩来要来观看这出话剧，该厂演员剧团上下一片欢腾，团长李力制止了大家热情的交谈，说："今天各部门的工作都要做得认真些、扎实些、紧凑些，谁也不许出差错！"

要求是谁也不许许出差错，但还是出了一点小纰漏。

当林媛媛和童阿男在南京路上准备去迎接解放军时，发现了特务老K潜入大楼里，童阿男叫林媛媛速去报告解放军，他留守在楼外监视特务的活动，林媛媛便带着这个任务紧急地跑下台去。当扮演林媛媛的演员师伟飞快地跑进侧幕条时，突然撞在了一个非常坚硬的东西上，"嘣"的一下头立时便蒙了过去。原来，她刚好撞在了扮演赵大大的李炎胸前佩挂的冲锋枪上。平常李炎都是站在幕条很远的地方候场，今天，他也是小心谨慎，提前来到了侧幕旁。边幕里黑糊糊的，师伟从台上跑下来又很快，什么也看不清，幸好她跑的时候是半张着嘴，冲锋枪撞在了她的门牙上，没有把嘴唇磕破，否则将是一个"新形象"的林媛媛了。她缓了缓气，硬着头皮带着解放军跑上场去，台词怎么说的也顾不上了，只是在该她说话的时候，指指画画地胡乱哼唧了几句便跟着抬童阿男的担架下场了。

一般人也许没有看出这个小纰漏，不过，周恩来觉得有点"问题"。戏演完后，周恩来走上台接见全体演出人员，并和大家一一握手，当他和师伟握手时，师伟非常难为情，觉得没有拿出最好的成绩向周恩来汇报。没想到周恩来却表扬了她："这个戏你演得很好嘛！""你是从上海来的？"师伟说："是从上海电影制片厂来的。"周恩来点了点头，接着说："你在第一场里有句台词没有说清楚，以后应该加强基本功的训练啊！"

师伟当然清楚周恩来说的是哪句台词，不过这种尴尬的场面，又怎么解释呢？事后回想起来，倒是禁不住地笑，这种纰漏也算是难得一遇呀！

花开花落的海棠，与周恩来结下了深厚情谊，伴他度过了二十多年的美好时光，只有它最知道周恩来几多繁忙，几多快乐，几多忧愁

在文娱活动中，周恩来最喜欢的似乎还要算跳舞。身边工作人员也喜欢让周恩来多跳舞。这项活动后来被称为"三结合"，不是"文化大革命"中的老中青三结合，而是文娱、体育、工作的三结合。

跳舞本身既是娱乐活动，又能锻炼身体，这是无须解释就很明白的事。医生主张周恩来每天跳一场舞，活动活动身体各部的肌肉关节。但他太忙，做不到。

周恩来跳舞极少去春耦斋，一般是在紫光阁和人民大会堂山东厅。20世纪50年代在北京饭店也常跳。到这些地方来跳舞的还有李先念、陈毅、余秋里、何长工、吕正操等国务院及各部领导。舞会8点开始，周恩来如果参加，常常10点左右到，跳几圈就提前走了。他舞姿潇洒，会跳三步、四步，能跳出花样，不像毛主席、朱老总那么单调地踩点走步。

周恩来跳舞从不固定舞伴，他很理解文工团来的那些女演员，尽量勤换舞伴，满足尽可能多的女演员"陪总理跳一圈"的愿望。

周恩来参加舞会，首先是作为社交的场合与机会，不忘结交朋友，不忘调查研究，不忘讨论工作。

每次跳舞，周恩来必要同国务院机关和各部委领导打招呼，通报情况。若

■ 1963年，周恩来在广州从化温泉的联欢会上

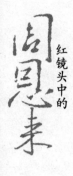

是有大事复杂的事，就在舞会休息时将有关领导叫入舞厅旁的小屋里谈话。跳舞时，周恩来换舞伴勤，也包含有多认识人、多听到一些情况的考虑。

每次跳舞，对于新舞伴，周恩来必要问姓名、年龄、工作单位，对单位里的领导及工作有什么意见，等等。对于认识的老舞伴，他常提出一些文艺政策方面的问题，征求意见，或者将自己考虑中的有关文艺工作的内容讲出来听听群众意见。

周恩来在跳舞中是怎样调查研究，怎样做工作呢？随便举个例子。

郑淑云是周恩来的保健护士。她第一次见周恩来，就是在北戴河的舞场上。谈话是在舞会休息时开始的。

"你什么时候来北戴河的啊？"周恩来问过姓名、年龄及家庭情况后，放慢了讲话速度。

"中央异地办公，从开始我就跟打前站的同志们一起过来了。"

"这个地区的地方病是什么？"

"哎呀，不知道……"

"你是医务工作者，领导没给你介绍吗？"

"光是从安全方面介绍一下，地方病可没说。"

"没介绍你也没调查？这就是问题。安全也要以预防为主。到一个地方就要调查研究这个地方的状况，作为医务人员特别应该查清这个地方的发病情况，这样才好开展工作，做到有的放矢。你说对不对？"

"对的。"

"那么地图你看仔细了？"

"看了，否则找不到首长。在杭州我给罗部长做蜡疗就迷了路，摸黑转了半天……"

"哈哈哈，就是么，吃一堑长一智，这就提高了……"

"哎呀，舞曲开始了。总理，你去跳舞吧。"

"你会跳吗？"

"我不会。"

"一次没跳过？"

"跳过两次，也是人家带着我……"

"那好，这次我带你，我来教你跳。"

"哎呀，我……我会踩你的。"

"哈哈哈，"周恩来把头稍稍后仰，一边笑一边指郑淑云脚下，"不要紧

■ 1960年5月，周恩来观看了贵州省花灯剧团的演出后，上台与演员们握手

嘛，你穿的是软胶鞋。"

郑淑云脸红了，把手递给周恩来。跳出第一步时，仍在喃喃："可是，可是，您带我跳会很累的。"

周恩来放低了嗓门，小声说："放心跳吧，累点正好运动。"

除了喜爱跳舞之外，周恩来亦很喜欢赏花。海棠花的明艳，荷花的出污泥而不染，等等，都为周恩来所喜爱。

作为政府总理，一位伟大的外交家，周恩来陪同来访的外宾和出访时的观花赏景机会自然很多，但这些毕竟属于公务，只能是走马看花，匆匆而过。

海棠花鲜艳，漂亮，招人喜爱。它结的果实味美，又甜又酸，开白花的结红海棠，开红花的结黄海棠，果实累累，挂满枝头，真像花果山。海棠花开季节，周恩来白天常常在繁忙的工作之中，抽几分钟散步观赏；夜间工作劳累了，有时散步站在甬道旁的海棠树前，总是抬着头看了又看，从它那里得到一些花的美色和花的芬芳，得以稍稍休息，然后又去继续工作。花开花落的海棠，与周恩来结下了深厚情谊，伴他度过了二十多年的美好时光，只有它最知道周恩来几多繁忙，几多快乐，几多忧愁。

在花里面还有人生的大道理。一位革命烈士之子在回忆文章里写道：当祖国处在困难时期，那就不是一个简单的同政治无关的个人爱好问题了。西花厅

里有花园，有假山，还有水池，但是彭伟光却看到，花园里无花，鱼池里无水，也更没有鱼，假山不能喷泉。他曾好奇地问周恩来：鱼池里放点水，养点鱼，花园里种点花，植点草，既能新鲜空气，又能减少灰尘，该多好啊！周恩来说："你这个人倒挺会享受的呀！我这地方有鱼池，可以放水养鱼，那么其他人可以不可以这样做呢？"

彭伟光说："不会的。"

"你太不懂事了，你懂得上行下效吗？"

"这个我听说过。"

"如果我当总理的可以养鱼种花植草木，那么下面的部长也可以这么做，各省省长、省委书记、地委、县委也可以如法炮制，在人民生活还处在困难时期的今天，这样我们就会脱离人民，人民就不会相信我们，这个问题你想过没有？"

周恩来赏荷花，大多是有事到颐和园时顺便为之。1951年秋，邓颖超住在颐和园养病，周恩来时常带着侄女、侄儿去看望。他们园中散散步，赏赏花，有时还坐船游湖。几个人租用一只带篷船，泛舟昆明湖上。船儿在清香的荷花、荷叶旁漂过，微风徐来，好不惬意。周恩来情有独钟的颐和园东北角的谐趣园中，也是满池的荷花。除了满池清香的荷花外，这谐趣园特别像淮安城里的小勺湖，也是周恩来钟爱它的一个原因吧。

多才多艺的周恩来，情趣爱好原本很多，惜乎中国众多人口的众多事务，占去了他的全部精力和时间，使他个人的生活失去了应有的色彩，许多情趣爱好也只能是心中的"爱好"罢了。

第二章
走近周恩来

在他身边工作的人既"寒"又"暖"。"寒"是指他的严要求，而这种严往往是不讲任何情面的。他们虽然在总理身边却没有一点"神气"，"夹着尾巴做人"是他们的原则。可是在严的背后是周恩来对身边工作人员的尊重、体谅和关心，处处洋溢着春天的温暖。

有人说，在西花厅工作的秘书、警卫、司机、厨师、医务人员与周恩来、邓颖超组成一个"大家庭"。这是一个团结、欢乐的"大家庭"。

■ 周恩来总理的魅力经久不衰，子子孙孙仰慕不止

> 第一次走进西花厅，杜修贤那颗忐忑的心立即被周恩来热情和蔼的举止所融化。初次见面，周恩来却在记忆的海洋里捕捉到了他往日的身影

　　大家也许只看到周恩来永远忙忙碌碌，主政事务，其实周恩来是一个伟大的思想家和政治家，党和国家许多方针大计的制定他都参与了，甚至有些就出自于他。很多人都以为周恩来只是温柔谦让，其实他有"钢"一样的原则：在关键时刻，他有"当仁不让"、"非我莫属"的气概；在大是大非面前，他更有雷霆怒颜，说一不二的威风。他和常人一样，脸上不是永远充满了阳光，充满了笑容，他也有苦恼，也有委屈，也有无奈。他不是圣坛上的周恩来，他也

有情，也有爱，也有说不完道不尽的琐碎故事。

有人评价毛泽东、周恩来、邓小平三个人的性格时说，毛泽东和邓小平是"举重若轻"，而周恩来则是"举轻若重"。也就说周恩来具有"事无巨细，事必躬亲"、"周密细致，扎实稳妥"的工作风格。的确，这是周恩来的性格，也是他的特长，这跟他长期负责具体的执行工作有关，这是他长期在白区工作养成的作风。其实在他身边工作的人都说，他不仅处理好每一个局部，更注意到全局。因为任何大事必须从小事入手，这是一句警世格言。

"事无巨细，事必躬亲"，"周密细致，扎实稳妥"的周恩来给他身边的工作人员提出了严要求——工作上不允许有丝毫差错！

在他身边工作的人既"寒"又"暖"。"寒"是指他的严要求，而这种严往往是不讲任何情面的。他们虽然在总理身边却没有一点"神气"，"夹着尾巴做人"是他们的原则。可是在严的背后是周恩来对身边工作人员的尊重、体谅和关心，处处洋溢着春天的温暖。

有人说，在西花厅工作的秘书、警卫、司机、厨师、医务人员与周恩来、邓颖超组成一个"大家庭"。这是一个团结、欢乐的"大家庭"。当然啦，在这个"大家庭"中还包括了许许多多由周恩来、邓颖超收养的烈士后代。

后来，一位新华社摄影记者也加入了这个"大家庭"的行列。他就是著名的红墙摄影师杜修贤。

见过杜修贤的人都会说他是条汉子！是的，一米八的个头，宽阔的背脊，古铜色的脸膛，还有岁月的风霜染白的平顶"刷子"短发……构成了陕北汉子犹似黄土高坡那般浑厚雄壮、坚韧倔犟的独特气质。

一旦和他相识，很快你就会发现这个"独特气质"中隐藏着许多精彩的细节。有两件生活小事可以说明。

第一，他不介绍他那只端相机的手有何等奇功，可以稳稳托住按动四分之一秒的快门。只是用手夹着一支燃烧的香烟，烟已快燃到烟蒂，两寸多长的灰白烟灰虽弧形状弯曲着，随着他摆动的指尖一会儿举向嘴边，一会儿落于膝盖，烟灰却垂而不落，直到这根香烟吸尽丢在烟缸里，烟灰这才粉身碎骨。这是一种罕见的平衡之功。

第二，他没有过多的语言讲述他一生的经历，也不去评论中南海里的历史事件和风云人物，而是带着记者走进照片构成的历史瞬间里。记者惊呆了，这不是什么瞬间，而是一条由千万个瞬间汇集而成的历史长河，河宽而深。上面闪动着耀眼的光芒，卷动着激腾的浪花，也旋转着湍急的水涡……伟人领袖也好，风云人物也好，都在这条历史长河里挥展身手，表现才略。他们在镜头里沉浮、流动、定格，几乎每一个瞬间都能构成一个永恒的主题。

杜修贤曾握住过中国最高新闻媒体的触角，在政坛新闻上"行走"了十多年。然而，就是在今天，他还是那样不善言说甚至外貌有点威严冷峻，回避好奇者刨根问底的纠缠，更不允许作家们任意地文学加工。

他说，他这一辈子只讲真实和真情。

和他熟了，记者开始一点一点剥去酷似严厉的外表，窥视他善良温和的心灵。

故事也滔滔不绝流出他的心窝……

1960年元月，杜修贤正式接到新华社的通知，派他去中南海，跟随周恩来总理，专门负责拍摄他活动的新闻照片。和杜修贤一同确定为专职摄影记者的还有侯波、孟庆彪、张彬，他们分别负责毛泽东、刘少奇和朱德的摄影活动。记忆里这是新华社第一次明确分工跟随中央领导人的摄影记者。那年，杜修贤刚满33岁，已拍了16年的照片。

杜修贤走进了人们向往、世界瞩目的中南海，同时也融入了西花厅这个团结勤奋的"大家庭"。

中南海的摄影师绝不是一般按按快门、调调焦距的摄影师，这点他很清楚。这不仅要求摄影技术的娴熟，更多是政治上的成熟。

这天，中南海湖面，一抹展平。晶莹的冰将所有的生气死死地封在底层，留着光洁却寒冷的美丽和太阳默默相对。

杜修贤到中央警卫局报到，转了组织关系。按规定，专职摄影记者的党组织生活由警卫局统一管理，侯波担任中南海摄影组的组长，杜修贤是副组长。

第一次走进西花厅，也说不清是紧张还是新奇，杜修贤心里绷得紧紧的。他握了握手里的"莱卡"相机，尽量分散这种命运转变带来的不自然情绪，他还要尽量表现出轻车熟路、稳操胜券的老练模样来。

西花厅院内环境幽静，空气清新。客厅在前院，是清代的皇家建筑，看上去似乎富丽堂皇，郁积着贵族的气息。定睛细看，就会发现，门窗檐柱上已油漆斑驳，露出了陈旧的木质，那骄横盛世的皇家气息已被岁月风化，变成了漫长历史演变的物证。室内简朴的陈设更将这种气息消逝殆尽，都是极普通的桌

▌1963年4月12日，周恩来、邓颖超在西花厅接见摄影记者

椅沙发，不仅式样陈旧还特别笨重。

杜修贤正站在客厅的一边。一会儿，周恩来走了进来。见总理走上前和电影记者握手，杜修贤就跨到跟前为他们拍照。连着拍了几张，周恩来走过来和杜修贤握手，刚握上手他突然调过头对别的记者说：

"嗳……嗳，我和老杜握手怎么没有人照相？"

杜修贤忍不住笑了："相机在我手里，别人照不成啊！"

周恩来朝另外一个记者招招手："我和老杜再握一次手，你们给照一下。"

杜修贤高兴极了，和总理留一张单独合影，这是他梦寐以求的事情。读者可能有点奇怪，整天和总理在一起，怎么照一张照片还那么难？

周恩来是一个和蔼慈祥的人同时也是严厉严格的人，到他身边前，杜修贤就知道了许多"纪律"，比如不能抢镜头，不能主动提出和领导人合影等规定。那时的人也很老实，不让合影就不合影，决然想不到找机会单独合影。所以许多在周恩来身边工作的同志，至今都没有一张和总理的单独合影。

周恩来和杜修贤单独握手后，看看他，若有所思。

"嗯……我以前看见过你……面熟嘛。"

刚才那一笑驱走的紧张又跟了过来，脸热良久，舌尖上也没能弹出一个

杜修贤的政坛摄影和红墙故事给人们带来亲切、真实、沉思与震撼

中南海摄影师杜修贤

音符。

以前见过？杜修贤在脑海里迅速筛找记忆……

1945年杜修贤在延安见过周恩来，那时他从重庆回延安参加党的"七大"。在机场上，杜修贤挤在人群里，紧张地抓着一部苏联老大哥的照相机，一会儿举起，一会儿落下，奔前跑后，忙得不亦乐乎。满以为能拍下周恩来潇洒、沉静、健美的身影。还没等从成功的幻觉中醒过来，猛然发现镜头盖没打开。巨大的懊恼顿时像刀在胸腔里剜，剜得泪都快出来了。怎么节骨眼儿上就出岔子呢？就像有人睡不着怪床歪那样，年少气盛颇为自负的杜修贤差点没把相机给砸了。那次纯属摄影新手的常规错误，竟使毫无过错的苏联相机在他手里一生都黯淡无光。

那次机场上人山人海，杜修贤淹在里面，连个头顶也没有冒出来……这绝不可能算是见过。

以前见过？1954年从兰州调到北京分社，后又到中央新闻组，倒是常去中南海、人民大会堂，可……那些会议和活动往往场面较大，人数也多，尽管有时镜头离总理很近，但他都在聚精会神地讲话，怎么可能会注意杜修贤这个普通记者！

然而他确实地记住了杜修贤，从他确信无疑的神态可以看出。

"我能到总理身边工作，一是组织的安排，二是……是我的运气好哪！"杜修贤憋了半天，说出这么一句话。

周恩来盯了他一眼，那眼神叫他吃不准是不是要责备他，心里不觉得慌了起来。

"那哪能靠运气？工作要靠自己的努力嘛。你说是不是，老杜？"

刚才周恩来叫他"老杜"，使杜修贤不自在了半天，总理多大他才多大呀……

"总理，您就叫我小杜吧，这样合适些……"

不等他说完，周恩来摆摆手："哎，我们都是革命同志，不分年龄大小，老杜小杜还不一样吗，没那么多规矩。"

在座的人都笑了起来，杜修贤看见总理也笑了，心才松弛了下来。

过了一会儿，总理抬手看看表，可能还有几分钟的时间，就拍拍杜修贤背着的充电器，说：

"挺沉的，先放下吧。"

那时用的闪光灯没有干电储存功能，靠充电器供电。一个充电箱起码五六斤重，背久了还真的压肩，木涩涩的。

"总理，这些机器都不能离身，这是规定。"

"噢……规定，规定就不要违犯了。你们很辛苦，要背这么多的机器。"

五十年代初，杜修贤（左二）在西北军区摄影部工作，这是当时的工作环境

周恩来不无同情地望着他们几位记者，个个脖子上至少吊着两部机子，再加上碗口大的闪光灯，一副五花大绑的样子。

他们告诉总理，习惯了，一点也不累。周恩来感叹道，到底人年轻啊。用手搔了搔自己已经开始花白的头发。可杜修贤一点也不觉得总理是个花甲老人，特别是他那双浓眉下的炯目，使之容貌生辉，英姿勃勃。以前他只知道总理潇洒而庄重、练达而忠笃的风度颇为众人欣赏、称赞。相形之下，他内在的美德和海涵气度比外表更有征服力，一种深沉持久的征服力。这使周恩来的魅力经久不衰，子子孙孙仰慕不止。

会见外宾后，周恩来提议摄影师们一同到后院坐坐。

后院是周恩来和邓颖超居住、工作的地方。

院子里有几株高大的海棠树，每年4月，粉色花朵缀满枝头，阵风吹过，花瓣纷纷扬扬，漫天飞舞，壮观至极。

这时，杜修贤见到了邓颖超。她身穿深紫色的呢外套，披着雪白的纱巾，和蔼可亲地迎接他们。

大家落座后，邓颖超一一询问了他们的工作和生活情况。她听说杜修贤有两个女儿，眼瞳里跳出只有女性才会有的怜爱神情，连连说："女孩儿好，女孩儿好。女孩儿大了知道疼父母……女孩儿好。"

看得出来，这个庭院缺少孩子的笑声。邓大姐是多么喜欢孩子！这些工作人员的孩子，几乎都到总理和邓大姐家里玩过，有时，邓大姐主动打电话让把孩子带过来玩玩。

十多年，杜修贤拍过不少周恩来、邓颖超和孩子在一起的开心镜头。

当杜修贤离开西花厅后院时，邓颖超一再嘱咐道："老杜，有时间带女儿们来玩玩，啊，一定带她们来玩呀！"

带着孩子到总理家里做客，杜修贤连想都没敢想。两个女儿进了西花厅以为进了公园，活蹦乱跳。邓颖超见到了孩子，更是高兴无比……

后来杜修贤和妻子带着女儿们去西花厅时，他们的三女儿刚出世不久，他

富于个人魅力的周恩来

的妻子抱抱又放下，考虑再三，还是放下了襁褓中的婴儿和一摞尿布。"这是进中南海。你当去逛街呀？也不看看带这么多尿布雅观吗？"杜修贤没好气地对妻子说。

两个女儿进了西花厅就乱蹦乱跳的，以为进了什么公园，不等他们拉住就撒开两条小腿不见了影子。邓颖超从屋里出来，一见，爱得什么似的，跑上前去，一手拉着大的一手抱着小的，眼睛还四下里寻。

"老三呢……小的那个呢？"

妻子朝杜修贤投来责备的目光，对邓颖超说："孩子太小，一会儿就哭闹，怕……打搅大姐的工作，再说带小孩子出门，不……不方便，就尿布……"

"啊呀，那有什么关系呀。我就想看看这般大的奶娃娃，闻闻奶香，毛茸茸的多可爱。唉……"

她不无遗憾地用手比画婴儿的模样。

看到邓大姐这样喜欢孩子，杜修贤心里也后悔了，不该顾忌这顾忌那的，将小女儿留在家里，结果给邓大姐留下了深深的失望。直到杜修贤他们再三保证：下次一定将毛娃娃带来！邓颖超的脸上才露出了满意的笑容。

孩子调皮，又有个面慈心善的奶奶宠着，欢得恨不得上天入地，满地毯

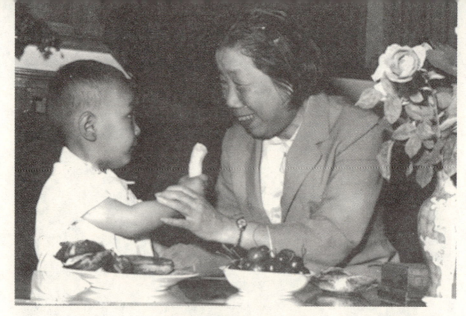

▋ 邓颖超与工作人员的孩子在西花厅

上打滚。杜修贤两口子在一旁又急又气，几次想上前去制止不知天高地厚的孩子们。

邓颖超不让："嗳，孩子调皮爱动，不是坏事。说明她们爱动脑筋，有个性。聪明的孩子往往是调皮的孩子。不要管得太严。"

时间真快，该告辞了。邓颖超笑眯眯地拉着孩子们，走到屋外，选好背景、搂住两个孩子合影留念，镜头里的热烈场景真让杜修贤感动也让他心酸……普天下的女性都能生儿育女，可我们的大姐选择革命的同时也选择了终身缺憾，放弃了儿女绕膝的天伦之乐，这高尚而高昂的代价，竟是这样残酷……

他们离去时，邓颖超一直相送到大门口才收住步，亲了亲两个泪汪汪不想走的孩子，杜修贤的妻子眼眶红了，移开视线……

两个小家伙走出好远，还不住地回首，望着向她们依依招手的邓奶奶。

"下次别忘了带毛娃娃来玩哪！"春风从他们的背后送来了邓大姐的叮咛。

至今想起杜修贤都不能原谅自己。小女儿两岁他都未能兑现自己向邓大姐许下的承诺。这不难兑现的承诺竟在繁忙和顾忌中无限地拖延，如果不是在机场相遇，

周恩来与工作人员的孩子一起玩耍

　　▊ 周恩来、邓颖超与工作人员的孩子在西花厅合影

真不知道会将大姐的愿望拖延到何时?

　　1964年夏季,杜修贤随总理出访。他的妻子携已由奶娃娃长成小娃娃的老三到机场送他。邓颖超在候机厅里一眼就看见了杜修贤他们,连连朝他们招手,叫他们过去。孩子胆怯地望着蹲下身和她平视的陌生人,想哭。可邓颖超高兴极了,搂过孩子,对着小脸庞"叭"就是一口,拉住小手,说:"啊呀呀……瞧瞧,我们的奶娃娃长这么大了。你这么一点大时,我就让你妈妈带你来玩……你妈就不带你来,你说,这是妈妈不对,是吗?"

　　孩子不再害怕了,而是扭动着头,冲着邓颖超"咯……咯"傻笑个不停。

　　邓颖超"咯咯……咯"笑得更开心。

　　杜修贤赶紧抢拍下这幕洋溢天伦情趣的生动画面。

1966年，一场"红色"风暴席卷中国大地。令杜修贤意想不到的是，他竟被当做潜伏在周恩来身边的特务揪了出来。就这样，他离开了一生眷恋的西花厅

1966年，"文化大革命"以它罕见的速度，迅雷不及掩耳地席卷了神州大地，也以罕见的威力，排山倒海般地冲破一切领域。

北京街头开始出现令人不安的"躁动"。

高音喇叭穿越墙障，透过树丛，在空气中传播。一堆一堆的人围着喇叭，围着半导体，围着一张张的小报，围着满墙的大字报，观看着、议论着。

杜修贤这时来不及细品"文化大革命"的其间奥秘，又奉命随周恩来率领的中国党政代表团赴罗马尼亚和阿尔巴尼亚访问。不过这也好，"眼不见心不烦"嘛。

出访近半个月。回到北京已是7月初，正是盛夏。

飞机还在跑道上滑翔时，杜修贤的目光恍惚掠过某种敏感的字眼，可是飞机拐弯掉转了方向，挡住了视线，瞬间敏感的字眼也就没往心里去。

周恩来这时从后舱里走出来。杜修贤听他的秘书说，总理已经几天几夜没睡好觉，看上去脸色显得很苍白……杜修贤深知没睡觉的滋味。刚才在飞机上他还问总理的卫士长，总理休息了吗？卫士长也挺可怜，熬红的眼睛像兔眼，年轻的脸上堆起苦滋滋的皱纹，无奈地直摇头。

他们惆怅地叹息着，都是些男子汉，可一点办法也没有，眼睁睁地望着总理一天天地消瘦下去。其实他们不知道此时的总理内心承受的压力要比身体承受的压力大得多得多！

也许是职业的毛病，有时没事爱一个人默默地琢磨人的神情和气质。

周恩来潇洒、严谨。

刘少奇严肃、沉稳。

陈毅豪放、风趣。

再以后杜修贤的镜头投向晚年的毛泽东，毛泽东神秘、沉郁。

"嗳，老杜，该下飞机了。"

杜修贤一看，机舱里都空了，忙提起摄影箱往外走。

周恩来和其他领导人都已离开暑气腾腾的机场。杜修贤下了飞机，只觉得明晃晃的阳光如箭刺目，叫人头昏目眩的。竟然没有看见近在咫尺的熟人，只顾埋头疾走，等那俩熟人到他跟前时，他惊喜极了：怎么，社里派你们接我的？连忙兴高采烈地和他们握手，可那俩熟人一脸冷漠，像从不认识他似的，只从嘴里简短地蹦出两个字：上车！

窗外掠过惊心的标语："造反有理！""打倒反革命修正主义分子×××！"

汽车没有把杜修贤送到家，而是直接开到新华社的大院里。他一下车就被几个人稀里糊涂拖到楼里。定神一看，心里暗暗吃了一惊，迎面的墙上扯出块条幅，那上面杜修贤的大名颠三倒四歪着，这还不说，上面还打着红叉叉呢！

"我这是犯了什么罪行？"杜修贤火爆性子开始一点点膨胀。

"你是安插在总理身边的大特务！大间谍！"

"你们有什么根据这样胡说？"

"你带的机器就是证据，那箱子里就藏着窃听器！"……听到这杜修贤差点没笑出来。要不是名字上打叉叉，杜修贤真以为他们在搞喜剧小品，和平时一样穷开心，跟他闹着玩呢！

这出闹哄哄的荒诞剧折腾到午夜才告一段落。

杜修贤从灯火通明的楼里出来，月光冷冷地洒落在地面。他真想大声乱骂一通……太他妈的气人！转念一想，刚才他们强行打开他的摄影箱，已证实他根本就没有窃听器，也许明天他们就会明白这一切都是误会。想到这里心里稍稍平静了一点。

夜色揉浓了家人的酣睡声。

杜修贤一气抽了好几支烟，也无法使自己接受这严酷的现实。苦苦数着钟表的清脆滴答声，挨到天明。

老实说，这股突如其来的风暴一开始他还没有当回事，多少有点小看这帮造反派的威力。天真地以为只要搜不出窃听器，再斗几次找个台阶，还不就没事了？过几天中南海一有活动，还不照样背着相机去工作？再说他还是中央新闻组的副组长呢。

在当时这个40岁的人竟是多么天真和幼稚！

杜修贤的罪名像魔术师手里的道具，不停地变换花样。连他拍摄的照片也成了批斗的"有力证据"：

"为什么拍摄王光美穿旗袍带项链的照片？"

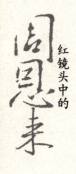

"为什么拍摄陈毅走在周总理前面的镜头？"

"把刘少奇手里的中华烟拍那么清楚，显示资产阶级生活方式吗？"

"邓小平昂着头走在领导人的前面，难道他的职位最高吗？"

……

最为荒谬的是叫他交代"黑照片"的动机，似乎他的镜头连人的思想都能拍下来。造反派们规定他每天要写千字交代材料，还要写五张揭发别人的大字报。对于这样的要求，杜修贤只有一句："不写！"任凭造反派"打倒在地，再踏上一只脚"，不写！只剩下这副属于自己的骨头，怎能再失去？这样一来杜修贤很轻而易举地得到了"顽固不化，死不改悔的特务、间谍"的头衔。理所当然地打发到社里照片制作车间去"脱胎换骨"当一名定影工人。

中南海，杜修贤是回不去了，中央新闻组的办公室也被造反派占领了。就这样杜修贤离开了他一生眷恋的西花厅。

在荒诞和耻辱的纠缠中，狂乱在更大的范围里蔓延……刘少奇倒了，邓小平倒了，陈毅靠边了……元帅中除林彪外都纷纷落马，遭受屈辱和磨难。

周恩来被挤进了夹缝，艰难地工作。

杜修贤只能从报纸上得到几条担惊受怕、牵肠挂肚的消息，更多的领导人音信全无，下落不明。

1968年，一列火车从北京开往乌鲁木齐，杜修贤开始了近似流亡的生活。中南海离他更加遥远了……

同时还派了一个年轻的记者和他同往，后来他死了，死得很惨。

这种流亡生活对他来说似乎更好些。身居斗室，被人监视的滋味他实在是受够了，他那不甘屈服不甘寂寞的天性受到压抑。别说是流亡就是流浪他也愿意，至少可以多一分做人的尊严和自由。

在一望无际的大草原上杜修贤获得了几年里第一次灵魂自由徜徉的欢乐。

人只有在大自然面前才能还原自然的面目。大自然对谁都是一视同仁，慷慨而公平。它并不因为杜修贤戴着一摞"帽子"，拖着一串"尾巴"就冷落疏远他，而是用沉静的温柔慰藉他孤苦的灵魂。

铁列克提，杜修贤在它的大地上开始了短暂而自由的"流亡"生涯。

毛泽东和周恩来会见外宾，两人亲切握手

1973年夏，病中的周恩来来看望同样患病的毛泽东，事后他让机要秘书张玉凤（左一）、护士长吴旭君（右二）与炊事员（右一）照顾好毛泽东，并与他们合影

1974年，毛泽东和周恩来在中南海会见外宾

1975年1月，周恩来和叶剑英在四届人大会议上

在铁列克提那宁静的夜晚，杜修贤的思绪又回到了西花厅，回到了他的童年时代……冥冥之中他相信总理不会忘记他

杜修贤的人生悲剧像波折号画到新疆伊犁和苏联接壤的边疆小镇——铁列克提。

当杜修贤看到旖旎的边疆景色时，他甚至有点受宠若惊，造反派们如此"大方"，将一个"特务"、"间谍"放在一抬脚就出国的国界线上，真算得上是能和历史诸多名将大家流放相媲美的宽大政策。来到这里的几位记者几乎一脉相承走过那段"打倒在地"的痛苦历程，殊途同归！

轻松、调侃、欢笑又重新回到他们中间。

他们骑马、打猎、野炊、钓鱼……这是红墙里所不能想象的生活。

日子一天天似平静的流水。国界线也似乎平静地在脚边延伸。有的时候他们还真的忘记身旁是一条用历史血脉和泪迹编织的国界线。

草原之夜如此宁静。杜修贤又开始了日渐沉重的思念，久久不能合上眼睛，遥远沉重的过去向他慢慢走来……

他出生在陕北米脂县城。在他童年的记忆中，母亲总是盘膝坐在炕头，手里是儿女身上永远缝补不完的破衣烂衫，母亲也常出门，她有一手好针线，常到有钱人家做针线活，得来一点工钱，筹划全家人的油盐酱醋和针线布头。

父亲在小小米脂城里，算是个有文化的人了，打了一手好算盘。祖上曾是个大户人家，不知在哪一脉蔫了香火，渐渐地败落下来。到父亲这辈除穷得还剩下认识几个字外，几乎一无所有。

杜修贤父母的晚年合影

兄弟们无法捆在一起。父亲排行老小，分房屋家产轮不到他的名下就光了。只好和母亲租破烂不堪却很便宜的土垒房住，生下了哥哥、姐姐和他。

父亲的算盘已系不住他们兄弟姐妹不断增长的嘴，哥哥姐姐五六岁就上街拾菜叶和瓜皮，充填家里饭锅的容量。盐水煮菜叶，盐水煮瓜皮，他几乎记不

起来白面馒头的模样，更不要说回味它的滋味了。

当杜修贤大一点的时候，他也像哥哥姐姐那样，提着篮子，走上街头。

米脂的街，是用青石板铺成的，显得有厚重的历史感和文化的韵味。

米脂的城，一半在山上一半在山下，山上是窑洞，山下是砖房，贫富界限几乎是一目了然。

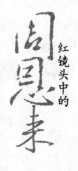

街西边的房子门面朝街洞开，放着各种只有富人才买得起的商品。可站在这里，只要一仰脸望望山梁上密密麻麻的窑眼，就知道这世上有多少穷人。

陕北的夏日，骄阳似火烤灼着大地。

西瓜堆旁，他汗流满面立在灼人的阳光之下，眼睛一眨不眨地注视着每一张瓜汁四溢的大嘴，极有耐心地等待瓜客们啃空最后一口。就在他们放弃瓜皮的刹那间，他的篮子便准确无误地接住那片甩落的瓜皮。几十年后，他细细回想当时的情节——摄影时专注等待瞬间的耐性和对瞬间反应那么准确，是不是从那个时候就已开始磨砺出来了？

他虽然口讷，但动作敏捷、机灵，手脚麻利，篮子里的瓜皮往往比其他穷孩子要满得多。

1937年，他11岁。穷山恶水的土坳里几乎与世隔绝，好像战争与这个世界相隔很远。但自从他的哥哥被征兵去了南方的抗日前线，他们家就开始感受到日本侵略者的威胁。或许那时他还根本不懂战争的含义，并不知道父母是如何在穷日子里牵挂自己的长子。终于有一天，一封来自长沙的"光荣信"，彻底击碎了父母的牵挂。哥哥在长沙会战中战死。母亲几乎塌了精神支柱，把眼睛都哭坏了。她整夜整夜地哭啼……每当看见母亲一个人在山坡上烧纸哭诉时，他内心就涌上一种仇恨，一种失去亲人才有的切骨之恨。

一方水土养一方人。

李自成故乡的水土，好像特别能壮汉子们的身坯。他长得瘦高，但浑身有使不完的劲。男儿的血性迅速催化他的雄心——我要自谋生路去挣大钱。

这个愿望一天比一天强烈。

由于贫穷的生活所迫，有一天，他终于离家出走。

14岁的他，走上这条不知漂泊何处的路。那心情那痛楚那苦涩那孤独根本无法用白纸黑字表达清楚。

那一夜，他竟然赤脚走了四十多里地。

他万万没有想到在这大悲大苦的路上竟走出了一个崭新的人生。

天放亮了，晨霭里，他看见远方有城墙的影子。

走近一打听，是绥德县，和米脂邻近的一个县。

他又饥又渴，双脚火辣辣地痛。

他忽然惊奇地看见几个穿灰色制服的人走了过来。咦，什么兵？

是不是红军？他曾在米脂城里见过，听说是穷人的军队，他走上去向他们打听："你们是什么兵？"

"八路军，共产党的军队。"

"八路军和红军一样吗？"

"一样，以前是红军，现在打日本鬼子，改成八路军。"

一线曙光在心里猛然腾升："我能当红军吗？"

"那你到毛泽东青年干部学校试试，那里正在报名呢。"

只要有饭吃，去哪儿都行。当时他不懂得革命道理，只要有饭吃不饿肚子便会得到最大的满足。

他终于弄清了要去的地方，伤心地垂下了头："我没有钱上学。"

他们先是一愣接着仰头大笑："傻兄弟，这是穷苦人的学校，是不收钱的学校。"

有这事儿？他惊奇地看着不远处人声鼎沸的报名处。

他随着教员的指头在表上填上了自己的名字，看着自己歪斜的笔画，心里就有一种好梦难圆的惴惴不安。

教员的指头又指着下一栏，叫填写父母的姓名。他僵然了，赧颜不语。

"不识字？……小兄弟！你不够学校招生的标准，过几年再来，好吗？"

他红着眼圈，依依不肯离去。

"小同志，你愿意在这里扫地打水当勤务员吗？"一个戴眼镜知识分子模样的人注视着他。

"我都会做。先生，我给人家扛过活，能做许多许多的活计，先生，留下我吧！"

"叫同志，革命队伍里不叫先生。"

"同……同志，让我留在这……革命队伍里，我会干好勤勤……务员。同志，留下我吧。"他急切地使用刚学来的新词句，结结巴巴地恳求这位教员，这是最后的希望。

他终于留在学校里当勤务员了。

如果那次他被拒之门外，真不知会漂泊到何时何地？他的人生道路会是怎样？

他做梦也没想到他会有读书识字的一天，能懂得革命道理，懂得知识，懂得许多上辈人听说都没有听说过的事情。被"穷"的苦闷抽打的灵魂，现在豁然开朗了，仿佛打开一扇天窗。

1940年的夏天，正巧，学校里的一位教员生了重病，要到延安治疗。病人去延安需要有人护送，学校领导问他：

"二百多里的路，靠双脚走，行吗？"

"行！"

坚强自信和成熟，赢得了学校的放心，终将这副重担搁在了他的肩上。

马一前一后担着用席子扎成的"架窝子"，病人躺在上面。

他们上路了。

延安——革命的圣地，它在向他招手，他感觉到了。

他看见了延河边的宝塔山。激动、兴奋冲击着每一根疲劳的神经，浑身的血呼呼直奔。就连奄奄一息的教员也双目生辉，像回到久别的故乡一样，病自然也就好了三分，竟奇迹般地坐了起来，苍白的脸上浮现出淡淡的红晕。

将病人送进延安总医院后，他按照学校的吩咐，到中央出版发行部报到，据说他们那里缺人手。

他被分配在中央出版发行部青年队工作，还是勤务员的工作。

不多久，他又调到新华书店当勤务员。日复一日地推移，头顶上的"员"也随之不停地变动，通讯员、书店店员、书店管理员……

新华书店的对面是十八集团军总政治部宣传部的电影团，在那儿还开了个小小的摄影室。

杜修贤（右一）和战友们

他常去玩，渐渐地他迷上了摄影。神奇的照相机好像有着无穷魅力，老是牵着他的腿去和它"相会"。时间一长他萌动着一种愿望，有朝一日也能拥有一部照相机，"咔嚓"、"咔嚓"照下世界上一切美好的东西。

愿望在1944年初实现了。

他参军进了八路军电影团，成为一名学摄影的新兵。

吴印咸当时是电影团团长，也是他们的老师，他有了一部德国"蔡斯"相机，后来又有了一部苏联老大哥的相机。

他痴迷了，从没有什么东西像这样让他着迷过，仿佛每一个画面都有着永不褪色的魅力。

摄影之路在脚下延伸……

1945年，日本鬼子投降了。吴印咸和学员分别了，他去了东北战场，而杜修贤则随十八集团军上了西北战场。

战争锻炼人，也锻炼了他的拍摄技术。

全国解放时，他已是一个熟练的摄影记者了，后来在兰州军区画报社当了摄影组的副组长。他的官当得并不好，但照片还是很有出息的，报刊上常有它醒目的一席之地。

自从那时到现在，岁月在手指间流逝走了，他也经过了很多的大风大浪。但他还没有经历过像"文化大革命"这样风浪，他常常感到委屈、困惑、迷茫。他的心老是在遥远的中南海里徜徉来徜徉去……冥冥之中他看见了无数熟悉的脸庞。"总理不会忘记我，他一定会帮助我摆脱困境。"他从心灵深处发出呐喊。他没猜错！自从发落新疆，在周恩来身边消失后，周恩来就一直没有专职摄影记者跟着，他多次向新华社的记者打听杜修贤的处境，听说他很顽固，拒不交代问题，解放不出来。周恩来深深地叹了口气，严肃的眼神里挤出无可奈何的焦灼。其实他心里为杜修贤的死心眼忧愁，他希望杜修贤能早一点解放出来，好早日回到他身边工作。过了一段时间，他又问记者：老杜的问题搞清了吗？你们搜出窃听器了吗？没有？没有还扣着人家干什么，解放出来好

■1953年，杜修贤（前排左一）从朝鲜慰问志愿军归来

叫人家早点工作嘛。他有拍摄经验，压着不用是浪费人才啊！当他听说因为杜修贤态度不好而得不到原谅时，就说："他就是这个脾气，耿直，说话冲，有点骄傲。但不能老是揪着不放，要给人家机会改正嘛！你们回社里转告我的意见。"

这时的杜修贤正在国界线上"流放"。

重返西花厅，杜修贤蓦然发现总理苍老了，脸上烙着深深的皱褶和褐色的老年斑……从此以后，杜修贤用他那精彩的瞬间，伴随这位历史的巨人走完了他辉煌无比的晚年生命历程

1969年底，热闹了几年的"文化大革命"开始走上相对平稳的持续阶段。

周恩来开始考虑重新接通中断了二三年的外交航线，第一个要去的国家便是友好邻邦朝鲜民主主义共和国。出访人员名单很快就送到了总理的办公桌上。总理细细地看了一遍，发现没杜修贤的名字，就问秘书："老杜呢？名单上怎么没有他？"

这时秘书将杜修贤去新疆的事一五一十告诉了总理。

"叫他回来，立即回来！这次出访的摄影记者还是定他。"说完，将老花镜重重地放在桌上。

杜修贤收到加急电报真不敢相信，看了又看，千真万确：叫他立即动身回北京。一定是有出访任务。他暗暗猜测。

第二天杜修贤匆匆告别了伙伴们，以为还要回来的，也没什么惜别的话语，只是大大咧咧地和大家握了握手，相约再见时要带"牡丹"牌香烟酬劳同伴。

命运是无法猜度的谜。

杜修贤活着走出大草原，可他们死了，永远长眠在大草原。

在开往北京的火车上，杜修贤朦胧中听到一个熟悉的地名——铁列克提。以为是在做梦，猛然从噩梦中惊醒过来，他已无法抑制因悲悚而来自心灵的颤悸。

他们死了？！

就在他离去的第二天。他的伙伴们骑上了死亡的马背——又去常去的湖边打猎……突然苏联的坦克在他们周围出现了，子弹穿过他们毫无防备的后背……

列车的广播里正在播放中国政府的抗议书。

可怜的伙伴们，还有那个和他一同到新疆的年轻人，就这样生不明死不白地埋葬在那遥远宁静却散发血腥味、火药味的国界线上。

壮士一去不复返！而杜修贤却是幸存者。

他越来越觉得这里面隐藏着什么阴谋……

回到北京，他看到更大的阴谋在高层政治中有条不紊地实施：老帅们卷起铺盖天南地北地"流放"（有个响亮的叫法：疏散），部长们下放牛棚猪棚（叫法更动人："五七干校"）……他个人的命运在这么悲惨的大背景下又能算得上什么呢？

回家的喜悦被从天而降的噩耗夺走了。跨进久别的家竟挤不出一点笑容，他很愧疚，望着家人惊喜而又怨恨的表情，说："我很累，很累。"

家，心灵的避风港。在这平静的港湾里，杜修贤悄悄地抚平了流血的伤口，就去西花厅向周总理报到。

走进中南海，就遇到一件啼笑皆非的事情，西花厅已被造反派改成"向阳厅"，这是一个多么俗气的却十分时髦的名字啊！正如全国数以万计的"文革"婴儿叫向阳一样。然而改掉几百年历史的名字是很难像为出生婴儿起名那样一劳永逸终身受用的。"西花厅"无法让人彻底抠掉，叫来叫去还是"西花厅"。昙花一现的"向阳厅"很快就被人们忘记了。

"西花厅"改"向阳厅"这只是那个奇异年代的奇异缩影。

杜修贤走进中南海，景物依旧，犹如昨天才离去。进了西花厅的后院，心开始"怦怦"地跳，这里是多么熟悉啊！总理的秘书看见他……"哦"的一声吆喝，就抱在一起了，那高兴劲就别提啦！恨不得将一肚子的话都倒出来。这可是整整憋了三年啊。他们谈了一会儿，秘书就到总理的办公室通报他的消息。杜修贤独自走进后院的小客厅，环顾四周，心里酸甜苦辣，悲喜交集……说不清是个什么滋味，就像人长时间的委屈后一下子有了依靠，鼻尖老是酸酸的……

一会儿，他听见鞋底敲打地面的熟悉脚步声，他的心越发跳得"突突"

■ 邓颖超在西花厅

的，他走到门口。

"老杜——"

"总理……"杜修贤声音有点哽咽。

周恩来紧紧地握住他的手，一点没变！这略高抬起也略有僵硬的握姿，他是那么熟悉！一下子穿透时间的屏障，接通了过去岁月的亲切感受。

邓颖超正笑眯眯地站在一旁。

他们坐下后，周恩来和邓颖超仔细地打量了杜修贤一番。他们笑了，杜修贤也笑了……塞外的劲风和日光辐射将他改造成草原汉子的样子——黝黑、粗犷、健壮。

邓颖超轻轻地叹息一声，说："老杜啊，你是我们'文革'以来在后厅里会见的第一个客人。"

杜修贤心里"咯噔"一声，好一会儿没回过神来。

他茫然地望望总理，总理点点头。霎时一股热血从杜修贤心头滚过……我只是你们的工作人员，你们却这样厚待我……他鼻尖愈加地酸涩，喉嗓里像哽着了，一句话也说不出来。

"我们连亲戚都没在这见过……你不信问问他们。"邓颖超见他半天不说话，以为不相信，就指指秘书又说。

"邓……邓大姐，我怎么……怎么不信呢？"

倘若他不是个汉子，倘若总理不在跟前，又倘若……或许会洒下男子汉苦涩且又浑浊的泪水。

周恩来又询问了杜修贤的近况，当他听说杜修贤大难不死，幸存下来时，脸色立即严肃起来，半晌无声……客厅里的空气沉重地使人嗅出草原上经久不散的血腥味。

周恩来浓眉炯目注视杜修贤，问："就是上个星期外交部向苏联提出抗议、苏联在我国边境武装挑衅制造流血的那件事吗？"

"就是那件事。"

"几个记者都……殉难了？"

"是的。"杜修贤仿佛看见天苍苍地茫茫交融之处，隆起的几座坟包。

周恩来沉重地吐出一口气，将头扭向门外，看着院子里的海棠树。

这时杜修贤蓦然发现总理苍老多了，消瘦了，脸上烙着深深的皱褶和褐色的老年斑……记载了他沧桑世事的岁月，也记载了他艰难处境的跋涉。杜修贤一阵心酸，这几年总理是多么不容易啊！人们都知道总理是充满热情充满爱心的伟人，可有谁知道总理的凡人内心是怎样走过漫长的苦难历程的？

杜修贤不该讲个人的不幸，全民族都遭受着巨大的不幸！

"总理，这几年您可好吗？"

"好，挺好啊！"周恩来爽朗一笑。

"就是太忙，睡眠太少了。"邓颖超插了一句。

"总理，这次去朝鲜，时间定了吗？"

周恩来吟思了一下："还没有。出访的时机一要成熟，二要适宜。这几年去的国家少了，各国变化都很大，科学技术有很大发展。我们先要搞些调查研究，摸摸情况。你也熟悉熟悉工作。等通知。我有活动就叫秘书通知你。"

不知邓颖超什么时候出去的，这时见她和秘书端了盘红艳艳的西瓜走了进来。

"来来……老杜，吃西瓜，大家几年不见了，来来，都一块儿吃。"邓颖超热情地张罗着。

■ 邓颖超在东北观察，观看历史报纸

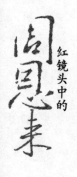

　　客厅中间有张方桌,她把西瓜摆在上面,招呼杜修贤过去。杜修贤看看周恩来,周恩来两手一拍沙发扶手,一撑,也站了起来,笑道:"大姐有心请你,你还愣着?你这时不吃一会儿想吃也没有了。嗳,你看这瓜多好!"

　　杜修贤跟着周总理来到桌前,和邓大姐、秘书,他们四人正好一人一面。一口蜜甜的瓜汁一直流进心坎里。

　　出来时,邓颖超又把杜修贤从后厅一直送到了前厅的门口,并且叮咛道:"要好好学习毛选,掌握毛泽东思想。我们以后可以交流学习体会,看谁学得多学得深!"

　　从此以后,杜修贤这位著名的"红墙摄影师"就一直在周总理身边,用他那精彩的瞬间,伴随这位历史的巨人走完了辉煌无比的晚年生命历程。

第三章
心系大庆和大寨

也许是作为国民经济的"总管家"，周恩来更深切地感到实现石油自给的喜悦与自豪，1962年、1963年、1966年曾三次视察大庆。在短短的四年中，三次视察一个大企业，这在周恩来的总理生涯中还是较为鲜见的。

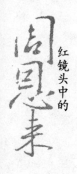

数万名建设者用自己的汗水铸就了一个让共和国总理周恩来非常舒心的名字——大庆。第一次视察大庆，周恩来满怀豪情地称赞道："咱们工人阶级就是有力量！"

1959年到1961年，是共和国历史上最困难的时期，又称三年困难时期。为了渡过难关，必须调整经济。中央在1961年1月正式通过了"调整、巩固、充实、提高"的八字方针，决定调整国民经济各部门的比例关系，巩固已经取得的建设成果，实以工业品为原料的轻工业和手工业的生产，发展塑料、化纤等新兴工业，提高产品质量，改善企业管理，提高劳动生产率。

摆脱困境，调整经济，就这样成了六十年代初期中国社会的一个基本主题。对中国人来说，这无疑也是一场并不轻松的挑战。

在挑战面前，最能看出一个民族的性格。正是在六十年代前期，我们看到的是一个艰苦创业、英雄辈出的年代。

在千里沃野的东北松嫩平原上，数万名共和国的建设者用自己的汗水铸就了一个曾经令中国人满怀自豪的名字，一个让共和国总理周恩来非常舒心的名字——大庆。

作为我国最大的油田，大庆为我国实现石油自给，彻底甩掉"贫油"的帽子，基本改变石油依靠进口的局面，作出了特殊的历史贡献。大庆在艰苦创业中所体现的"铁人"精神，曾经是一个时代中国人民的一面心灵旗帜。

也许是作为国民经济的"总管家"，周恩来更深切地感到实现石油自给的喜悦与自豪，1962年、1963年、1966年曾三次视察大庆。在短短的四年中，三次视察一个大企业，这在周恩来的总理生涯中还是较为鲜见的。

1962年6月21日，是大庆油田的建设者们一个兴高采烈的日子。

这一天，他们迎来了他们为之奋斗的共和国的总理，这也是大庆油田迎来的第一位党和国家领导人。

上午10点半，周恩来和邓颖超在大庆石油会战指挥部余秋里、康世恩等的陪同下，来到大庆油田。

一下火车，周恩来就和前来迎接的干部和群众代表紧紧握手。看着这些干部和群众一个个都穿着布衣和草鞋，周恩来满怀深情地重复着一句话："同志们辛苦了！同志们辛苦了！"

　　周恩来是头一天晚上由齐齐哈尔乘火车到大庆的。在列车上，他听取了余秋里和康世恩关于大庆油田会战情况的汇报，一直到凌晨两点多。

　　考虑到周总理一路劳顿，头一天晚上又没休息好，出了车站，康世恩就请示："总理，还是先休息一会儿吧！"

　　周总理摆了摆手，兴致勃勃地说："不用了，时间不多，抓紧时间在大庆多看几眼。"

　　周恩来与邓颖超首先来到正在打井的1202、1203钻井队。他健步登上钻井台，同工人们亲切地握手问好。

　　▓ 1960年春，周恩来在大庆视察，他专门去工人居住的"干打垒"里看看

　　一位值班工人两手都是油污和泥浆，见周恩来把手伸出来要与他握手，便急忙用手在衣服上猛擦。

　　"没关系，我也当过工人。"没等这位工人擦完，周恩来就上前一把握住了他的手，用力地抖了几抖，风趣地说，"咱们工人阶级就是有力量！"

　　接着，周恩来又和工人们拉起了家常，关切地询问他们多大年纪、老家在哪里、当了几年钻井工人、爱人接来没有、冬天野外钻井冷不冷、穿的工服暖和不暖和……

　　钻机欢快的轰鸣声、共和国总理和石油工人们的爽朗笑声，汇成了松嫩平原上一道独特的风景线，摄影师不失时机地拍下了这动人的一幕。

"这国产钻机的性能怎么样啊？"望着这欢快的钻机，周恩来大声地问工人们。

"不错，很好使。"

"好啊，希望你们用我们的国产钻机多打井，打好井。"周恩来高兴地说。

一位柴油机司机因为正在值班，看着大家与共和国总理有说有笑，眼中流露出羡慕的眼神。细心的周总理发现了，便朝这位司机走过去。

但是，从钻机的司钻位置到柴油机司机的位置，仅有一条很狭窄的过道。周恩来侧身挤了过去，握住了那位司机满是油污和老茧的手，深情地说："辛苦了！"

柴油机司机激动得热泪盈眶，握住周总理的手久久不愿松开。

离开钻井时，工人们见共和国总理这么平易近人，就大胆提出："总理，我们与您照张相可以吗？"

"可以！"周总理爽朗地说。

于是，周恩来亲自给大家排好队形。当摄影师正要拍照时，周恩来突然说："等一等。"

原来是在附近锄地的家属们看到这热热闹闹，跑过来了。周恩来甜甜地笑着，向他们招手，让他们一起过来照相。

队形排好后，周恩来伸出两个胳膊，搭在旁边的两位老工人的肩上，微笑着，在照相机快门的"咔嚓"声中，给历史留下了轻松的一刻。

离开钻井，周恩来又来到北二注水站。这是大庆首先创立岗位责任制的试点单位。

1962年6月12日，周恩来同鞍钢冷轧厂的工人谈话

周恩来详细查看了贴在墙上的各项岗位责任制度，边看边点头说："好，你们这样做很好。"当看到泵站流程图没有填写绘图时间时，嘱咐说："要把时间标上。"

邓颖超在旁边补充说："记上日期，别人看着明显。"

临走时，周恩来对化验员意味深长地说："你们的工作很重要啊！"

周恩来的话，对北二注水站的职工鼓舞很大。在此后的几十年里，这个站的职工坚守岗位，一丝不苟，从没有发生任何事故。

从注水站出来，陪同人员示意说：时间不短了。周恩来说："没关系，来一次不容易，多看看心里高兴呀！"

接着，周恩来又来到职工的食堂和宿舍。

当时，正是国家三年经济困难，大庆艰苦创业进行石油大会战的时候。大庆全体干部职工住窝棚，干打垒，每天以五两粮加野菜，日夜奋战。

在食堂，周恩来揭开锅盖，用勺子搅了搅正在煮着的高粱米稀粥。又揭开另一个锅盖，里面是一锅菜汤。周恩来用勺子盛了一点，尝了尝。而后对炊事员陈玉珍说："你们很辛苦啊！"

1962年6月21日，周恩来在黑龙江省萨尔图参观安装地下油管

陈玉珍热情地回答说："不辛苦。"周恩来深沉地说："艰苦是一个事实，说不艰苦是假的，人家卡我们的脖子要债，又遇上自然灾害，现在确实存在困难，但我们只要坚持艰苦奋斗，自力更生，将来一定会好起来的！"

出了食堂门后，周恩来见200米开外的一位职工家属模样的人从地窝子里出来倒垃圾，便走了过去。

陪同人员说："总理，别去了吧。"

周恩来像没听见似的，一个劲地往地窝子走去。

出来倒垃圾的家属杨得群又激动，又后悔：怎么偏偏让总理看见了呢！她满脸通红，不好意思地对周恩来说："里面又黑又暗，首长就别进去了。"

"不要紧，你们能住，我就能进。"说着，总理一低头，一弯腰，就进了地窝子。

没有家具，只有最起码的几件生活用具。一张简易的土炕上，一个刚刚满月的孩子静静地躺在上面。

看着这一切，周恩来充满深情地说："同志们，现在生活确实很艰苦，但将来一定会好起来。"

视察中，周恩来对余秋里、康世恩等人说，要想办法改善工人们的生活。像大庆这样的矿区，不搞集中的大城市，分散建设居民点，把家属组织起来参加农副业生产，做到工农结合，城乡结合，这样对生产、生活都有好处。后来，周恩来又把这几句话概括为"工农结合，城乡结合，有利生产，方便生活"，成了大庆油田建设的一个指导方针。

周恩来来到大庆的消息不胫而走，传遍了油田。晚上，当周恩来要离开大庆时，工人们和家属们自发地秩序井然地聚集到车站，为共和国总理送行。

那种场面，那种情绪，非常动人。周恩来已经上了火车，又再次下车，向送行的群众挥手告别。

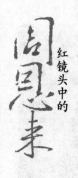

周恩来又先后两次来到大庆视察。总理关心油田工人，油田工人也没有辜负总理的热切期望，当年两个钻井队就双双登上10万米高峰

经过两年的艰苦奋战，到1963年，大庆油田的原油产量达到了430多万吨，使我国的石油基本上实现了自给，创造了世界石油史上的奇迹。

大庆成了全国人民以至世界人民的心灵中的一面旗帜。

就在这一年，周恩来第二次来到了大庆油田视察。

这一次，周恩来是和陈毅一起，陪同朝鲜民主主义共和国最高人民会议常任委员会委员长崔庸健来大庆参观的。

6月19日上午，周恩来从哈尔滨坐火车前往大庆。为了节省时间，周恩来指示说，大庆的工作汇报就在火车上进行，下车后就去参观。

下了火车后，周恩来与朝鲜外宾改乘汽车直奔油田的1203钻井队井场。

"李清明同志，你好啊！"周恩来一眼就认出了一年前见过的工人小李，快步上前，握住小李的手。

"总理好！"小李与在场的工人都非常激动，为周总理惊人的记忆力而惊奇。

周恩来又登上高高的钻台，把手伸给每一个当班的工人。

值班的柴油机司机急忙找东西擦满是油污的手，周恩来已经把手伸过来握住了他的手，说："用不着擦嘛，你们很辛苦，整天和油、泥打交道，这是你们的光荣啊！"

"你老家在哪里？"周恩来又握住一位年轻工人的手，问。

"我是湖南人。"

"好啊，是主席的老乡。湖南人都吃大米，在东北要吃粗粮，能习惯吗？"

"总理，粗粮细粮我都吃，只要为国家多产油，吃什么都行。"

"好，不愧为毛主席家乡的人！"周恩来带头为这位小伙子鼓掌。

接着，周恩来等又来到大庆最大的油库——西油库。他环顾四周林立的油罐群，还有那像长长的油龙似的装油栈桥，语重心长地对保卫科副科长刘怀全说："这个地方大意不得，一定要搞好安全生产。"

"走，上装油栈桥看一看。"周恩来挥了挥手。

"总理，栈桥太高，您就别上去了。"陪同人员劝说。

周恩来没吭声，顺着扶梯就往上登，把4米多高的装油栈桥踩在了自己的脚底下，兴致勃勃地看着值班工人把油装进油罐。

虽然是装油栈桥，但栈桥上干干净净，没有落下一点油污。周恩来满意地点了点头，问值班的工人："冬天和下雨天怎么办？"

"坏天气和好天气一个样，照样坚守岗位，一丝不苟。"工人回答说。

这是大庆工人在执行规章制度方面创建的著名的"四个一样"：夜班和白班执行制度一个样，坏天气和好天气执行制度一个样，领导不在场和领导在场执行制度一个样，没人检查和有人检查一个样。

周恩来赞叹地说："这是你们大庆人自己创造的严细作风，'四个一样'好，我要向全国宣传。"

康世恩回忆说："总理所到之处，与工人们都像久别重逢的老朋友一样亲切交谈，详细地询问他们生产、生活方面的情况。尤其是职工的生活，总理问得最多最细。"

在中三转油站，周恩来问采油指挥部的会计李英："家里有几个小孩？"

"两个。"

"还准备要吗？"

"不要了，我爱人已经做了绝育手术。"

"好，计划生育好，你们俩是模范夫妇。"一向主张计划生育的周恩来显得非常高兴，"你爱人呢？我们一起来合个影。"

于是，李英一家与共和国总理留下了难忘的一张合影。

在另外一个场合，周恩来问女医生杨洪文："多大了？成家了没有？"

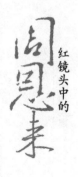
"24岁，还没有结婚。"杨洪文红着脸，多少有点不好意思。

"没什么害羞的，晚婚晚育嘛，这是我们应当提倡的。"说着，周恩来指了指一旁的陈毅，诙谐地说，"咱们的陈毅元帅40岁才结婚，是晚婚的模范。"

陈毅哈哈大笑，地道的四川口音脱口而出："你要向我学习哟！"

"我一定向您学习。"杨洪文说。

"不，不，不。"周恩来笑着摆了摆手，说，"降低条件，不一定要等到40岁才结婚，30岁就行了。"

周恩来对大庆人的感情是非常深厚的。在许多场合，他都积极宣传大庆的精神。在他的影响下，一大批文艺工作者都陆续来到大庆，创作了反映大庆人精神风貌的文艺作品。在一次反映大庆生活的演出中，周恩来亲自登上舞台，打着拍子，指挥全场观众高唱《大庆家属闹革命》的歌曲。

在1964年的第三届全国人民代表大会上，周恩来所作的《政府工作报告》还专门写了一大段关于大庆的文字，对大庆的工作和成绩进行了充分肯定和高度评价。在全国人民代表大会的《政府工作报告》中这样肯定和评价一个企业，在新中国的历史上还是少见的。

1966年春天，周恩来第三次来到大庆。5月3日中午12点半，他乘坐的直升机降落在绿草如茵的临时停机场上。周恩来挥动双臂，向前来迎接的油田的领导同志徐今强、宋振明、陈烈民等致意。

这次周恩来来大庆，住在一间简陋的办公室里，吃的是高粱米芸豆饭，玉米渣子粥和大庆自产的萝卜、土豆、白菜加粉条做的大盆烩菜。因为他有言在先：顿顿要有粗粮，餐餐不上酒，菜要吃大庆自产的。

午饭后，周恩来执意不休息，和大家一起坐上国产大轿车，看了南二区6排32井。对全部油井生产旺盛，保持自喷，表示满意。

当他到1202、1205钻井队时，对这两个队力争打井5万米，给予热情鼓励，说："他们两个队，如果每个队打井上5万米，国务院要鼓励他们。"随后他又登上正在打井的钻台，看了钻井大队长铁人王进喜同志亲自做的操作表演。

总理关心钻井工人，钻井工人也没有辜负总理的热切期望，到年底，1202和1205钻井队双双登上10万米高峰。铁人王进喜带队进京，向总理报了喜，并应邀登上天安门城楼参加了国庆观礼。

毛泽东说：穷山沟里也能写出好文章。一个裹着白毛巾的农民，走上了人民大会堂的讲台，他对着万余名听众把烂熟于心的大寨建设史讲得眉飞色舞

1964年1月19日，陈永贵头上裹着白毛巾，走上了人民大会堂的讲台。对着万余名衣着笔挺的听众和台下闪烁的各级军官的肩章，毫不怯场。他不拿讲稿，手不时地在空中比画着，把烂熟于心的大寨建设史讲得眉飞色舞。听众们盯着这位不同凡响的农民打扮的大队书记，随着陈永贵讲的那些新鲜生动的英雄般的故事，时而振奋，时而沉静，时而发出笑声。讲到精彩处，陈永贵还不紧不慢地端起茶杯喝上一口，大厅中静得连那茶水下咽的咕噜声都清晰可闻。陈永贵着重讲的正是在大寨历史中表现出来的战无不胜的精神力量。他讲合作化，讲三战狼窝掌，讲抗灾，讲三不要三不少，讲自力更生的十大好处，讲凭着人的志气打粮食。他的报告与当时弥漫在全社会的理想主义精神很合拍，大家听了使劲鼓掌，报告大获成功。

半个月后，中央人民广播电台举办了专题连续广播："学大寨，赶大寨"，还播送了陈永贵的传奇般的讲话。节目播出后，中央台收到了13个省市上百封听众来信。这些几十年前的旧信可以向今天的人民传达出当时的社会气氛，传达出那时的社会舆论对人的志气、意志、干劲和精神力量的高度推崇，也可以证明一个学大寨的运动正在自发地形成。

同年3月28日到29日，毛泽东召集中共河北和山西省委的林铁、刘子厚、陶鲁笳等几个人，到他停在邯郸的专列上，听取工作汇报。陶鲁笳汇报说，前不久他在昔阳县大寨大队蹲点，了解到这个大队的生产和思想政治工作都很出色，支部书记陈永贵是个生产能手，也是思想政治工作的能手，而且对管理工作抓得很严，公私分得很清。省委1960年就曾发出通知，要求全省农村党支部书记向陈永贵学习。陈永贵提出过一个很好的口号，叫做"参加生产，领导生产"。这时毛泽东说："很好嘛！就像打仗一样，纸上谈兵不行；你不参加打仗，怎么会指挥战争呢！"

接着陶鲁笳继续汇报说，陈永贵要求每个党员的劳动要好于一般群众，支部委员要好于一般党员，支部书记更要好于一般委员。他认为只有这样，党支

部才有资格领导生产。初级社刚成立时，村里的地主和富农分子暗中轻蔑地说，看这些穷小子们还办社哩，兔子尾巴长不了，用不了几年，非让他们吃塌了不可。陈永贵得知后在党员大会上说，我们每个同志都要横下一条心，绝不占公家一点便宜，让他们看看，共产党员根本不是他们说的那种人。10年来，大寨全村的工分账和财务账，从来是一清二楚，接受群众监督，定期向社员公布。群众称他们的支部书记是贴心书记，会计是保险会计。大寨的评工记分，照陈永贵的说法是"有制度，不繁琐；有差别，不悬殊"。

毛泽东说："这个办法好。评工记分就是不要搞繁琐哲学。又有差别，又不悬殊，才能调动广大群众的社会主义劳动积极性。"

陶鲁笳又接着汇报说，陈永贵这个人，群众说他很有才干，他领导群众搞集体生产，年年有新套套。他常说，你没有新套套，天还是那个天，地还是那个地，它不会给你增产一斤粮食。他的新套套，不是凭空想出来的，是在和群众一起劳动的实践中琢磨出来的，是经常请教山西农学院的科学技术人员，经过科学试验得出来的，所以很见效。正如他说的，集体生产有了新套套，才能变思想、变技术、变土地，才能稳产高产。从建立初级农业生产合作社以来，大寨年年增产，年年增加上交国家的征购粮。"大跃进"那

1960年春，周恩来第三次来到大庆，同铁人王进喜握手

几年，许多农村干部浮夸虚报，说他们的粮食平均亩产已过了长江，超过了800斤甚至1 000斤时，大寨却如实上报粮食单产400多斤。

1963年8月初大寨遭受特大洪灾时，陈永贵正在县里参加人代会，他听到后立即绕走山路回到村里。群众一见他就说："永贵你看这么大的灾，咱们怎么往下活呀？"有些人悲观地哭了起来。陈永贵先问大家，人冲走了没有？牲口冲走了没有？大家说没有。然后他挺起腰杆说："没有冲走一个人，没有冲走一头牲口，这就是大喜事，应该开庆祝会，还哭什么？毛主席说过，人是第一个可宝贵的，有了人，什么人间奇迹都可以创造出来。老天爷也是个纸老虎，欺软怕硬，你硬了，它就软了。我们每个人都有两只手，靠两只手我们就能改天换地，旧的不去新的不来嘛。"就是这样，他把全村动员起来，不分男女老少，齐心协力，夜以继日，战天斗地，果真创造出了惊人的奇迹。被洪水冲倒在泥浆里的秋禾，

■ 1966年，周恩来在中南海与铁人王进喜亲切交谈

一棵棵被扶起来，培土施肥，千方百计地救活了。结果，除少量完全被冲垮了的梯田绝收外，粮食亩产获得了700多斤的高产纪录。接着，他们研究了洪水灾害的规律，修订第二个十年造地规划，建设抗御旱涝能力更强的稳产高产的新梯田、沟坝田、河滩田。被洪水冲毁了旧大寨，也按照统一规划，用集体的公共积累，重建家园。他们以白天治坡、夜间治窝的惊人毅力，建起了焕然改观的新大寨，仅仅半年多的时间，半数社员就欢欣鼓舞地搬进了新居。这真是一个奇迹！他们选择一处又长又高的坡面，用石灰写上了"愚公移山，改天换地"赫然醒目的八个大字。这八个大字活现了大寨人的雄心壮志。

1963年11月省委向全省农村、城市各级党组织发出了向大寨人民学习的通知后，到大寨去参观的人越来越多，都惊叹大寨人个个是改天换地的劳动英雄。

毛泽东听到这里，饶有兴趣地问陶鲁笳，陈永贵是哪几个字，他识字不识字？

陶鲁笳当即在纸条上写了"陈永贵"三个字，并说，从小穷，没有上学读书的机会，他不识字，这些年扫盲，还能看报纸，是个"大老粗"。他虽然不识多少字，书本知识十分缺乏，但不能因此说他没有工作能力。他是个善于向社会实践学习的人，这方面的悟性很高，他还懂得什么叫逻辑。不久前他在太

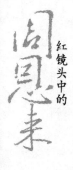

原作报告，赵树理听了很佩服，对陶鲁笳说，陈永贵的讲话，没有引经据典，但他的观点完全合乎毛泽东思想和辩证法。

这时，毛泽东对大寨和陈永贵以肯定和赞赏的语气说，穷山里出好文章。唐朝时山西有个大学问家柳宗元，他在我们湖南零陵县做过官，那里也是穷山区，他在那里写过许多好文章。

毛泽东又高兴地问陶鲁笳，你们有他的材料没有？《人民日报》那篇文章我没有看。

毛泽东回到北京以后不久，1964年4月20日周恩来总理就派农业部部长廖鲁言到大寨做了20天考察。廖部长着重总结了大寨自力更生，艰苦奋斗，按照农业"八字宪法"建设稳产高产农田的经验。他特别赞赏大寨经过多年努力，使建起的水平梯田成为活土层在一尺以上的、蓄水保肥、抗旱保墒的"海绵田"。他认为这种"海绵田"对于发展我国旱作农业具有普遍的科学意义。他回京后，向周总理和毛主席作了书面汇报。

同年5月中旬，中央在北京召开的工作会议，在讨论第三个五年计划时，毛泽东讲，农业主要靠大寨精神，自力更生，要在种好16亿亩地的基础上，建设4亿多亩稳产高产田，要逐步减少粮食进口，以增加新技术的进口，需要加强内地建设。这或许就是农业学大寨的来由吧。至于"农业学大寨"这个字句，中央文件可查见的是1966年8月14日发表的八届十一中全会公报，其中在讲到毛泽东近四年提出的一系列英明决策中，就有"工业学大庆、农业学大寨"的字句。

1964年12月周总理在第三届全国人代会上所作的《政府工作报告》中，第一次公开表彰大寨是农业战线的一个先进典型。众所周知，这个报告是经过毛泽东审阅、修改的。周总理在报告中指出："山西省昔阳县大寨公社大寨大队，是一个依靠人民公社集体力量，自力更生地进行农业建设、发展农业生产的先进典型。"这个大队，原生产条件很差，是一个穷山恶水土地薄、全部耕地散在七沟八梁一面坡的地方。十几年来，这个大队在党的领导下，充分调动群众积极性，以加工改造耕地为中心，结合运用"八字宪法"，高速度地发展了农业生产。他们进行了大量的、艰巨的农田建设，把过去的4700块土地并成了2900块，并且都建成为旱涝保收、稳产高产农田……他们正确地处理了集体和国家的关系，他们只向国家借过一次钱，第二年就归还了。从1953年到1963年的11年中，这个大队在逐步改善社员生活的同时，向国家总共交售了1 758 000斤粮食，每户每年平均交售2 000斤。

最后，周总理概括大寨精神说："大寨大队所坚持的政治挂帅、思想领先的原则，自力更生、艰苦奋斗的精神，爱国家、爱集体的共产主义风格，都是值得大大提倡的。"

在人代会期间，周总理看到一份《内参》上登了一个记者的报道，说大寨耕地亩数不实，今年粮食平均亩产跨过长江、超过800斤的报道也不实。周总理当即找华北局第一书记李雪峰、山西省省长卫恒和陶鲁笳三人到中南海，专门询问此事，并要他们立刻派人到大寨去丈量土地，核实粮食产量。周总理说，如果确有虚假，《政府工作报告》公布后，外国记者会把它捅出去的，这样国际影响就很不好。于是，他们立即派农业厅长康丕烈和省委办公室副主任刘贯文带一批助手到大寨同国务院工作组一道进行了一个多月查田定产工作。最后经过核实，大寨耕地面积为796.69亩，1964年粮食平均亩产809斤，跨过了长江。他们一面上报周总理，一面在省内也作了通报，因为省内不少人对此也是有怀疑的。事实证明，周总理在《政府工作报告》中对大寨经验的基本总结和大寨精神的概括，是完全符合当时大寨的实际情况的。

第一次走进大寨的周恩来，是那样地精神抖擞，兴致勃勃，连草帽都不肯戴。大寨人发现一个泱泱大国的总理竟这样平易近人

1965年5月21日，这是令大寨人最难忘的一天。周恩来和李先念，陪同阿尔巴尼亚外宾，第一次来到大寨视察。

这天，周恩来坐的是直升机，一路颠簸，身体很累。然而，他到了大寨，刚休息一会，就去山上视察。他视察走的路线，转一圈就是八华里。红日当空，热风拂面，年轻人跑一趟，还觉得累得慌。可是，周恩来却那样精神抖擞，兴致勃勃，连草帽都不肯戴。

"提起昔日狼窝掌，山洪饿狼乱石块。"

三战狼窝掌是大寨人战天斗地的一个缩影。周恩来第一次来大寨，就很重视大寨的农田基本建设。他听了说明员的介绍以后，又叫陈永贵讲大寨是怎样治理狼窝掌的。参观狼窝掌的时候，他看得很细致，想的问题十分周到。他很关心当时的工程能不能顶住像1963年那样大的洪水，建议挖一些排水沟，修一

■ 1973年4月，郭凤莲向邓颖超介绍大寨"狼窝掌"

些水簸箕，防止洪水灾害。看完狼窝掌以后，周恩来对大寨人三治狼窝掌的艰苦奋斗精神赞不绝口。

周恩来第二次来大寨时，时间安排得很紧。从早上八点多到下午四点多离开，除了吃饭，总理一刻都没休息。那天午饭后，邓颖超要看一看狼窝掌，周恩来高兴地说："是啊，到大寨来，不去看狼窝掌，就不能算来过大寨。狼窝掌一定要看。"邓颖超临行前，专程去看了狼窝掌。

从狼窝掌回来，周恩来又走进了展览馆。

大寨展览馆，通过实物、照片等展示了大寨所走过的艰辛历程。周恩来对展览的内容看得很细致，问得很详细。他看了大寨今昔对比的模型和大寨的村史以后说："这个展览办得好，内容丰富，短小精悍，很有教育意义。"

展览馆里，还陈列着梁便良、牛国栋、石桂林等人在旧社会穿过的衣服，盖过的被子，用过的枕头，讨饭的篮子等。周恩来拿起牛国栋一家三代人枕过的一个木枕头，嘱咐摄影的同志，把这些实物一件件拍照下来，教育广大青少年。

周恩来还仔细看了大寨的模型，查对了刚才视察走过的地方。陈永贵笑着说："总理，您今天跑的路已不少了，该跑累了。"周恩来笑了笑说："我们只看了三分之一，可惜时间太短了！"

周恩来对工作这样不辞劳苦，勤勤恳恳，兢兢业业，给大寨人留下了深刻的印象。

1963年前，大寨仅有树一万余株，其中果树一千余株。1963年，周恩来特别指示大寨要多种果树，走综合治山的道路。于是大寨加强了对林业生产的领导。几年内，绿化荒山三百余亩，植树十多万株，其中果树四万多株，平均每人二百多株。十多年前光秃秃的虎头山，如今被一片葱绿覆盖了。七沟八梁一面坡上长起了成片林木。苹果、葡萄、梨、桃……酸枣树上嫁接的大红枣，结满了累累的果实。现在每年光是各种干鲜果品，收入就相当可观。

当周恩来站在虎头山上看见座座荒山披上了绿装，心中充满了喜悦。他说："要是把所有山头，都搞上树林，该多好啊！"并嘱咐说："要多种树，发展林业，水果树、干果树、木材树都要种。"还鼓励大寨的同志，把山上的酸枣树嫁接成大红枣树。

1973年，周恩来第三次来大寨时，虎头山上已有成片的梨树、苹果树和松柏林，近村周围栽满了桃树和葡萄，山坡梯田里长着株株核桃树，田边地角的酸枣树都嫁接了大枣。周恩来满心欢喜。特别是听说酸枣树嫁接的大枣树，已经结了不少果实，他高兴地笑出了声。

看看虎头山变成了花果山，尝着蜜甜的新鲜水果，大寨人不得不佩服周总理的远见卓识，大寨的林业也包含着总理的心血！

大寨是个山区，地面没有河流，地下水位很低。农业集体化前，地里蓄不住水，抗不了旱，遇到旱天，连吃水都困难。集体化后，大寨人治山治坡，抓土抓水，建造了能蓄水保墒的"海绵田"。1964年，大寨又打了一口深井，十一口旱井，除了供给全村吃用以外，还可以用来沤肥。

一九七三年四月，周恩来第三次来到大寨，他在郭凤莲家中访问做客

周恩来

1973年4月，周恩来陪同外宾参观大寨

这次，周恩来来大寨视察时，十分关怀大寨的水利建设。他专门到水井旁，看了新修不久的小水泵房。他仔细地询问："这个井有多深？水量有多大？机器马力有多大？"陈永贵回答了这三个问题以后，接着说："水够人吃了，还能解决一些沤肥用水。"

中午，在欢迎贵宾的饭桌上，周恩来又谈到了水利问题，他突然问大寨党支部的同志："天不下雨怎么办？"周恩来不等他们回答，又发问道："三年大旱怎么办？在中国历史上，有过这样的事情嘛！要想办法彻底解决水源问题。"

支部的同志被问住了。他们不能不惊叹周恩来考虑问题是这样周到、长远！

在这以后，大寨人把周恩来的这句发问永远记在了心上。1976年，大寨大队在中国人民解放军的支援下，奋战50多天，建成了一条全长14华里的"军民渠"，把昔阳县郭庄水库的水引到了虎头山。军民并肩战斗，又在虎头山上修起了一个可以蓄水3.4万担的"支农池"。以后大寨人又相继建成了5个蓄水池，总共可以蓄水8万担，起到了又防洪又抗旱的作用。

1972年，大寨遭到百年不遇的旱灾，从种到收没有落过透雨。这场大旱真的连续了三年。"天大旱，人大干"，大寨人民在大旱面前干得非常出色。战胜了三年大旱，夺得了没有见过的大丰收，粮食总产量创造了历史上最高水平。

周恩来第一次视察大寨，一进村，他就问头一任铁姑娘队长赵素兰，去年做了多少个劳动日。素兰子如实作了汇报。周恩来亲切鼓励说："好，好，要好好学习，要好好劳动。"

66

那天，周恩来又到了素兰子家，坐在小板凳上，跟素兰子爹赵怀利唠起来。总理问："你今年多大岁数？身体好吗？"

怀利开头跟总理说话心有点跳，拘束地说："好，很好，我今年六十四。"

周恩来笑着问："你看我多大岁数？"

怀利见总理这么近乎，也不感到拘束了，认真地端详了总理慈祥的面容说："有五十来岁吧！"

周总理笑得仰起了身子，伸出三个指头来说："我比你还大三岁呢！在座的人，数了我岁数大，就数你了，咱们都可得抓紧时间干社会主义噢！"

周恩来的视察就要结束了，大寨人发现一个泱泱大国的总理竟这样平易近人，很快就跟他熟悉了，就像家里人一样。当周总理离开大寨时，全村老少都到村外广场送行，看着总理远去的背影，不少人流下眼泪。

周恩来第三次来大寨，他高兴地对陈永贵说："永贵，我不敢认大寨了，变化真大，你们老的小的干得好啊！"在周恩来的鼓励下，大寨的"当家人"做了副总理

1965年春，陶鲁笳陪同华北局第一书记李雪峰和河北省委第二书记刘子厚到大寨考察。有一天他们三人在参加由陈永贵主持的党支部会议上，听到陈永贵在讲到大寨工作经历过的风风雨雨时，对1964年11月晋中地委组织"四清"工作队进驻大寨帮助"四清"，深表不满，认为这个工作队是有意要把大寨整垮的。

陈永贵说，1964年12月他在北京参加第三届人大时，村里有的同志打电话告诉他，工作队认为大寨红旗旗杆上长出了虫虫，他们来大寨的任务就是要把这些虫虫挖掉，使大寨红旗举得更高。因此，在村干部"洗手洗澡"中，把许多同志整得灰溜溜的，抬不起头来。他听到这种情况后，在北京开会期间就向周总理反映说，这种"四清"办法，打击面太大，基层干部无法干下去啦。说到这里，陈永贵竟感情冲动地流出了眼泪。

之后，据他们了解，工作队的某些同志，工作方式确实有些简单粗暴，对大寨有些干部提出了一些过火的不够实事求是的批评意见，但没有根据说明他们是有意要把大寨整垮。最后"四清"的结果也表明大寨所有干部并不存在"四不清"的问题。陈永贵听到过一些过火的批评意见，就一触即跳，大发牢骚，这是他的骄傲情绪的流露。所以，当时李雪峰要陶鲁笳找他个别谈一谈，对他的骄傲情绪进行一次严肃的批评，帮助他深刻领会毛主席的教导："有了成绩，不要翘尾巴。""虚心使人进步，骄傲使人落后。"陶鲁笳按照这个精神耐心地和陈永贵谈了一个多小时。当时他爽快地表示接受批评帮助。

周恩来第一次访问大寨时，也曾谆谆告诫永贵同志和大队干部有两条要注意：一是，有了成绩，年老的不要骄傲自满，年轻人更不要骄傲自满，要检查自己的不足，虚心向别人学习，永远前进。二是，要发扬民主，办事要和群众商量，不能一人说了算。在肯定大寨成绩的同时，要求大寨要多种树，控制水土流失；要立足三年大旱搞水利设施建设，保证稳产高产；要多储备粮食，办粮食加工厂，发展畜牧业，发展多种经营，增加收入；还要办半耕半读的学校，培养又红又专的接班人。周总理的指示，大寨人都照办了。

1973年4月23日，周恩来同墨西哥总统埃切维里亚第三次访问大寨。当总

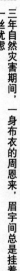

三年自然灾害期间，一身布衣的周恩来，眉宇间总是挂着一丝忧虑

理一行乘车到大寨村口，一下车看到大寨的巨大变化后，他高兴地对陈永贵说："永贵，我不敢认大寨了，变化真大，你们老的小的干得好啊！"总理向外宾介绍，前两次来大寨时房子还没有这么多，树还没有长大，今天大寨人在新农村欢迎我们，变化真大啊！总理同社员握手时，特别注意上年纪的人，总理说："我认识你们，你们是真正的大寨人，你们干得好啊！"当总理陪同外宾要步行上虎头山视察时，陈永贵说："总理，可以坐车上山了，山上已修了盘山路。"总理说："不坐车了，到了大

▓ 1973年4月，周恩来到大寨，在郭凤莲家里与她们母子合影

寨就得有大寨精神，发扬大寨精神爬山哪！"到了虎头山上新修的蓄水池边时，总理向客人介绍说："我1965年来时山上没有树，今日树木成林，又种了那么多水果树，梯田修得这么漂亮，又修了蓄水池，我说的，大寨人都这么做了，干了这么多事……"

正在这个时候，邓大姐风趣地说："你让永贵介绍吧，总理当大寨说明员了。"总理高兴地说："我了解情况，可以当说明员了。"逗得大家都笑了起来。埃切维里亚总统说："我们今天来大寨，看到了你这样巨大的成绩，看到了精神力量。大寨不仅是你们新中国的榜样，也是第三世界的榜样，也是墨西哥的榜样。"

中午，周总理到郭凤莲家，抱着郭凤莲的儿子小军坐到炕上，不知哪位记者把这情景拍了下来。后来，总理走了，总理和小军在一起的照片却留作了永远的纪念。有多少人曾伫立在照片前，啧啧赞叹，露出羡慕的神色。

随着全国农业学大寨运动不断普及和深入，陈永贵的政治地位也在不断提高。

1973年8月，中国共产党召开了第十次全国代表大会。

中共十大是因林彪集团的崩溃而被迫提前举行的。林彪死后，六位政治局委员被判定为反党集团的主要成员，还有一些中央委员被牵连进去。因此，改选中央政治局和中央委员会势在必行。

8月28日，大会选出了195位中央委员和124位候补中央委员，邓小平、陈云、谭震林等被打倒过的"大号走资派"的名字赫然出现在中央委员的名单上。

新选出的中央委员们接着开一中全会，选举政治局委员、常委、主席和副主席。

陈永贵进入政治局的过程说起来似乎很简单。上面有陈永贵名字的政治局委员候选人名单发下来了，由各小组讨论。在华北组的小组讨论会上，陈永贵见名单上有自己，便谦虚道："我文化低，连个录也记不了，政治水平也不高，办法又不多，我可实不称职。"

这时一位参加华北组讨论的中央领导说："关于永贵同志来中央，在过去几年就考虑过这个问题。大寨和昔阳在永贵同志领导下，始终坚持毛主席的革命路线，进行了长期的斗争，是经过考验的。"这位领导人又提到陈永贵去四川、贵州、云南参观访问的事，说他敢直言批评，没那些虚辞客套，各地同志都说受益不浅。华北组的中央委员们听了这番介绍没说二话，众人一阵鼓掌，陈永贵就算通过了。

消息传出后，大寨的老百姓敲锣打鼓上街游行庆祝，说起来是庆祝十大胜利闭幕，其实大家心里最高兴的还是他们的"当家人"进了政治局。

正是在这次十大会议上，周恩来宣布了一件人们盼望已久的事情："同志们，最近我们还要举行第四届全国人民代表大会。全国人民和各国革命人民对我们党、对我们国家寄托着很大的希望……"

因林彪事件整整中断了两年的四届人大筹备工作，再一次提上了议事日程。然而，这次的筹备工作，却是风雨交加。

从1973年底开始，一场批林批孔运动又在全国展开。

白卷英雄上大学。

批判晋剧《三上桃峰》。

围剿湘剧《园丁之歌》。

借小学生日记批所谓"师道尊严"。

大寨带领人
陈永贵

借风庆轮返航批所谓"洋奴哲学"。

一个又一个的事件，进一步恶化了当时的政治局势，十大以后刚刚恢复的四届人大筹备工作，前后又被迫中断了近一年的时间。项庄舞剑，意在沛公。江青一伙借机生事的目的，实际上是把矛头指向了周恩来，指向了邓小平。

1974年10月11日，中央终于正式下达了关于召开四届人大的通知。

此时，病重的周总理在医院中频繁召见叶剑英、邓小平、李先念等人，酝酿四届人大的人选问题，努力不使党和国家的权力落到江青一伙的手里。

这时，陈永贵也接到了周总理的召见通知。

陈永贵到了医院，只见总理又瘦了一圈，不禁眼眶湿润了。他问了问总理的病

■ 担任国务院副总理的陈永贵在中央会议上

情，知道又动了手术。周恩来很快就谈起了正事。他说："这次找你，就是安排四届人大的事，你要有所准备，当国务院副总理，把大寨精神推向全国。"说完问陈永贵有什么想法。陈永贵亦惊亦忧，他说："总理，我文化水平不行，实在是当不了。我不当这个副总理。"周恩来正色道："看你，永贵，你是不是党员？是党员就得接受党的安排。现在，中央的斗争这么激烈，你不参加别人也得参加。你还是干吧。这事主席同意，政治局其他同志也同意。你是个农民代表。"

陈永贵是一个聪明人，自然明白这些话的含义。他知道四届人大的人事安排关系到党和国家的命运。以江青为代表的"四人帮"也三天两头地在钓鱼台里谋划着什么。陈永贵在钓鱼台，也闻出了味道。于是，他答应了对他的工作安排。接着周恩来又给陈永贵讲起了李闯王，人才不是天上掉下来的，而是群众中涌现的。谁相信李自成能打进北京，推翻明朝。时势造英雄嘛。

1975年1月13日，从1970年夏的庐山会议便开始酝酿的四届人大终于开幕了。周恩来抱病作政府工作报告，提出了"在本世纪内，全面实现农

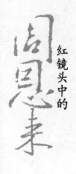

业、工业、国防和科学技术的现代化，使我国国民经济走在世界前列"的宏伟目标，全中国人民深感振奋。大会任命周恩来继续担任国务院总理，同时任命了12位副总理，其座次如下：邓小平、张春桥、李先念、陈锡联、纪登奎、华国锋、陈永贵、吴桂贤、王震、余秋里、谷牧、孙健。陈永贵排名第七。

这套班子中只有张春桥这一位"四人帮"成员，而周恩来、邓小平、李先念、王震、余秋里、谷牧、陈永贵等多人却构成了另一派的强大阵容。"四人帮"在四届人大上严重受挫。

按江青的意思，应该由王洪文、谢静宜当人大副委员长，迟群当教育部部长。上海方面提出过一个国务院人事安排名单，"四人帮"方面的要员达88人之多。可是江青托人向毛泽东提出人事安排的建议之后，毛泽东回答说："江青有野心。她是想叫王洪文做委员长，她自己做党的主席。"毛泽东在江青的来信上批示："不要多露面，不要批文件，不要由你组阁（当后台老板）。你积怨甚多，要团结多数。至嘱。人贵有自知之明。又及。"

毛泽东屡次挫败江青组阁的企图，并且把去长沙找他告周恩来、邓小平的王洪文训了一顿。毛泽东说邓小平人才难得，政治上比王洪文强。

四届人大组阁不成，江青火冒三丈，把许多政治局委员点着名骂了一通。毛泽东听说了，批示道："她看得起的没有几个，只有一个，她自己。""将来她要跟所有的人闹翻，现在人家是敷衍她。""我死了以后，她会闹事。"

改革开放，大寨焕发了新的青春活力。历史证明，周恩来总结的自力更生、艰苦奋斗的大寨精神，不但过去有意义，而且今后仍然值得提倡

粉碎"四人帮"后，中国终于走上了实事求是，按照科学规律办事的道路。

1978年12月，党的十一届三中全会的召开，揭开了我国农业和农村发展的

新篇章。

1980年11月，中央转发了《山西省委关于农业学大寨运动经验教训的检查报告》，并加了批语。这个"批语"实事求是地从正反两个方面总结了农业学大寨的经验教训。"批语"一方面肯定了"文化大革命"以前，"大寨的确是农业战线上的先进典型。周恩来同志所总结的大寨的基础经验以及这些经验在全国的推广曾经起过积极的作用"；并且也肯定了"文化大革命"以来，"全国各地学大寨的农业先进典型绝大多数在生产上、建设上都是有成绩、有贡献的。同样，大寨和昔阳县的绝大多数干部和群众，在农业战线上也做过贡献"。

另一方面又指出，"文化大革命"以来，"在山西省内推行大寨经验的错误以及由此造成的严重后果，山西省委已经承担了责任。就全国范围内来说主要的责任，在当时的党中央"。"在大寨和昔阳县推行'左'倾路线以及由此造成的严重后果，主要应由陈永贵同志负责。这样，就分清了是非、功过和责任，不但有利于进一步肃清农业战线上'左'倾路线的影响，更好地贯彻执行十一届三中全会以来中央制定的各项农村政策，而且也有利于保护广大干部和群众学习和贯彻执行周恩来同志所总结的大寨基本经验的积极性"。

应当指出，周恩来同志总结的大寨精神，特别是自力更生、艰苦奋斗的精神，不但过去具有普通意义，而且在今年改革开放中仍然是值得提倡的。

这里还应当提到，伟大的已故老一辈无产阶级革命家李先念同志，他生前

一九六五年五月二十一日，周恩来总理和李先念副总理陪同阿尔巴尼亚客人，第一次视察大寨，与大寨群众亲切交谈

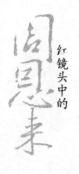

曾先后三次去过大寨。他在1992年6月21日逝世前不久即1992年5月4日，在听了中国扶贫基金会负责同志向他汇报说，一些贫困地区坚持大搞农田基本建设，解决了温饱问题时，李先念同志说，这个经验很重要，过去大寨搞的"海绵田"是很对的，获得了增产粮食的效果，不能把好的经验丢了。但是后来变成学不学大寨是对毛主席的态度问题，这就过分了。不能说大寨什么都先进，什么都得学，但是大寨治山治水、搞农田基本建设的经验还是对的。

李先念同志以上对大寨和农业学大寨的评说，言简意赅，客观公正，具有深刻的历史意义和现实意义。

1992年5月28日，时任国务院副总理的朱镕基在山西省领导陪同下到大寨视察。在大寨旅行社三楼办公室，朱镕基听取了郭凤莲的汇报，并同有关人员进行了座谈。

朱镕基说："我这次是到山西煤矿进行调查，顺便来大寨看一看。虽然看的时间很短，但给我的印象很深。大寨人自力更生、艰苦奋斗、治山改土、发展生产的精神，任何时候都是值得学习的，而且大寨应保持这种精神。大寨在发扬自力更生、艰苦奋斗精神的同时，要更好地贯彻小平同志南行谈话的重要精神，把大寨的工作做得更好。"

朱镕基接着说："我给大寨提点意见，供你们考虑。（一）解放思想，改革开放。大寨的精神要发扬，但不可否认，大寨过去的一些'左'的做法需要克服。（二）统筹安排，量力而行。凤莲同志到江苏、浙江、上海看了一遍，就看花了眼。各个地方都有各个地方的具体情况，都要从当时当地的具体情况出发，实事求是。大寨就这么点家当，你所办的事情也只是那么多，你搞得太多了，没有一个重点，没有一个计划步骤，把摊子铺开了，一件也办不成，所以要统筹安排。你究竟有多大的力量，多大的人力、物力、财力，特别是农民的素质如何，底子要清。所以，你不要全面铺开去搞项目，先搞一二个就行了，这也要有个秩序，我觉得首先还是要把农田基本建设搞好。你大寨就是靠战天斗地、治山改土起家的。（三）自力更生，眼睛向内。内因为主，靠你们自己的力量来干，典型从来不是树起来的，是干出来、奋斗出来的。外因给你创造一定的条件。现在的形势与当时的形势不一样。过去一个副总理到这里来，给你几十万、几百万是可以的。我现在一元钱也没有，没有这个权力。要靠自己来干，强调自力更生，靠自身积累发展起来。"

当郭凤莲谈到大寨村办企业的两个项目，一个铁合金、一个糠醛，目前遇到困难时，朱镕基说："如何帮助你们搞那两个项目，我们回去同省里研究，

▌1973年4月，邓颖超与郭凤莲在大寨"狼窝掌"视察

但是都很难救活你，救活了你，这不是经济的办法，是行政的办法，那个东西是没有生命力的。铁合金全国滞销，包括在国际市场也滞销。糠醛也是积压，这样的东西不要去搞。这样需要你们大寨的领导去研究新的情况，学习新知识，最主要的是市场。"

1992年10月，郭凤莲当选为中共十四大代表，来到了北京。

十四大会议期间，郭凤莲是记者们争相采访的新闻人物。原因很简单，都听说这位昔日农村搞计划经济的典型人物，如今又带领大寨人向社会主义市场经济迈开了步子。

郭凤莲变了，变得"洋"起来：烫着短发，身穿时髦的花条羊毛衫和很合体的毛料裤。她拿出名片，还是带彩色照片的名片哩。上面写着两行头衔：昔阳县大寨党支部书记；昔阳县大寨经济开发公司总经理。

郭凤莲变了，变得满脑子是经济："我现在急着给大寨的羊毛衫找销售市场，给'铁姑娘'们多赚些钱。这可是我们开发第三产业走向经济富裕的第一炮啊！"

郭凤莲变了，变得尽说大实话："我这个人并不守旧，可思想观念真正走出计划经济的传统束缚，眼光从黄土地扩展到商品经济大市场，也不是一件容易事，应当说是改革开放的事实教育了我。"

郭凤莲坦诚相告："十四年前，我参加了党的十一届三中全会。头回听说要搞改革，我还真有点转不过弯子，今后的路该怎么走，我感到渺茫。现在回过头来看看，邓小平同志提出建设有中国特色的社会主义理论实在太英明了，我们党、我们国家这十四年来所进行的改革开放实践确实是史无前例的。我常问自己：战天斗地了多少年，大寨人为什么还是'早晨玉米糊，中午玉米窝

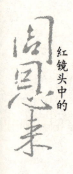

头，晚上玉米面条'呢？这才几年时间，大寨人就能一天三顿吃大米白面，穿起了不比城里人差的新衣，还看上了大彩电，用上了洗衣机，孩子们都玩起了游戏机。答案只有一个：改革开放解放了农村生产力，大寨人能因地制宜地搞经济作物和多种经营，能把农副产品优势变成商品优势了。过去，农村在大家伙眼里是'改造人'的地方，现在却是知识分子施展才能、科学技术发挥威力的好天地，就连不少外国老板也看上了我们农村，把大把的钱投了进来。现在再讲社会主义好，大家看得见，摸得着，实实在在。"

郭凤莲最后说："这次我参加十四大，思想上又受到了很大震动。江泽民同志在报告里明确提出建立社会主义市场经济体制，对农民说来，这又是一个大喜讯啊。搞社会主义市场经济，就等于给了我们农民走向市场的权力和自由，可以按照客观规律来发展自己了。大寨人现在和江苏省的企业联合搞羊毛衫厂，用卖农副产品积累的资金进行工业生产投资，我们用农业和工业'两条腿'走出了黄土地，走向了新市场。"

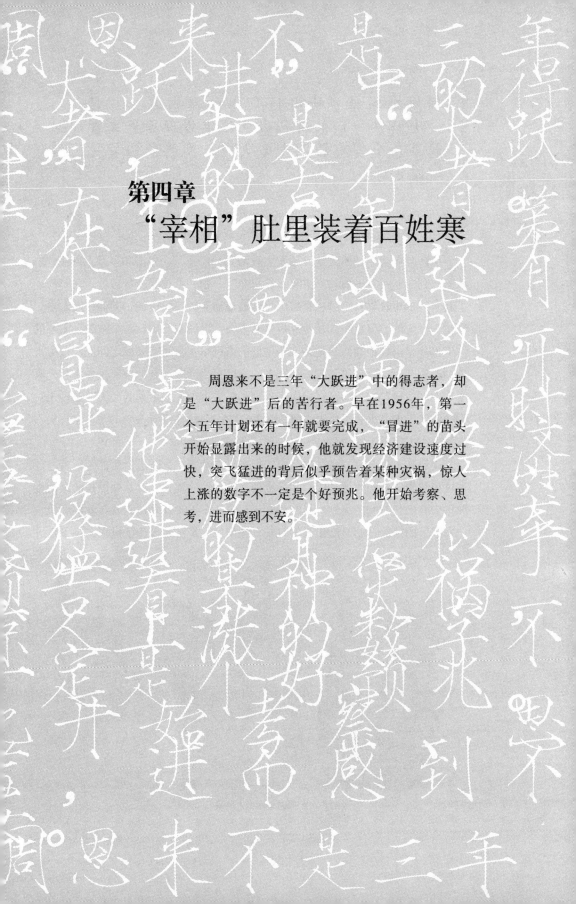

第四章
"宰相"肚里装着百姓寒

周恩来不是三年"大跃进"中的得志者，却是"大跃进"后的苦行者。早在1956年，第一个五年计划还有一年就要完成，"冒进"的苗头开始显露出来的时候，他就发现经济建设速度过快，突飞猛进的背后似乎预告着某种灾祸，惊人上涨的数字不一定是个好预兆。他开始考察、思考，进而感到不安。

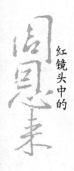

周恩来不是"大跃进"中的得志者,却是
"大跃进"后的苦行者。秘书发现周恩来在
起草这个发言稿的十多天内,两鬓的白发又
增添了许多

从1957年起,神州大地开始发生政治大"地震",先把50多万人打成"右
派"。到1958年,一曲共产主义"狂想曲",把一辈子受苦受穷的人民都鼓动
了起来,梦想着早日走进粮食成山、食油成河、钞票作废的"神仙乐园"。一
个比一个大的"卫星",从土疙瘩里升了天。毛泽东看到这一个个激动人心的
"卫星",由衷地高兴。他多么希望他的人民幸福富裕,一夜之间摆脱贫穷走
进共产主义!"浮夸风"像一个巨大的磁场把毛泽东和其他中央领导人目光紧
紧吸在"卫星"的表层。在中南海肯定和赞许声中,一系列的"大"出现了:
大办农业、大办水利、大办养猪、大办食堂……好像没有一个"大"字打头,
就失去了人定胜天的力量。

周恩来不是三年"大跃进"中的得志者,却是"大跃进"后的苦行者。他
在这场热闹非凡的大运动中,却一直处在挨批评的地位。这是他漫长的政治生
涯里少有的长时间的失意。早在1956年,第一个五年计划还有一年就要完成,
"冒进"的苗头开始显露出来的时候,他就发现经济建设速度过快,突飞猛进

周恩来的个人风采

的背后似乎预告着某种灾祸，惊人上涨的数字不一定是个好预兆。他开始考察、思考，进而感到不安。

一年后，就是1957年（第一个五年计划的最后一年）开始研究设计第二个五年计划时，总理和分管经济工作的陈云一同磋商，提出"控制建设速度，适当压缩基本建设规模，保证重点"的报告。当这个报告提交中央会议上讨论时，毛泽东不同意报告中有些观点，他说话了："劲可鼓不可泄，应当鼓舞士气。合作化一搞，有人叫得不得了，说搞多了，要砍掉10万个。经济工作有进有退，主要还应该是进……"这话的含义非常明白，叫周恩来不要保守，不要反冒进。

在周恩来身边的同志都知道，中央许多问题上，总理都是高姿态，顾全大局。他并不在意毛泽东的批评，但却关心为之奋斗了几十年的革命事业和老百姓的安危幸福。他曾经冷静观察形势，希望让时间说话。可是全国的经济建设不但猛烈过热膨胀，而且迅速演变成了全民性的"大炼钢铁"。到了1958年1月，神州大地已经被星罗棋布的小高炉熏烧得滚烫滚烫，任何冷静的思考都会遭到无情抵制，甚至批斗。再说，在人们热情空前振奋的"熊熊烈火"中，很难有人能不受熏陶不被感染而保持冷静的头脑。

此时，中央在南宁召开了会议，总结第一个五年计划，讨论第二个五年计划和长远规划。

会上，毛泽东面对大好形势，又一次批评了1956年的反"冒进"，重提周恩来想压缩基本建设计划的往事，这次他的不满是显而易见的，虽说不是点名批评，可到会的中央领导都知道在点谁。

1958年3月9日至26日，中共中央又在成都召开了政治局扩大会议，简称成都会议。毛泽东在这次会议上，对反"冒进"进行了再次批判："在领导方法问题上，有两种方法，一种是马克思主义的'冒进'，一种是非马克思主义的反'冒进'。究竟采用哪一种，我看应采取'冒进'。"为了批判反"冒进"，毛泽东还重印了他为《中国农村的社会主义高潮》一书所写的部分按语，并在说明中把反"冒进"说成是"打击群众积极性"、"给右派猖狂进攻以相当的影响"的事件。

这样，毛泽东批判反"冒进"的调子又提高了一步。周恩来又一次陷入进退维谷的境地。进，作为一国总理，他却显得人微言轻，孤立无援，无法让火热中的人冷静下来面对热浪过后的严峻事实。退，他可以随大流，但他心里非常清楚，时间一到，滚烫的钢水会立即凝聚成冰冷而沉重的负担，压在中国人

的身上。自然规律是残酷无情的。一向严于律己顾全大局的周恩来，又一次把自己违心的检查送给了毛泽东。

据周恩来的秘书范若愚回忆说，周总理以前总是高高兴兴的，从成都回北京后真像生了场病，前后判若两人。

周恩来对范若愚说："过去起草文件，是由我先谈内容，由你记录下来整理成书面材料。这次发言，不能像过去那样，因为这次发言，主要是做'检讨'，不能由别人起草，只能我讲一句，你记一句。"

周恩来还说："关于我这次'犯错误'的问题，我已经和毛主席谈过了，主要原因在于我的思想跟不上毛主席。这说明必须努力学习毛泽东思想。"

平时周恩来反应敏捷，准确无误，可现在连一句完整的话都凑不齐，这说明他的内心是十分复杂的。他讲一句，范若愚就记一句。周恩来沉默一大会儿，接着再讲一句……

这时，陈云从杭州打来电话，周恩来听着、听着，然后放下话筒，神情有些恍惚。接着又开始十分困难地口述起来，每说一句要停三四分钟。这时已经很晚，都到午夜时分了。范若愚意识到，在反"冒进"这个问题上，周恩来的内心有矛盾，因而他找不到恰当的词句表达他想说的话。在这种情况下，范若愚建议，他暂时离开总理的办公室，让周总理安静地构思，等总理想好一段他再记录一段。范若愚又觉得，这时他如果守候在总理的办公桌旁，对周总理也是一种精神上的负担，会妨碍周总理构思和措词。总理同意了范若愚的意见。

凌晨2点时分，范若愚被邓颖超叫醒。她说："总理独自坐在办公室发呆，怎么你却睡觉去了？"

范若愚把总理同意了他的建议的情况讲完后，邓颖超说，"走！我带你去和他谈。还是由他口授内容，你整理成文字材料。"

这样，范若愚随着邓颖超来到了周恩来的办公室，她和周恩来争论了很久。最后，周恩来勉强地同意，还是由他口授内容，范回到宿舍去整理记录。

在整理到学习毛泽东思想问题时，范若愚引了一句成语说："我和毛主席'风雨同舟，朝夕与共'，但是在思想上还跟不上毛主席……"后来周恩来审阅时，严厉地批评了范若愚。他说，在关于他和毛泽东的关系上，在整风以后，还可以引用这句成语，但是在整风以前，不能引用。"这也说明你对党史知识知道得太少！"周恩来讲这些话时，几乎流出了眼泪。最后，他逐字逐句地自己动笔修改一遍，又亲自补充了几段，才打印出来，送交政治局常委和书记处传阅。

后来稿子退回，周恩来看过以后，又要范若愚把批在稿子上的话誊写清楚，再打印一次。范若愚看到政治局常委和书记处提的意见，把"检讨"部分中的一些话删掉了，有些话改得分量较轻了。范若愚看了之后，心里的紧张情绪才缓和下来。

但是，范若愚发现周总理在起草这个发言稿的十多天内，两鬓的白发又增添了。

因为正确地反"冒进"而受到毛泽东的严厉批评，进而真心地自我检查这件事情，比较典型地反映了建国后周恩来如何对待党内分歧，特别是如何对待他同毛泽东围绕某一件事而出现分歧时的态度和方式。反"冒进"的思路无疑是正确的，但周恩来放弃了。这里有迫不得已的一面，也有诚心诚意的一面。

原因不外是：周恩来对毛泽东的特殊地位的尊重和信服。周恩来一向是遵守纪律、无条件执行党的决议的模范，从维护党的领导核心的团结出发，照顾

1960年4月，周恩来在贵阳花溪人民公社试验田里观看小麦的生长情况

大局。由于周恩来顾全大局，相忍为党，对毛泽东当时不符合实际的错误批评没有做任何辩解，并且还承担了主要责任，在很大程度上缓和了紧张气氛，避免了在极端的情况下，可能出现的某些冲突。故而，在周恩来做了检讨后，毛泽东公开宣称："反'冒进'的问题解决了，现在中央是团结的，全党是团结的。"

"你要是糊弄我们，总理，再过两三年，你也会饿死的。"来到伯延调查的周恩来没有想到一个农民的话这么尖锐并充满了哲理

到了1959年彭德怀在庐山会议直言批评"大跃进"时，毛泽东又重提周恩来反"冒进"之事，使他无法回到以前的观点上。毛泽东说："在南宁会议、成都会议、党代大会上讲过，1956年、1957年的动摇，不戴高帽子，讲成思想方法问题。如果讲小资产阶级狂热性，反过来讲，那时的反冒进，就是资产阶级的冷冷清清，凄凄惨惨戚戚的泄气性，悲观性。我们不戴高帽子。因为这些同志和右派不同，他们也搞社会主义，不过是没有经验，一有风吹草动就站不住脚，就反冒进，那次反冒进的人，这次站住了。如恩来同志劲很大，受过那次教训，相信陈云同志也会站住脚的……"

对周恩来的批评因为出现了彭德怀事件而转移了。但是，周恩来心里受压抑的滋味是不好受的。整整三年，他都被视为落后于时代的保守派。

没有多久，不过几个月的时间，"大跃进"不是把农民们带进"共产主义天堂"，而是被送上客观经济规律的审判台。"冒进"后的问题"兵败如山倒"似的滚滚涌来。几乎一夜之间，宣传家们用最美的词句描绘的前景像海市蜃楼般不见了。外债、饥饿像瘟疫一样在全国蔓延，农村首当其冲。

当大批农民因饥饿而患病、死亡的报告摆到了共和国的领袖面前时，他们痛心得流泪了，才发现急于改变贫穷早日进入产主义的主观愿望是那样不切实际。

为了扭转国民经济的困难局面，尤其是对农业生产的恢复，中央不得不对国民经济进行调整。这副重担自然又落在了共和国总管家周恩来的身上。

调整从哪里入手？还是从国民经济的基础农业入手。而要调整农业，又首先必须从调整农村的基本政策入手。

1961年1月，中共中央接连召开了中央工作会议和八届九中全会，研究国民经济，特别是农村政策的调整问题。

毛泽东在会上沉重地说："现在看起来，社会主义建设不要那么十分急，十分急了办不成，越急就越办不成。不要务虚名而招实祸。"

为了彻底摸清国民经济状况，做到情况明，决心大，方法对，真正把政策

调整落到实处，毛泽东号召全党要大兴调查研究之风，一切从实际出发。他说："1961年成为一个调查年。搞个实事求是的一年。"

正是在这样的背景下，周恩来来到了伯延村实地调查，重点是食堂、供给制和包工包产。此前，周恩来早已派出了他的"先头部队"——总理办公室副主任许明率一个工作组在伯延调查，事先也得知伯延的一些情况。

这一次，邓颖超也带病和周恩来一同下去。总理一般出访不和夫人同行，一方面因为总理不愿意让家里人涉及他的工作事务，另一方面邓颖超身体不好，患了严重的胃病。这次到河北，邓颖超的病情好了一点，总理有意让她出来换换环境，顺便做一些调查研究。但是总理在农村召开会议时，邓颖超一般都坐在外围的地方，她只能带耳朵听而不能带嘴讲话。以前总理曾说过，夫人有时出面讲话，别人会当是我这个总理讲话，这样不利于工作。

这一次摄影记者杜修贤也随同采访，以前他跟随总理出访，看惯了总理一尘不染的笔挺衣着和潇洒的风度。这次出发时猛一看总理下农村的装束，觉得好笑：一身棉布质的灰色中山装，既不挺括也不合身，皱巴巴的；热了，干脆敞开怀，一手抓住衣襟当扇，呼啦呼啦地扇了起来。尽管外表如此"土"，却掩盖不住周恩来绝伦的儒雅之气。只是总理眉宇间挂着的一丝忧虑，让他感到这次下乡并不是一桩轻松的事。

1961年5月3日，周恩来一行来到河北武安县的一个公社，住在部队的营房里，早晚回营房吃饭，中午就在视察的伯延村就餐。

伯延村是个公社，有十多个自然村落，人口27 000人，办公共食堂比较早。现在，受灾面大，饥荒严重。周恩来这次到农村是带着考察题目来的，主要有三点：食堂、供给制、包工包产。

一九六一年五月五日，周恩来在河北省武安县伯延人民公社开调查会

周恩来在伯延调查了4天，先后召集了大小队干部、社员群众、农机站和修配厂的人开会7次，广泛听取群众的意见。

"总理是大官啊，可不能胡说八道的。"被叫来参加会议的社员，私下你捅捅我，我戳戳他的。农民们虽不知国务院总理属于多少级干部，但他们知道宰相的分量。见总理挨个问他们，他们只是笑，也不敢乱回答。生怕说得不好，让干部怪罪，叫总理笑话。周恩来见群众对食堂问题有顾虑，就开口说："食堂是上面叫办的，下面报告说好，我们没有调查，首先是我没有调查，就相信了。现在调查了一下，不好。不好咱们就不办！"周恩来的这番开门见山的讲话，一下子消除了大家的拘谨，气氛活跃了起来。结果，到会的12名社员代表，有10名敞开喉咙反对办食堂。

其实，到会的社员不知道，周恩来为了掌握真正的情况，曾和工作人员一道"偷袭"了一次食堂。

到武安的第一天中午，总理提出到食堂就餐，食堂的人赶快叫社员们先打饭吃。等周恩来一行就餐时，不见一个社员的影子。他见桌上为他备了猪肉和鸡蛋，就奇怪地问："平时你们也吃这么好吗？"食堂的人支支吾吾，说："是的，是的。"周恩来笑着说："那你们比我们在北京生活还好啊！不过，今天，我不能吃。苏联逼债，我立了规矩，不吃鸡蛋，不吃猪肉。给村里的病号吃吧，他们比我需要。"

大家正犹豫中，总理就让工作人员把一碗肉和一盘炒鸡蛋端走了。

村干部以为周总理不会再去食堂了。可只过了一天，他又悄悄来到另一个村的食堂，但他还是去晚了，社员已经吃完回家了。炊事员一见总理来，措手不及，连忙盖锅盖，说没有吃的东西了。随同的公社干部就叫总理回公社吃。

周恩来也不说话，径直走到大锅前，揭开锅盖，见里面还剩些玉米糊糊，二话不说，拿碗就盛。炊事员慌了，要用干净的毛巾替总理擦擦黑黢黢的碗，周恩来摆摆手："这没关系，不用擦。"这是周恩来来农村吃到真正的食堂饭。玉米糊糊下肚了，周恩来心里对食堂的情况也清楚了一半。但是，他还没有调查清楚社员是不是能真正吃饱。

三年自然灾害时期，周恩来总理在河北农村视察

▍1961年5月，周恩来在河北磁县成安公社农村，他和农民兄弟屈指计算生产生活实况

公社领导在汇报情况时说，食堂能让社员放开肚子吃，吃不好，但能吃饱。可周恩来发现村子里有不少浮肿病人，知道这食堂汇报有假。

周恩来又一次召集社员开会，这次人多，黑压压挤了一大房子。周恩来坐在会场的主席台上。和上次一样，一开始群众不敢说话，敢说话的人也只说食堂好，能吃饱。周恩来见老百姓有压力，便笑着指指身后墙上的画像，一个是毛泽东，另一个则是自己。"我叫周恩来，就是墙上的那个人。你们看像不像？这次我来是想听大家的心里话，有话只管说，说错了也不要紧。"

场子还是很静，大家不敢说话。周恩来见一个农民蹲在他身边，闷头吸烟，就问他："你叫什么名字，怎么不说话？"别的人回答说叫"二廷"。

二廷见总理问，弹簧似的猛地跳起身，直着脖子："总理，你叫说真话，还是假话？"

"当然是真话啦。"

二廷狠狠咽了口吐沫，一副豁出去的模样："要说真话，刚才说的食堂好，全是假话。食堂不好，食堂吃不饱。"周恩来立即直起身子，神情异常认真："为什么吃不饱？"

"总理你算算，一共几两指标？司务长、炊事员多吃一点，他们的老婆孩子爹娘老子再多吃一点，干部多吃一点，到我们社员嘴的才有三四两，能吃饱吗？要自己做，汤汤水水的总能糊饱肚子。别看我死了老婆，一人拉扯几个娃娃，我还是愿意自己做！"二廷的话像拉开闸，大家七嘴八舌诉说食堂的苦衷，有人竟然号啕大哭起来。

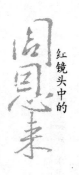

1961年5月1日，周恩来在河北省磁县成安人民公社小堤西生产队和农民谈话

周恩来的心在一点点地下沉，这比指他的鼻子骂他还要难受啊。老百姓在食堂里挨饿，可是中央还不知道，他这个总理还不知道，惭愧啊！"乡亲们，我的工作没有做好，我这个总理没有当好，让大家挨饿了。食堂办不好，就不办。"

二廷不相信问："不是糊弄我们？"

"不是！"周恩来斩钉截铁地回答。

"你要是糊弄我们，总理，再过两三年，你也会饿死的。"二廷愣冲冲地说了这么一句。

周恩来猛然一震，像受了很大的刺激，尴尬地望着若无其事的二廷。刚才还热闹闹的会场顿时陷入难堪的沉寂，连一声咳嗽都没有。过了好一阵，周恩来突然用少有的豪爽，拍了一下桌面，高声对二廷说："好！你往下说，为什么两年，连我也会饿死？"

二廷也不害怕："说就说！我们吃不饱，没劲干活，地里打不上粮……长那一点粮还不够咱生啃着吃呢！哪有粮食往上交，一年不交，有国库，两年不交，还有国库，三年不交呢？国库还有吗？你当总理也要吃饭，国库没粮，你能不挨饿？"

周恩来的眼眶潮了，激动地说："二廷，你是我下来碰到的第一个敢讲真话的人。你们批评得对，我很难过。上面不了解情况，下面乱指挥，搞得你们减了产，生活困难，我能不难过？"

周恩来站起身，拉住二廷粗壮的手，放在自己的胸口上："我周恩来走南闯北，很少有人能说住我，今天算你行，说住了我。二廷，咱们交个朋友吧！"

第二天一早，天色蒙蒙亮，周恩来找到了二廷的家，边喊着二廷的名字，边跨进了门，二廷还躺在床上，见总理进来连忙爬了起来。周恩来拍拍二廷的腿说："二廷你疲劳了。""总理请坐吧，我家又穷又小，就坐床上吧。"总理侧过头来一看，床里边一溜排睡着几个孩子，有两个醒了，睁着黑溜溜的眼睛，从被窝缝里朝外张望。总理摸摸他们的头问："二廷，这四个孩子都是你的吗？唉，不容易啊！大的大，小的小，你又当爹又当妈，够累的啊！"二廷连忙说："不累不累，总理管大事才累呢。"总理抚摸着一个小一点的女孩的头说："我和邓颖超没有孩子，我帮你带个女儿吧，养大后再送回来。"二廷的头耷拉得更低了："孩子她妈死时对我说，要我好歹把孩子都拉扯大，我不能辜负孩子她妈。总理，孩子我不能让你带，我养得过来。"二廷说到这儿，两行清泪顺着这位才30多岁却已经过早衰老的脸颊上淌了下来。

周恩来也难过地背过脸去。

> **"甚？总理也有过辫子？"当今总理与农民开始了无拘束的谈话。听说要解散食堂，人群里挤出一个老汉，冲着周恩来磕了一个响头："周大人……我给您请安……"**

在伯延的几天里，周恩来总是想法一个人悄悄溜出大家的视线，独自去串门。以前在中南海，身边总是跟着工作人员，他也不嫌受约束。可一到农村，也不知是回归大自然，还是他的天性返璞归真？外出时，周恩来总想争取"独立自由"，有时刚还见他歪在椅边休息，转眼就不见了，大家好紧张，赶快分头去找。

杜修贤到底是记者出身，眼睛观察快，发现不远的一户人家的烟囱冒烟，没准总理上那户去了？走近一看，总理果然在和人家谈话。原来，那时只让社员吃食堂，不让在家里做饭，住家的烟囱冒烟是不正常现象。冒烟那户的老人不认识总理，觉得他是干部，就递木凳给他坐，总理刚想坐，见有个姑娘刚

周恩来在农村视察，与当地干部谈话

红镜头中的

周恩来

1961年5月，
周恩来在河北
农村一户农家
的门槛上，与
社员唠起家常

下工回来，一把把凳子递给了那姑娘坐，还说："你劳动了，你比我累。"然后，他一屁股坐在人家的门槛上，和主人一个在里，一个在外聊了起来。杜修贤一见，上前就是一个"喀嚓"。

周恩来冲他摆手："别跟着我，你那个'喀嚓'，把人家吓住了。"

杜修贤只好转到总理看不见的地方，等他再"行动"时上前抓拍。一会儿，周恩来随主人进了屋，见锅台冒热气，就揭开锅盖看看，屋里黑，他看不清，还以为烧的是水。他要走时，发现了地上的榆树叶，马上预感到什么，又折回身，第二次揭开锅，用嘴吹吹热气，定睛一看，原来是榆树叶和粮的稀糊糊。总理轻轻放下锅盖，重重地叹了口气，出了门自言自语："有了食堂还'两头冒烟'，吃不饱的食堂要它干什么？"

杜修贤跟在后面好笑，总理这次下农村，学了不少"民间文学"，刚才说"两头冒烟"就是当地百姓形容在食堂吃，又在家吃的人。平时在中南海，总理说话严肃、认真，很少与工作人员开玩笑。但在伯延，周恩来却像换了一个人，话多了，尽管他每天夜半三更才休息，精神却好得很。

杜修贤至今还记得总理和一个老农一段有趣的谈话，竟是那样坦诚直率，没有一点拘谨和顾忌："你多大岁数了？"

1971年，朝鲜首相金日成来华访问，与周恩来会谈

1975年9月7日，这是周恩来最后一次会见外宾，三个月后他与世长辞

1974年4月9日是西哈努克亲王的母亲哥沙曼王后七十大寿，周恩来前往其北京驻地看望并祝寿

1975年6月，周恩来在医院会见泰国总理蒙拉差翁·克立·巴莫

老农答："65岁啦，老了，不中用了。"

"属什么？"

"鸡。"

"比我大一岁。我属狗。也老了，不中用了！你留过辫子吗？"

"留过。"

"我也留过，还挺长的。"

"甚？总理也有过辫子？"

"总理也不是生下来就是总理。那时谁不留？不留还不漂亮呢！"

"嘿嘿……"两位老人都乐了起来。

"你为什么不入食堂？"家常一拉，总理马上就切入正题。

都是留过辫子的人，老农陡生亲切，说话也多了："食堂吃饭不对胃口，自己做饭方便，想吃什么就吃什么。不想吃了，粮还在家搁着，飞不了。食堂吃饭不吃白不吃，谁也不省着点。那年头，收成好，食堂糟蹋了多少粮？这不，遭报应了不？要是不办食堂，种地的庄稼户谁能不省着点过？粮多少还会有点的，也不会饿成这德行！"

"是啊……我和邓颖超也入过食堂，开会多，来人多，不方便啊，没几天我也退了食堂。"总理感慨着好像在对自己说。

"你不入食堂当然可以呀，你是大官，谁敢怎么样你？我不行，我不入，人家斗我，说我是社会主义绊脚石。"

周恩来苦笑了，万般苦衷只有他自己知道。到河北的前一段时间，中国乒乓健儿荣获多项世界冠军，总理非常高兴。他请小将们到中南海作表演，中午

一九六一年五月五日，周恩来在河北省武安县伯延人民公社同一位老社员谈话

中南海食堂供应的饭菜有限，总理就自己掏钱让工作人员去外头买回了一些食品，请几位运动员在家里吃了一顿午餐。

"老哥，不能这么说，我不入食堂，就不是社会主义总理？你是社会主义，我也是社会主义。唉，以前我不专管粮食工作，现在却要天天过问粮食情况，你们没粮吃，就不要我当你们的总理了。大官也会被老百姓罢官的呀！"

老农张开豁了牙的嘴乐呵呵地笑："家家都有难念的经，总理也有疙瘩的时候。咱这点斗争算个甚？"

5月6日，也是周恩来在伯延的最后一天。临离开伯延的时候，他又召集社员开会，他要亲口告诉大家一个决定——伯延村解散食堂，并通知食堂做好给社员发口粮的准备，到10日要基本将农民生活安顿妥当。当时满满一院子群众，一听总理下命令啦，那高兴劲就甭提了，"呼啦啦"地往总理跟前挤，要和总理握个手。总理身不由己被沸腾的群众簇拥着走出会场大院，本该朝北走，因他的车子停在北村口，可群众却拥着他往南走，警卫人员拦都拦不住。总理一看，原来南面还有好多群众等着和他握手告别，他就索性绕着伯延的街走了一个圈。走到村东头，突然，从人群里挤出一个老汉，冲着总理，"扑通"双膝着地，磕了一个响头："周大人……我给您请安……"大家都被这一突如其来的磕头搞蒙了，连杜修贤这个"快手"也愣着不动弹了。还是周恩来反应快，一把把泪流满面的老汉搀起来："老乡，有话好好说……"边说边弯下腰要替老汉掸膝盖上的土，老汉拽住周恩来的衣袖，死也不肯，竟文绉绉地自责："我失礼了，失礼了。"

如果不是县城有会议等着周恩来，他准备跟老汉好好聊聊，问他为什么会拦道磕头，是不是有什么难言的委屈。

周恩来在河北农村田地里与干农活的妇女交谈，了解旱情

周恩来上车后，还显得不安，就叫身边的秘书留下来："查一下老人为什么磕头？如果有特殊情况，我明天再来伯延。"

原来这个老汉是另一个村的单身汉，吃不饱，浮肿无力。有人撺掇他找总理反映情况，不吃食堂。他一早就奔到伯延来，没想到总理正好在宣布解散食堂，那他还有什么苦好诉。他挤了半天，才挤到总理跟前，将一肚子的苦水和委屈化为两行清泪和一个跪拜。

周恩来秘书找到老汉，还没问几句，老汉动气了，觉得这秘书好生不懂事，不知祖上礼节："总理就是宰相，宰相你懂不懂？……懂！那就对了。过去宰相下来，要黄土铺街，清水洒路。现在也没这个礼了……不像话！我见了总理磕头，只是想讲究个礼节。你们还来问我为什么？咱农民有这么好的总理，磕个头有啥？好像社会主义就不讲究礼节似的？越来越没有规矩，不像话！"

老汉气呼呼地好一顿责备年轻人不懂规矩。秘书一见，也不忍心说他什么，老汉一番祖上礼节经，虽说像老古董，背了时，但是他爱总理的心却是淳朴自然的。

周总理听秘书绘声绘色一描述，他也忍不住仰面大笑了起来。慢慢收住笑后，脸上却浮现了愧疚的神色。大家以为总理会批评老汉这种封建礼仪的做法，可他什么也没说。

回到寝室，已是凌晨。周恩来却无法入眠，几天来的调查和思考，他觉得应该向毛泽东汇报下面的情况，不管以后他自己的处境会怎样。

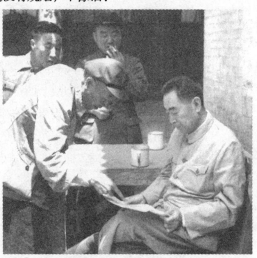

周恩来总理向农村干部了解情况

凌晨3点，周恩来给远在上海的毛泽东挂通了电话。电话内容较长，简单归纳为四点："第一，食堂问题，社员愿意回家做饭。我已经搞了解散食堂的试点。第二，社员不赞成供给制。第三，群众要求恢复评工记分，我认为这个办法势在必行，只有这样才能提高农民的积极性。第四，邯郸地区旱灾严重。"后来，周恩来又给毛泽东作了书面报告。毛泽东是怎样看待周恩来的报告，不得而知。但在1962年初的七千人大会上，毛泽东作了检查，同时，许多中央领导人对这几年党风"左倾"错误提出了尖锐的批评。接着，毛泽东把陈云请出来搞经济工作。陈云上来后，他提出：首要问题是"退"。经济已经面临严重危机，不退无望，不退则亡。

第五章
追寻历史的足迹

　　周恩来在阔别了延安二十多年后，终于又回到了曾经和毛泽东等领导人运筹帷幄、主宰中国命运、不是故乡却胜似故乡的黄土地！面对度过了十年艰难岁月的延安，周恩来的神情特别兴奋，特别激动。延安这块与中国革命命运紧密相连的地方，曾经记载过中国革命事业的昨天。

杜修贤为周恩来拍摄了一张手搭凉棚的精彩
瞬间，照片上周恩来忧国忧民的深情跃然纸
上。难道巨人有先知？没有多久，邢台地震
和"文革"接踵而至

周恩来在他的共和国总理生涯中，足迹遍及大江南北。海南、广东、广西、江苏、浙江、江西、湖北、湖南、安徽、上海、四川、云南、贵州、河南、河北、山东、山西、天津、辽宁、吉林、黑龙江、内蒙古、陕西、甘肃、新疆等省、市、自治区都留下了他的足迹，也留下了许多关于他的传奇故事。这传奇的故事，从不同的侧面，烘托出共和国总理的平凡与伟大、悲喜与忧欢、睿智与风采，也在一定程度上折射出新中国不平凡的历史进程。

进入1966年，刚开始大家都没有感觉今年和往年有什么不同。春节过后，周恩来到玉泉山休息几天，说是休息只是工作挪了地方而已。摄影记者杜修贤在他身边十六年，几乎没有看见他有过休息日，就是去外地疗养，也是带有视察的任务，有时甚至比在北京还要忙，白天到处跑，找人谈话，晚上回来还要开会，或是看文件。

周恩来到玉泉山以后，杜修贤的拍摄工作就少了一些。一天早晨，他起床想到外头走走，因为长期职业习惯，即使在外头散步也喜欢手里抓个照相机，以防遇到有新闻价值的镜头，不是可以顺手拍上几张吗？他慢慢沿着石子小路往总理住的小楼走去，转过一个弯，就看见周恩来一个人站在门前的空地上，迎着初升的朝阳，用手搭了凉棚，好像在看远方什么东西，又好像看不清，费劲地张望。杜修贤顿时被周恩来带有忧愁和不解的面容震动，他很少有这样的表情。杜修贤赶紧上前快手抓了一张，照相机的咔嚓声惊动了他，他看着，奇怪地问："老杜，你这么早就起

1966年1月，周恩来在玉泉山迎着初升的太阳，观察北京市区的污染情况

来？工作不多，就多休息一会儿。"

"你刚才看什么呢？"杜修贤还是不能忘记刚才总理那独特的表情。

"没看什么。好像远处有群羊，白白的，看看又好像是浮云，老是看不清楚。"

杜修贤赶紧也顺着总理指的方向看，但他没有看到什么东西嘛，只有黄秃秃的山坡和一簇簇干枯的树林。

周恩来没有再说什么就转身往另外一个方向去了。

后来杜修贤将照片洗出来，感到很不错。人就是很有意思，当拍一种表情多了，就想拍出其他效果的照片来。果然，总理这张照片和他以往的照片不同，凝重、忧郁而且显得有些焦虑。没有想到仅隔两个月，河北邢台地区传来地震的消息，又隔一个月，中国长达十年之久的"文化大革命"拉开了序幕。多年以后，杜修贤十分疑惑，那时的总理内心是否有所预感，否则他为什么要愁眉紧缩远眺，而且视力所及处，留给他的却是模糊的景物？

现在再看这张照片，竟然是杜修贤所拍总理的最得意之作，也是许多朋友最想得到的照片之一。

周恩来从玉泉山回中南海不久，即1966年3月8日，河北省邢台地区发生强烈地震的电波传到中南海。9日，北京南苑机场。在那里已经备好了一架直升机，不一会儿，周恩来急速到机场，登上了飞机。

当直升机飞临邢台上空时，便看见机翼下地震带来的惨象。田地裂缝，一道道深沟里翻出白花花的沙子，房倒屋塌，村庄像一个个碎瓦烂砖堆。严重的灾情，让周恩来无比揪心，他目不转睛地望着下面每一寸土地，每一个村舍……

飞机在寒风中降落了。总理一下飞机就对赶来的干部群众说："你们受灾了，毛主席派我来看望你们！"他拉住灾民的手问寒问暖。当天晚上，周恩来在隆尧县抗震救灾指挥部了解灾情，部署工作。

突然，房屋剧烈晃动，泥土刷刷直落。这是五级以上的余震，大家急切地说："总理，离开这里吧！"周恩来看看墙壁，见余震已经过去了，便说："没什么，继续谈吧。"在这裂了墙壁的楼房里，周恩来一直工作到深夜两点。

第二天一早，周恩来又赶到受灾最重的隆尧县白家寨去慰问群众。

飞机在村北的小桥头的一块空地上降落，两千多名群众聚集在这里等候。

周恩来一下飞机，就看到了群众眼中的泪水和脸上的泪痕。

这泪水，有失去亲人和家园的悲哀，有见到共和国总理亲临灾区的激动。

"毛主席万岁！"

"共产党万岁！"

"总理来了，我们就有救了！"

群众情不自禁地高呼着口号。没有人布置，没有人带领。这是那个年代发自群众内心的呼声。

从当时拍下的影像资料还可以清楚地看出周恩来当时的表情：他一脸的忧心和焦虑。群众的灾难就是国家的灾难，看着这一片废墟和凄苦的灾民，忧国忧民的周恩来心都快要碎了。

周恩来同前来白家寨帮助工作的城关公社几个大队的干部握手，说："你们来支援他们，很好。就是要互相支援，过去打仗也是这样，这个连队受了损伤，那个连队立即支援。"

周恩来又同迎上前来的群众握手。

一个老大娘激动地走上前，"扑通"一下跪倒在周恩来面前，哭着说："总理，你来了，我们就有救了！"

周恩来连忙搀扶起老大娘，说："大娘，你们遇到了灾难，党和政府非常关心。有党和政府的帮助，困难是一定能够战胜的。"

为了让大家都能看到总理，听到总理的讲话，一位解放军战士找来了一个装救灾物资用的空木箱，放在场子上。

在一片热烈的欢呼声中，周恩来登上木箱，大声喊道："同志们，乡亲们，你们受了灾，损失很大，党中央和政府非常关心你们。毛主席让我来看望大家，慰问大家。"

"毛主席万岁！共产党万岁！"群众的掌声、口号声、欢呼声响彻上空。

周恩来继续说："昨天夜里，我到了隆尧县城，听了地委、县委的汇报，今天又来到这里。这次地震来得突然，你们这个地方在邢家湾到耿庄桥是地震的中心。20年前，在抗日战争中，你们也受了损失，那是和民族敌人作斗争。这次是和地底下的'敌人'作斗争。每个村庄、每个家庭都有损失。付出了代价，也取得了经验。"

"共产党员、共青团员和少先队员要带头抗震救灾。你们组织起来，办法一定会有的。你们这个地区有30个公社、三四十万人受灾，现在已开进

■ 周恩来总是利用在飞机上的时间看文件

解放军2万多人，地方上的工作队和医疗队1万多人，共3万多人，10个人就有一个人帮助。真是一人有困难，万家来帮助。因为我们是社会主义的国家。你们不是学过《愚公移山》吗？愚公能移山，我们对现在的困难也一定能够战胜。死了人当然难过，但是不要低头。大家一定要团结起来，团结就是力量！老年人家里没有人，我们要照顾他们，娃娃没有人带，我们要帮着带，这些都要靠青壮年去做。"

没有扩音设备，周恩来全靠自己的嗓子，努力使声音传得更远些。

"我不能到每个庄子去了，请你们庄子做代表，你们要把党中央、毛主席的关怀和我讲的这些话传给别的庄子。中国人民是有志气的。恢复了生产，恢复了力量，就对得起死去的人。现在大家一起呼口号。"

说着，周恩来激动地举起右手，高呼："奋发图强！自力更生！发展生产！重建家园！"

在场的干部群众都齐声跟着周恩来高呼起来。

周恩来的讲话没有讲话稿，没有套词，没有空话，全是实实在在的内心话，给灾区群众以极大的鼓舞和力量。人们一下子觉得有主心骨了，不是那么感到失望和无助了。他们真切地感到，在他们的背后，有党和政府，有

千千万万的全国各族同胞!

周恩来讲完话后，在村干部的陪同下，一连走访了七户受灾群众。

强震后的村庄，到处是残垣断壁，满目疮痍，一片凄惨。破碎的瓦砾之间，不时还有未来得及掩埋的尸体。年幼的小孩哭喊着寻找自己死去的父母，满脸灰尘的老人在哭喊着自己死去的儿女。这场面，让周恩来撕心裂肺，脸上一直挂着深深的焦虑。

周恩来在碎砖烂瓦中深一脚浅一脚地走进那些临时搭起的简易窝棚，见了老乡就关切地问：

"家里损失如何?"

"蒸饭的锅和吃饭的碗有没有?"

"窝棚挡寒不挡寒?"

……

在贫农协会主席王根成的窝棚里，周恩来询问过他家的损失情况后说："你是个老党员，要带头干，还要教育好娃娃，鼓起干劲，重建家园。"

王根成说："总理放心，在抗战时期和敌人作斗争，我都没有怕，现在遇到地震灾害，也不会怕，一定拿出抗战打鬼子的劲头来，和自然灾害作斗争。"

在军属于小俊的窝棚里，周恩来了解到她家受灾比较严重的情况后，指示当地干部：一定要好好帮助受灾严重的群众解决困难。

从一家窝棚出来后，周恩来见有个小女孩坐在一截断墙下，想到这断墙随时都有在余震中倒塌的危险，便急忙上前将小女孩抱了起来，深情地问："小姑娘，你爸爸妈妈呢?"

一旁的村干部连忙汇报说："小孩的父母都没事。"

周恩来放心地对小女孩笑了笑，嘱咐小女孩："不要在墙底下坐着，墙倒下来会砸着你，记住了吗?"

小女孩怯生生地点了点头。

这时，余震又起，那截残墙"轰"的一声倒塌了，砖头土块滚落到了周恩来的脚边。

时间接近傍晚，自从下飞机后，周恩来没喝一口水，没歇一分钟。

天快要黑时，周恩来乘飞机离开白家寨，返回北京。

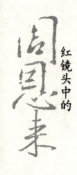

为了稳定灾区群众的情绪，周恩来冒险再次
赴邢台。乡亲们没啥招待总理，只端来了一
碗水，水面上还落了一层灰。周恩来接过碗
来，吹了吹，一饮而尽

1966年的天象确实有点怪，好像在预示着什么。

不过，回过头来细细一琢磨，天象与人世还确实有点关系。

1966年，当华北的两次大地震过后，紧接着就是一场持续十年之久的席卷
全国的浩劫——"文化大革命"。

1976年夏，河北唐山又发生7.8级的大地震。这一年，周恩来、朱德、毛
泽东等开国元勋相继撒手人寰。

不过，1966年邢台地震时，人们恐怕都没有想到这场大地震会是席卷而来
的"文化大革命"的前兆。

老天似乎不满于人世间的混沌，继3月8日地震之后，3月22日下午4时50分
左右，邢台地区的宁晋县又连续发生6.7级和7.2级的强烈地震。

这次地震，比前一次范围更广，波及90多县，破坏更大，宁晋、冀县、巨
鹿、束鹿等县近300万间房屋都倒塌和破坏。只是由于有上一次地震的经验，
人们都有警惕，加之地震又发生在白天，人员伤亡没有前一次那么严重，死
450多人，伤5 000余人。

1966年3月，周恩来在何家寨村，站在木箱子上，迎着风，向受灾的群众讲话（袁汝逊摄）

一个月之内，连续两次大的地震，这对早已是久旱无雨的邢台人民来讲，无疑是雪上加霜。村民的情绪迅速低落，有些人简直都要挺不住了。

一时间，谣言四起，人心惶惶。为了安定灾区群众的情绪，从3月31日至4月5日，周恩来再次赴邢台、邯郸视察灾情和部署救灾工作。4月1日上午，周恩来在河北省副省长郝田役的陪同下，乘直升机来到宁晋县东汪公社。宁晋县的县委书记赵安芳及一万多名干部群众聚集在这里等候周总理。

东汪是这次7.2级地震的中心，全大队的房屋基本夷平，化为一片废墟。从镇子东头一眼可以望到西头。

周恩来揪心得眉头紧蹙。在村北的寨墙上，周恩来对在场的一万多干部群众讲话："3月8日你们这里损失小，22日损失大了。第一次我到了隆尧，没有到你们这个庄子上来。22日地震以后，党中央毛主席派代表团来慰问你们。当时因为我忙，有国务院副总理李先念同志来宁晋，没到你们这个地方，今天我来补看你们。

"地震是个自然灾害，是不是没有办法对付它呢？不是的。你看，3月8日地震范围小，损失大，3月8日以后，天天有些小震动，22日大家提高了警惕，有了准备，损失就小了……大家有了防备，房子倒了，伤亡很小。同一件事情，有了准备，就和没有准备不同。

"对自然灾害，不管是天上来的气候、地下来的震动，只要有准备，就有办法对付。我们派来很多人，研究地震规律。地震怎么对付，我们积累了不少经验。

"救灾主要靠自己，国家要帮助。3月8日我到白家寨，他们提出首先靠自己，自力更生，大家帮助。国家是大家的，要依靠大家的力量搞好。我们是新中国的人民，是社会主义的农民，是有志气的，现在恢复生产要靠大家。

"麦子返青了，地该种了，干部要带头，党团员要带头，贫下中农要带头，把生产搞好，特别是党的支部，要带头把生产搞好。我过去说的四句话要改一改，应改为：自力更生，奋发图强，发展生产，重建家园。把生产搞好了，家园就会建设得更好。你们说对不对？"

这时，在场的干部群众高呼："对！"

周恩来讲话后，县委书记赵安芳代表全县干部群众表决心，说："房倒心不倒，地动心不移。你震你的，我干我的。你冒水，我浇麦，你冒沙，我盖房。"

周恩来当即赞扬："讲得好！说出了新中国农民的志气。现在就是要抓

99

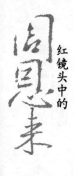

紧抗旱，浇地春播，赶季节，别耽搁，靠我们自己的双手，搞好生产，重建家园。"

随后，在赵安芳等的陪同下，周恩来穿行在残墙断壁、碎砖烂瓦之中，挨家挨户察看灾情，一连慰问了140多个伤病员。在贫农贺全胜老人的身旁，周恩来摸一摸褥子厚实不厚实，又轻轻地掀开被角察看老人的伤势，劝慰老人安心养伤。

贺全胜激动得热泪盈眶，哭着说："总理啊，是解放军把我救出来的。您整天为我们操劳国家大事，还亲自赶来看我们，这可叫我们怎么报答您呀！"周恩来说："为人民服务嘛，应该。解放军是为人民服务的，我也是为人民服务的。"

也没有啥招待总理，有村民给周恩来端来了一碗水，碗是那种粗瓷黑碗，水面上落了一层灰。周恩来接过碗来，吹了吹，一饮而尽。

后来，这只周总理用过的碗被村里的群众一直保留着。

离别二十年，今日回延安。病中的周恩来，神情特别兴奋，特别激动。在饭桌上，周恩来看着老乡大口大口地咀嚼香甜的小米饭，一颗泪珠从他消瘦的脸颊上滚落下来

1973年6月，北京天气渐渐热了起来，这时的周恩来已被确诊为癌症，他的病经过第一次治疗，病情还比较稳定。这时，越南的客人又到了北京，提出去延安看看。周恩来欣然答应，他说："我自己解放以后一直没有回过延安，也想去看看。"

去延安，周恩来总是喜欢用"回"这个字眼，好像人们常说回家一样。

6月9日这一天，一架飞机由西安起飞，一路北上。

机翼下，是黄土高坡，充满着神秘。是一方千年苦水浸泡，孕育华夏民族的地方。那圆圆厚厚的塬、层层叠叠的田、细细弯弯的沟和那密密眼眼的窑洞，都会激起人们对遥远文明时代的遐想。

机舱里，周恩来没有沉浸在遐想之中，而是沉静地和外宾交谈。当一个呈Y形的山沟展现在飞机的机翼下时，他倾了倾身子，双眼紧紧贴着机窗，忘情地凝视着这片特殊的土地……

这个Y形的山沟就是共和国神圣的诞生地——延安，这也是周恩来日夜思念的"故乡"啊！

周恩来在阔别了延安二十多年后，终于又回到了曾经和毛泽东等领导人运筹帷幄、主宰中国命运、不是故乡却胜似故乡的黄土地！

面对度过了十年艰难岁月的延安，

1973年6月，周恩来在延安王家坪与陕甘宁边区的劳动模范杨步浩亲切见面

周恩来的神情特别兴奋，特别激动。延安这块与中国革命命运紧密相连的地方，它曾经记载过中国革命事业的昨天。

这千年万年堆积而成的黄土地，曾经敞开博大的胸怀，拥抱着从危难中走过来的革命力量；它用乳汁哺育了成千上万的优秀干部，成为举世闻名的革命圣地。延河水、小米饭养育了革命的成功，也养育了共和国第一代的领袖们，可是却养育不富今天的延安人，这里仍然是一个贫穷的山沟沟。周恩来在延安交际处住下，顾不上休息，叫来警卫局的领导，无比深情地说："延安，我已经二十多年没有回来过了，这次回来，我要多看看。午饭吃了，我们就去宝塔山。"

午饭后，随行领导知道总理身体不好。特别是警卫局的领导，已经知道总理患绝症，就劝他休息一下再去宝塔山。周恩来摇摇头，执意不肯休息。

来到宝塔山下，周恩来围着斑驳陈旧的古塔细细端详，一会儿又转到一块红色木牌前，他停下脚步，微微眯起眼，一个字一个字地读，身后跟着的人觉得有趣，也凑到跟前看，原来是党中央在1949年从北京给延安政府的复电全文。他边看边说："党中央在延安13年，这次要好好看看延安啊！"周恩来转到山崖边时，远远眺望延安城，感叹道："延安变化不小啊！1938年底，日本帝国主义的飞机开始轰炸延安，连续轰炸了两天，后来经常来轰炸，想炸平我们党中央的机关。我们那时住在凤凰山，没有炸到。可是延安城里损失非常严重，几乎不剩一间房子，满地碎砖烂瓦，只有山坡上的窑洞还能住人。不过敌

人越炸，我们越强大，不仅学会了怎样防空，还用敌人的炸弹皮造武器。这不是我们的钢铁公司吗？"说到这，大家都笑了。

总理上宝塔山时，外宾正好被安排去其他地方参观，没有同来。总理就不让惊动延安保卫部门，宝塔山上也就没有实现警戒。总理一行人上山时，还有其他游人和老乡在山上。一个学生模样的后生一眼认出总理，兴奋地大叫："总理来了！总理来了！"一喊惊四方！人们哗地拥了过来，都想亲眼看一看总理，谁也不肯后退。警卫人员拼出浑身的力气好容易让周总理上了汽车，可是总理不让关车窗，将手伸出窗外和群众握手……回到驻地，总理看见警卫们有的把鞋都挤掉了，浑身是泥水，连忙过来，拉起一个战士的手说："对不起，我给你们闯了祸。"

周恩来在延安枣园住过许多时候，这次他陪外宾来枣园故地重游，情绪格外兴奋。走一路说一路，几十年前的事都记得。

毛泽东、周恩来、朱德、刘少奇等领导人住在枣园上面的窑洞里，一人一个院子。刘少奇的窑洞没有牌子，草长得很多。总理走到这里，站了下来，看了许久，刚才的情绪一点点地被压抑。他解开衬衣的纽扣，让喉结滚动了几下，什么也没说。走到枣园下面的平房前，这是红军到延安后盖的，是中央的办公用房。讲解员指着两间房子说："这里是周恩来的秘书居住的房间。"

"不对，这是陈伯达住的房间。"总理当即更正讲解员的介绍，"是谁住过，就是谁住过！要尊重客观历史。"

后来在延安革命纪念馆里，总理将纪念馆的领导人叫到跟前，对他们说："你们纪念馆里陈列的只有毛主席、林副主席、朱老总、任弼时、陈云和我。这只是中央领导人的一部分人，还有许多当时领导人，如刘少奇、邓小平，还有许多老帅都没有。纪念馆是历史的记载，要符合客观历史。今天上午，我看见枣园里刘少奇的窑洞没有牌子，为什么不挂个牌子？现在是现在，不能连历史都不要了嘛！"

在场的人好像有点不敢相信自己的耳朵，这是总理讲的话？他们犹豫地问："可是这些人是被打倒的……"

总理异常严肃："现在是现在，过去是过去。共产党人要尊重历史！"

总理到延安后，就打听当年的邻居们现在都在什么地方，想看看他们。后来，总理听说一个邻居住得不远，就叫当地的人带他去看看。走进这位老邻居的窑洞，总理沉默了，老百姓的日子苦啊！眼前的贫穷情景，总理一眼就看了出来。虽然老乡一再说，他们的日子比以前好过多了，可是总理没法松开他的眉结。

总理离开老乡窑洞时，一定要请老乡到他住的地方吃饭。主食是小米饭，黄澄澄、香喷喷的小米饭端上桌，总理眼眶却红了，他吃不下饭，默默注视着老乡在一旁大口大口地咀嚼香甜的小米饭。

一颗泪珠从总理消瘦的脸颊上滚落下来，滴在饭桌上，总理连忙擦去，埋头吃饭。这颗泪珠没能瞒过老乡，老乡看见总理落泪了，心里发慌，悔不该大口吃饭，让总理知道他们的生活贫困吃不上细粮。老乡惶惶不安起来，不敢再添饭了。总理却坚持要为他添饭，让他再多吃一点。老乡几乎是含着泪吃完了总理为他添的这碗饭！

吃完饭后，总理又用开水涮了涮饭碗，然后全部喝下去。

当晚，周恩来在自己的房间和延安地区革命委员会的领导谈话，从晚上10点一直谈到12点，还不见人出来。警卫们在门外又等了一个多小时，才见人走出房间。大家进房间，想安顿总理睡下。杜修贤也悄悄跟了进去，一进门，不由得停下脚步……总理阴着脸，眼神发直，情绪低沉，好像非常难过，呆呆地坐在沙发里一动也不动。他竟然给总理拍了一张他沉思的照片，快门咔嚓声，都没有惊动他……

共和国的总理用什么报答养育过他们的延安父老乡亲？热情，讲话，指示？不，周恩来知道，延安需要中央给政策，给优惠政策！可是，全国的经济建设还处在无目的的混乱之中，中心工作不是经济，而是政治。这使得总理心思重重，非常不安。他只能给延安的领导立军令状，压担子，鼓励他们放开手苦干，带领群众改变贫穷落后的局面。

总理究竟在沙发里坐了多久，谁也不知道。招待所值班的服务员只知道鸡都早叫过了。周总理房间的窗户上还亮着灯，直到凌晨3点多，灯才熄灭。

7月10日上午，周恩来带着对延安的依依惜别之情，告别了延安。

招待所的服务员知道周总理要离开延安了，一早就来到了招待所，在门口不约而同地自动排成队，为周总理送行。没有人要求，没有人通知。

周恩来亲切地与每个服务员握手告别。

就在周恩来与服务员们握完手后，准备登车的一刹那，突然一个服务员噙着激动的泪花喊着：希望总理再回延安。

周恩来转身走回来，紧紧地握住这位服务员的手，再也抑制不住自己的感情，眼泪掉了下来。

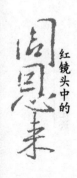

总理到西安以后，外宾先离开回了北京。但是没有接待外宾任务的周恩来还是显得心思重重的，他将送他到西安的延安地委书记叫到跟前，反复叮咛，反复交代，让他一定将延安生产搞上去，将群众的生活搞好，中央一定给政策，你们也一定下大力气。

> **周恩来为中国革命奋斗奔波了一生，他把最后的足迹留在了牡丹的故乡。这是他和大自然进行的最后一次交流，他带着对洛阳牡丹的未了情，离开了人世**

1973年10月14日，周恩来陪同加拿大总理特鲁多一行前来洛阳访问。杜修贤那时是周恩来的专职摄影记者，也跟随他外出视察。

专列是上午11时30分开进洛阳车站的。一进车站，映进眼帘的是五彩缤纷的欢迎队伍。周恩来已经走访了河南几个城市，这是最后一站。自从周恩来去年查出癌症后，特别容易疲倦，身体也日渐消瘦。但他向来有很强的自制力，只要在公开场合，他总是及时调整好自己的情绪，表现出良好的精神状态。这次，尽管他十分疲劳，但下车向欢迎的群众挥手致意时，依然笑容满面地和站在欢迎队伍前列的省、市委负责同志握手。和以前一样，目光直视对方，手掌有力一握，让人感受到他由衷的热诚和真挚。

周恩来陪同贵宾来到洛阳友谊宾馆。据说这个宾馆是第一次接待外宾，服务人员多少有些忐忑不安。周总理进门后，好像揣摩到大家的心情。他环顾大厅，眉眼间露出笑意："这个宾馆很好啊！这里还有这样好的一个宾馆。"

总理的表扬如同让宾馆里的同志吃了定心丸，个个喜上眉梢。

周总理将贵宾送到房间休息后，在回自己房间时，路过一个长廊，见两旁花池里的花株一片枯黄，就问："这是什么花？"

身边一个同志答道："是牡丹花。"

"牡丹花，几月开？"

"4月底5月初开。"

"我来得不是时候啊，明年五一我来看牡丹。"此时的周恩来，心中有着无数的明年，然而，他哪里知道，无情的病魔正在一天一天走进他身体深处……

下午，摄影记者带着照相机，跟随周恩来，驱车前往著名的雕刻艺术宝库——龙门石窟游览参观。

周恩来和宾客在龙门下车后，可能是阳光太刺眼，他用手在眼眉上搭了个凉棚，环视四周风光，一边是碧波荡漾的河水，一边是依山密密麻麻的石窟。的确，这是一处少见的精美古迹。周恩来脸上露出了平静的微笑，这样的闲情在一国总理的日程中实在是太少太少了，他流露出流连山水的神情。在陪同外宾顺着岸旁的大路向南走时，他看着碧波粼粼的河水，自言自语地说："伊水，这是伊水啊！"

镜头里的周恩来出现了返璞归真般的率直和宁静。

当他漫步来到禹王池旁，看到泉水涌起的涟漪在阳光下闪闪泛光，就问："这水很好吧？"

"这泉水四季恒温，常年都是20度。"

周恩来好奇地弯腰蹲下身子，把手伸到水里划了划，点了点头："是，温温的。"

周恩来和贵宾走进宾阳洞中。这个石窟的雕像是释迦牟尼，窟顶刻着华丽的莲花宝盖，挺健飘逸的伎乐飞天迎风翱翔，是北魏的代表作。当讲解员讲到洞口两壁有名的"帝后礼佛圈"浮雕，在1934年被帝国主义分子普爱伦贿赂国民党政府，勾结奸商凿盗走的时候，周恩来脸上浮现了气愤神情，嘴里不断地说："可耻！可耻！"

看了宾阳洞，来到禹王台。这里正在出售龙门碑刻拓片，周恩来好奇地问："这是什么？"当他知道这是魏碑拓片后，就拿起一套散发着墨香的拓片反复地看，有些爱不释手。他问："多少钱一套？"

"500块。"

周恩来扭头问身旁的秘书带有多少钱，

1973年10月，周恩来陪同外宾到河南洛阳参观，这是他最后一次外出视察

秘书面露为难，轻声说带得不多。周恩来又问了几个同志，都说带得不够。

秘书向总理建议说："是否到北京汇钱来，请他们寄一份？……"

周恩来赶紧摆手，制止了秘书再往下说："不行，那样做，他们就不收钱了。"

周恩来的举动，让旁边的市委领导脸上有些挂不住了——总理喜欢我们石窟的拓片，这可是我们洛阳的骄傲！偌大的一个古都连给总理送一套拓片都送不起，那也太寒碜了。他马上向总理提出，送一套！

"嗯——"周恩来马上警觉地望着这位领导，口气非常严肃，"怎么能这样呢！"

市委领导不好再提"送"了，因为这是周总理最忌讳的"礼节"之一，也是他铁的纪律，更是他为人清廉的真实写照。

周恩来反复看了半天拓片，最终还是因为没有凑足500元而依依不舍地离去。大家心里酸酸的，却无能为力。身边的人都知道，周恩来绝不会带走一样送的礼品。即使出访在国外，外国元首送给他的礼品，回国后他也要统统上交外交部礼宾司，自己绝不留一样礼品在身边；不仅自己不留，身边工作人员接受的礼品也得一律上交。跟他出访除了外表风光外，实惠的内容一样没有。清白和紧张，就是那个时候工作人员最独特的感受了。

石窟山壁下有一个潜溪寺，紧邻它的石壁有一块清代草书碑。在石碑前周恩来问省外办的一位同志："你知道这是什么人写的吗？"

"不知道……我不懂这方面的东西。"这位同志脸有些微红，感到不好意思。

周恩来说："这是清代一位进士写的。"

看罢潜溪寺，来到万佛洞。万佛洞是唐高宗永隆元年（公元680年）建成的，因壁上刻有上万尊佛像而得名。周恩来认真地听文物保管所同志的讲解，当说到万佛洞是为武则天歌功颂德建造时，周恩来问："你读过骆宾王的《讨武曌檄》吗？"

有人回答："读过。"

周恩来又问："记得上面写的是什么意思吗？"

"记不清了。"

周恩来意味深长地说："我记得是：'伪临朝武氏者，性非和顺，地实寒微。……犹复包藏祸心，窥窃神器……'"他接着背诵："班声动而北风起，剑气冲而南斗平。暗呜则山岳崩颓，叱咤则风云变色。以此制敌，何敌不摧；

以此图功，何功不克。"

琅琅的背诵，使大家心里太敬佩总理了，觉得他不仅有着惊人的记忆力，而且学识渊博，从古至今的事情没有他不知道的。

周恩来补充说："不过，唐代初期社会还是向前发展的。"

离开万佛洞，周恩来陪同贵宾又连续看了莲花洞、古阳洞、药方洞。然后，在奉先寺下边稍事休息。

休息时，加拿大总理特鲁多高兴地向周恩来讲起他小时候的幻想，说他小时候就喜欢考古，爱好研究，曾经想从加拿大地下挖个洞到中国来。大家不由得被这个外宾的天真幻想逗得乐不可

1973年9月17日，周恩来在山西大同华严寺观看经书

支。周恩来也一阵哈哈大笑，但他毕竟是出色的外交家，话锋一转："这说明你很早就想了解中国，研究中国的历史，和中国友好往来。"

大家一阵谈笑后，就信步走上奉先寺的石阶。

奉先寺是龙门石窟中规模最大、雕刻最精美的重要石窟。从唐咸亨三年（公元672年）开始建造，到上元二年（公元675年）竣工，费时3年9个月。从设计到施工可说是独具匠心，中间的"卢舍那佛"高达17米多，一个耳朵就将近2米高。卢舍那佛的宁静庄严，弟子的虔诚持重，菩萨的端严矜持，天王力士的刚健暴躁都刻画得栩栩如生。面对历史巨匠的精美作品，作为今天的人们，心情并不轻松，因为这些文物在"文革"中再次遭到洗劫，许多石像被破坏得面目全非。

周恩来神情凝重，默默站立在这些巨大的，也是支离破碎的石像前。他对文物所的同志说："古人留下的不仅是文物，更是中华民族的文化遗产，我们要精心保护啊，不然对不起先人，也对不起后人。"

走过长长的石窟山壁，到南门出口已是下午4点多钟。周恩来上车由龙门回宾馆。一到宾馆，一直跟在周总理身后的保健大夫张佐良，赶紧递给周总理一片药，请总理服下。因为在这些人中间，他是最知道总理病情的人。对于总理的身体情况，他也是最担心的，并时刻惦记着总理的服药时间。

周恩来接过药片，没有送到嘴边，药片却突然从手指缝掉在地下，不知滚到哪里去了。

保健大夫要再拿一片，可周恩来不让，和大家一起在地毯和沙发下找。后来，终于在沙发下面发现了它。服务员移开沙发，把药片捡了起来，周恩来伸手接了过去。服务员心想，药片已经脏了，不能让总理再吃，忙说："总理，这药——"

周恩来却说："没事，没事。"用手帕把药擦了擦，就放在口中服了下去。

周恩来服罢药进里间休息，坐在床边吩咐说："6点半走，提前叫我。"今天的总理拖着病体，走了那么多路，实在太疲惫了，想用活动间隙的半个小时恢复一下体力。

时针走得太快了，眨眼快到6点了，但是，大家总想让总理多睡一会儿，就一眨不眨盯着钟表的时针，静静地一秒一秒地读。当大家在外间数到6点35分时，只听见里屋"哎呀"一声，进去一看，周恩来已经坐了起来，正在看手表："就剩5分钟了！让你们提前叫我，为什么不叫呢？我是来陪外宾的，外事活动我们要带头遵守纪律。以后可不要这样了。"

临行前，河南省革命委员会在宾馆大厅，向贵宾赠送礼物，其中有精美的汴绣嫦娥奔月。省外办的负责同志向贵宾讲述了富有浪漫色彩的嫦娥奔月的故事，特鲁多总理的夫人听得非常有兴趣，她说："嫦娥长得真漂亮！"

周恩来和外宾就要走了，和来时一样，同大家一一握手告别，表示谢意。大家说："欢迎总理再来洛阳！"

周恩来兴奋地回答："明年五一，我来看牡丹！"

可是，谁也没有想到，周恩来为中国革命奋斗奔波了一生，他把最后的足迹留在了牡丹的故乡，而这次握手告别，竟然是和总理的诀别。

周恩来这次在洛阳，是和大自然进行的最后一次交流，此后，病魔使他停止了视察大江南北的足迹。两年两个月后，周恩来带着对洛阳牡丹的未了情，离开了人世。

第六章
大树护英才

　　这种和洽、真诚和亲密情绪几乎能从每一张周恩来和文艺界人士合影中散发出来，强烈地感染了今天的人们。不难想象，当年的周总理已经走进每一位艺术家的心田里，他的音容笑貌定格在一个时代的相框里。

周总理专程来看演出。第一幕时，大家还见他炯炯有神地观看舞台上的表演，可是到了第二幕，他突然从座位上消失了

周恩来作为一位政治家、国务院总理，却能在日理万机的繁重工作中，抽出很多时间和精力去关心、指导文艺工作。有时就像一位专职的文艺界领导和专家，亲临指导一个剧目，策划一项文艺活动。所以，直到今天，文艺界许多人怀有无限敬佩的心情思念他。

新中国刚刚建立，周恩来就将一部分精力放在了文艺工作上。他为了使延安来的一批歌唱演员，在新形势下提高演唱能力，特地指示有关单位，从苏联请来专家给他们上声乐课。几年后，为了检验学习成果，他让苏联专家做顾问，由中央歌剧院排演了新中国成立后介绍给我国观众的第一部西欧古典歌剧《茶花女》，主角是专家学生张权、李维渤、李光羲等，演出获得成功。

不久，周总理专程来看演出。第一幕时，大家还见他炯炯有神地观看舞台上的表演，可是到了第二幕，他突然从座位上消失了。演出结束后，周恩来上台祝贺，陪同的人才知道，他在看戏中间，换了楼上、楼下几个座位，为了了解剧场视线和声音效果，乐队是否造成了"音墙"影响了演员的发挥等问题。

1959年，人民大会堂建成后，记得一次为第二次世界大战中著名元帅蒙哥马利演唱。国务院外办的人对总指挥说：这次节目是总理审定的，除了民族民间的，还让演唱柴可夫斯基的《连斯基的咏叹调》，向外宾展示我们的"古为今用、洋为中用"的文艺成果。

20世纪60年代初，湖北歌剧团演出了民族歌剧《洪湖赤卫队》，轰动了全国，周总理不仅亲临剧场观看，演出结束后，还上台和全体演员一起高唱"洪湖水浪打浪"。这首歌，周恩来唱了十几年，他身边的工作人员都知道总理喜欢的是"洪湖水"。"文革"中，他不能公开和大家一起唱，就一人悄声地哼，直到他去世前还深深地喜爱着这首歌。

许多歌唱家无法忘记一个日子——1962年12月29日，政协礼堂里将要举行一次盛大的独唱音乐会，就是当年称为十一大女高音独唱音乐会，参加的有王昆、张权、张利娟、孙家馨、刘淑芳、梁美珍、王玉珍、张越男、苏盛兰、徐有光和仲伟。

■ 周恩来与陈毅同中央歌舞团的演员合影

著名女高音王昆从1954年到1963年九年间，一直在苦苦地寻找"理想的唱法"。这位在延安就以演唱《白毛女》红遍解放区的歌唱家，有一段时间在民族唱法和美声唱法上来回"拉锯"。经历了一段"不上不下"、"里出外进"的痛苦过程，直到周恩来亲自点拨她才醒悟过来，找回了自我。

那天，王昆反复问自己，是用什么方法来唱？是用《白毛女》和陕北民歌的唱法，还是用学了欧洲发声法之后的唱法？她想《白毛女》那种唱法五个月前总理刚听过了，新的唱法虽然还没掌握好，但"丑媳妇终要见公婆"，就决定让总理听一听学的新唱法！

王昆唱了维吾尔族歌《解放了的时代》和印度歌《摇篮曲》以及印尼歌《宝贝》。本来她对自己这种唱法就缺乏信心，内心也隐约觉得周总理是不会承认这种唱法的。精神上有了压力，一有压力，精神就更紧张，唱出的声音"忽忽悠悠"的，结果紧张得出了一身大汗。

演出后，周恩来没有说她什么。但是在联欢舞会上，周总理没有和以前那样邀王昆跳一场舞，而是和其他几位歌唱家说话。看得出来，周恩来对王昆有意见，可能考虑这个场合不便说。王昆最后还是鼓起勇气，走到总理面前，接受批评。周恩来先是注视了她一会儿，然后非常严肃而且是不留情面地说："你终于学成这个不洋不土的样子了，关于'洋嗓子'、'土嗓子'问题你们音乐界什么时候才能纠缠得清呢？你的嗓子本来是很高亢、嘹亮的嘛！《宝贝》是刘淑芳的曲目，你唱它做什么？你要走自己的路嘛！"

王昆当时受到极大的震动，难过得要掉下眼泪，九年心血，九年苦觅，竟然得到的是这样的评价，而且是周总理的评价！晚会结束后在大厅走廊照相的时候，工作人员还是和往常一样把她安排在周总理的右边。这一次，王昆无论如何是笑不出来了。

她不能再有任何犹豫了，也别无选择了，决心把"自己"找回来。

1963年5月初，也就是政协礼堂独唱会4个多月后，王昆写了一封信给总理，告诉说她要在苏联展览馆演出独唱节目，请周总理和邓大姐来看。

没有想到周总理和邓大姐真的来到了剧场观看王昆的演出，那天她唱的是《夫妻识字》、《南泥湾》、《北风吹》、《扎红头绳》和《秋收》等老歌。落幕以后，周总理和邓大姐从台侧走到舞台上来，只见周总理满脸兴奋，握着王昆的手说："今天你唱得好，我很高兴。你的歌声使我们今晚回到了延安！"

"为人民歌唱"是周恩来当年在延安送给王昆的一句话。在王昆几十年的歌唱生涯中，不论是在农村土台子上，或在前线医院紧凑在伤病员的耳边，还是在金碧辉煌的大舞台上，都是这几个大字在鼓励着她，鞭策着她。

女歌唱家张权也是难以忘怀这一天。她自1957年受到不公正的待遇被发配哈尔滨，这次成为11名女高音之一，第一次在周总理面前表演，内心更是别有一番滋味。那天张权演唱特别动情，演出很成功。按当时大多数人的心态，她是一个摘掉政治帽子的人，也是不可亲近和接触的人。当她唱到第二首歌时，周总理从座位上举着一杯茶，走到台前，双手递给了张权，顿时四座为之一震，一杯茶说明了周恩来对一名歌唱家的尊重与理解，甚至是支持和关怀。热

一九六四年，周恩来上台会见歌剧《洪湖赤卫队》演员

周恩来与解放军总政文工团的演员们一起演唱

泪盈眶的张权事后请求工作人员把那个茶杯赠给她作为纪念。

后来周总理和几位副总理出席北京饭店举办的晚会，特约来北京开会的张权参加。中央统战部的负责人为了给大家助兴，请张权和男歌唱家演唱《饮酒歌》。张权因很久不唱歌，再加上激动，忘了歌词，事后很不安。她到总理跟前表示歉意，周总理没有责怪张权，而是当场批评了统战部负责人，说："我们的干部要学会做工作，首先要懂得尊重人，不能强人所难。"

总理懂艺术，更重要的是，他作为领导人，懂得尊重艺术规律，善于团结人。文艺界的老同志都记得，周总理在看演出上台祝贺时，总是带着诚意注视着与他握手的演员，不让人感到仅仅是礼节、应酬。尤其令大家感动和惊异的是，他能记住并叫出许多许多演员的名字，甚至有的人过去只见过一次面。

以大国总理的身份和在国内外的影响，他深知凡与他见面的人，都有想留下纪念的愿望。每次会见或是活动，只要有可能，他总是主动建议和客人一起合影留念，每当此刻，总是令大家喜出望外，兴奋不已。

这种和洽、真诚和亲密情绪几乎能从每一张周恩来和文艺界人士合影中散发出来，强烈地感染了今天的人们。不难想象，当年的周总理已经走进每一位艺术家的心田里，他的音容笑貌定格在一个时代的相框里。

1961年8月，周恩来总理陪同一位非洲国家的元首访问上海期间，观赏了一场演出，节目有音乐、舞蹈、沪剧等。上海交响乐团的副首席提琴手陈慧尔独奏了小提琴协奏曲《梁山伯与祝英台》，这是以同名中国传统剧目为题材创作的一部西洋音乐与中国民间戏曲音乐相结合的优秀音乐新作，经过技艺高超的乐手们娴熟的演奏，格外动人，台下观众被这首优美且凄婉的曲子深深地打动了，全场鸦雀无声。音乐指挥手中的指挥棒刚刚落下，一阵雷鸣般的掌声涌

周恩来与演员们一起合唱

向了舞台。

演奏的演员们相信，那热烈而长时间的掌声中一定有周总理执著的击掌和他真挚的笑容。

演出结束后，参加这场演出的主要演员走上舞台向观众们谢幕。这时周总理和外宾走上台来和大家一一握手，这是演员们第一次这样近距离面对周总理，和周总理握手，情绪非常激动。

周总理的情绪也十分高昂，他走到陈慧尔跟前时，停下脚步，握住她的手问："你是哪里人？"

"浙江人。"

"你几岁开始学琴？"

这时陈慧尔又激动又紧张，竟然一下子没有回上话来，大家在一旁急忙插嘴："慧尔，回总理话呀！"她还是没有反应过来，瞪着眼睛望着周总理傻笑……周总理也笑了起来，鼓励她说："多努力吧！"又和她握了一次手，带着微笑和别的演员握手去了。

事后大家得知，周总理对这次演出很满意，对提琴手陈慧尔尤为满意。因为周恩来一直关注上海交响乐团，要求他们写出革命化、民族化、群众化的交响音乐作品来。《梁祝》就是实践民族化、群众化思想取得的可喜成果。在周总理的提议下，《梁祝》多次为来访的国宾和外宾演出，反映一直不错。当时有人这样评价说："听了这首协奏曲，好像在潮湿的空气中闻到一阵芬芳！"

周总理这样兴高采烈，喜不自禁，让赵青好感动。事后赵青回忆说：我们年轻人每取得一点点成绩，周总理就像看见自己亲生孩子取得成绩一样高兴

自从新中国成立以来，每年国庆总是要选调一些优秀剧目作为献礼作品。1959年是新中国十周年，一部大型民族舞剧《宝莲灯》成为舞台上的"宠儿"。著名电影艺术家赵丹的女儿赵青成功地扮演了剧中主人公"三圣母"的角色。

该剧一登舞台，便轰动了海内外。1959年上海电影厂拍成电影，成为国庆十周年十大献礼片之一，并参加了刚建成的人民大会堂举办的国庆大典献礼的演出，当时有一个200多人造型的大宝莲灯群舞，场面之宏伟，好似表达了新中国十周年的伟大气魄。

演出结束后，周恩来总理在人民大会堂宴会厅内，举行宴会答谢参加国庆大典演出的文艺界全体工作者。赵青恰好与周总理坐一桌，但是不挨着总理坐。周恩来见"三圣母"坐在自己的对面，朝她招招手，叫别人与赵青换了座，让她紧挨着自己身边坐。

周总理问赵青："你知道谁叫你们演出大宝莲灯的？"

赵青实话实说："不知道。"

周恩来哈哈大笑："这总导演是我呀！陈荒煤同志介绍了舞剧电影《宝莲灯》，我心想舞剧怎么拍电影呢？后来把影片调来看了，我看了很喜欢，看到了你们庆祝沉香百日那场戏好不热闹，我就建议国庆大典演这场戏，而且人加到200多大场面。"

周总理这样兴高采烈，喜不自禁，让赵青好感动。事后赵青回忆说：我们年轻人每取得一点点成绩，周总理就像看见自己亲生孩子取得成绩一样高兴。

1961年中苏两国关系紧张起来，周总理代表中国共产党前往苏联莫斯科参加苏共二十二大。随同去的还有中央歌剧舞剧院演员，赵青作为主力演员也去了苏联、波兰等地演出。舞剧院带去了三部舞剧《宝莲灯》、《小刀会》和《雷峰塔》，赵青领衔主演了前两部舞剧。

这次去苏联已经失去了以往轻松友好的气氛，政治空气十分紧张，周恩来在莫斯科委托中国大使给在列宁格勒（1924—1991年，今已恢复旧名圣彼得

堡）的全体团员打长途电话，一语双关地关照大家："要注意天气的冷暖。"当团长向全团传达时，大家感动得几乎落泪，总理自己在困境中还这样关怀大家。后来周总理先回国，舞剧团在苏联各地转了一圈回到莫斯科，在莫斯科大剧院演出《宝莲灯》。这是中国人的舞剧第一次进入他们神圣的艺术圣殿。演出获得极大成功，苏联领导人全体出席观看，苏联观众在大剧院留言簿上留下了千万句表达苏联人民对中国人民友谊的语言。

演出成功的消息传到了中国，传到了周总理的耳中。演出人员归国后，周总理和陈老总特意在中南海紫光阁宴请舞剧团全体领导和演员，为大家接风庆功。周恩来还把赵青的父亲赵丹也请来当陪客。那时正值三年困难时期，周恩来指着一桌素菜为主的宴席，直向大家道歉："没大鱼大肉招待大家，让大家清苦了。"

周总理边吃边听大家叙说在苏演出的盛况，当大家说到苏联老百姓把米高扬比作剧中"哮天犬"时，周总理和陈老总乐得几乎要把饭菜喷了出来。周总理说："看来艺术也有很大的政治现实意义，以后应该多出访演出。"

这一天，赵青觉得总理看她眼神有点特别。原来周恩来有话要问她，但是没有直接问，而是先问演"刘彦昌"的演员是谁，赵青向他介绍了傅兆先同志，总理又问演"沉香"的是谁，赵青又介绍陈云富同志……周总理实在憋不住了，只好直接问："你爱人到底是谁？"

赵青红着脸将刘德康介绍给他，周总理好像不相信谜底一样，疑惑地说："我一直听说你爱人是《宝莲灯》的男主角？"赵青解释说："以前是，演我儿子沉香，因为身体不好，换了别人演。"

周总理扭头问赵丹："听说你反对你女儿谈恋爱啊？"

赵丹理直气壮地说："搞艺术就应该有所牺牲，尤其是搞舞蹈。"

周恩来点点赵丹的鼻子问："阿丹！你不是20岁就开始恋爱了吗？你为什么反对你女儿谈恋爱呢？"

这一问，弄得全桌人哄堂大笑。周总理的话真管用，赵丹以后再不反对女儿的婚事了，直到临终对这位女婿还是非常满意的。

从苏联回国不久，赵青的膝盖出了毛病，几乎不能跳舞了。周总理从赵丹口中知道赵青住的是水泥地。一次在北京饭店舞会上把文化部副部长夏衍和艺术局局长周巍峙叫到跟前，他脸色很不好，当着许多文艺工作者的面动了火："我们死了梅兰芳、欧阳予倩，这是十分可惜的。可活着的艺术家我们却不去关心爱护！"

周总理特派周巍峙到赵青家去证实，并下令专门将盖大会堂中宴会厅剩下的地板为全体舞剧团舞蹈演员盖起二幢木地板楼房。

以后几年里，赵青演什么戏，拍什么电影，无论在国内，还是出国，每一步计划，都得到周总理的关怀和安排。所以赵青是众多幸运艺术家中的一个，她在艺术成长道路上得到一个理解艺术家心灵的政治家和领袖人物的帮助，成为一名能代表中国民族舞剧而有盛誉的年轻舞蹈家之一。

1963年，赵青去日本访问演出，周总理亲自来大会堂中小礼堂审查节目，看后给大家讲了话，特别夸奖了赵青："赵青，我看你跳长绸舞多少次，今天是跳得最好的一次，把中国古代妇女含蓄内在的美表达出来了，而且表演很有层次，但你千万别骄傲！"多么恳切的教诲，永不骄傲，永远想到这是党和人民哺育的结果，这句话一直鼓励着赵青，无论是逆境还是顺境，永远不能停下"红舞鞋"。

"东方歌舞团的名字很光荣，你们要保持东方歌舞团的光荣。"这是1970年周总理最后一次见到东方歌舞团演员留下的话

东方歌舞团于1962年1月13日正式成立，它的成立还要功归于周恩来。

1960年12月周恩来和陈毅带了一个很大的代表团，参加缅甸的国庆，同时出席《中缅边境条约》的会议，代表团包括一个人数众多的综合艺术团，其中有电影工作者及战友歌舞团、总政歌舞团、新疆歌舞团和北京舞蹈学校东方班

的演员们。

会议期间周恩来总理招待缅甸吴努总理和驻缅各国使节，艺术团除表演中国民族民间歌舞节目之外，还表演了14个亚洲国家的歌舞节目，反响极为热烈。

许多国家，把中国艺术家表演他们国家的节目看成是中国对他们国家的尊重和友好的表示，每演到哪个国家的节目时，他们的使节和代表都来和周总理及中国代表碰杯，说些千感万谢的话，甚至当场跳起来、唱起来。当晚也有些国家的使节打电报回国，作为一个政治消息向国内首脑报告。

"你们是没有大使头衔的大使"，这句话就是在这次会议期间周总理和陈毅副总理给予文艺工作者的光荣褒奖。

中国政府代表团回国的路上，周总理和陈毅副总理与当时中国对外文化交流联络委员会副主任张致祥进行了研究，在飞机上作了一个决定，成立"东方歌舞团"。

周总理回国之后，亲自主持从几个自治区商调最好的演员，维吾尔族著名舞蹈家阿依吐拉、蒙古族舞蹈家莫德格玛、傣族著名舞蹈家刀美兰和已在北京的朝鲜族舞蹈家崔美善，都是这次调到东方歌舞团来的。

周总理为东方歌舞团确立的方针是："学习和演出我国民族民间传统的、优秀的、健康的、革命的歌舞节目，同时学习和演出亚非拉各国民族民间的优秀的、健康的、进步的歌舞节目，以促进我国和亚非拉各国的文化交流，增进我国人民和亚非拉人民及世界人民之间的友谊。"建团时有30多个演职员，团长暂时空缺，后来从广州军区调来了戴碧湘，副团长是田雨同志，王昆是艺术委员会主任。

1961年到1962年是"大跃进"的后期阶段，那个时期人们对于"反右派"仍心有余悸，对于东方歌舞团所演出的节目也有些人认为不能接受，或冷眼观

周恩来、陈毅与出访归来的东方歌舞团及工作人员一起召开茶话会

看。因此团里遇到拿不准的问题，就直接请示周总理和陈毅副总理。

有一天，两位总理都在场，大家问："嚓嚓嚓，是古巴民族舞，埃及舞要露出肚皮，非洲舞大幅度地扭胯，这些舞蹈我们学不学？如果不学，那是人家的典型舞蹈；如果学，国内的人肯定接受不了。"

周总理双手抱臂，这是他习惯动作，想一下说："你们对别的国家的艺术应作些调查研究。第一，看看他们有没有具有战斗性的进步的舞蹈；第二，如果没有，再看有没有比较健康的舞蹈，如果都没有，也可以学一些他们国家典型的传统舞蹈。人家的舞蹈是什么样就跳什么样，非洲舞蹈是扭胯的，这是他们民族的特点。你们给人家改了，就不叫非洲舞了，但在我们国内如何演，也要看情况，你们可以扭得含蓄些。"

陈毅是个乐天派，这时他操着纯粹的四川话，大大咧咧地说："噢！我才不信，我们那么大一个中国，扭两下子肚皮就把中国扭垮了。"

周恩来一听不由得哈哈笑起来："总之，以我为主嘛！以我为主，是以我们国家的需要为主，以对我们外事工作和文化交流有利为主。"

有一次，朝鲜民主主义共和国客人在人大大礼堂看东方歌舞团表演朝鲜舞蹈《鼓舞》，由于演员服装上飘带的花纹和他们原来的不一样，客人向周总理提出了意见。为此，周总理特地向歌舞团查询："为什么会不像，原因出在哪里？他们反对民族艺术中掺进洋的东西，是否你们给人家改了？过去我同你们说过，一定要学好学像，因为这不仅是艺术问题，如影响了人家民族自尊或习惯，就是政治问题了。"

"东方歌舞团的名字很光荣，你们要保持东方歌舞团的光荣。"这是1970年周总理最后一次见到东方歌舞团演员留下的话。

舞蹈演员李亚媛是"文化大革命"前不久从舞蹈学校分配来团的演员，那年她被借调去为一个晚会报幕，那天周总理陪外宾观看。当周总理知道李亚媛是东方歌舞团的演员之后，像久别的老朋友重逢似的，对她十分亲热，周总理对她说："东方歌舞团的名字很光荣，你们要保持东方歌舞团的光荣。"

当周总理知道他亲手建立起来的东方歌舞团已被江青解散，下放军队农场劳动好几年了。他知道以后再见到东方歌舞团的人已很不容易了，这两句话是他对东方歌舞团从1962年至1966年四年业绩的肯定，是对"四人帮"解散东方歌舞团的不平，是对未来东方歌舞团的重大嘱托和希望。

打倒"四人帮"之后，1977年9月东方歌舞团恢复了原建制，周总理最后的嘱咐"保持东方歌舞团的光荣"成为全团人员的座右铭。

周恩来经常到杭州的梅家坞茶村，在青青茶园里他得到灵感，建议改动歌词。以后《采茶舞曲》按照周恩来修改过的歌词登台亮相

《雨前曲》是20世纪50年代末的一出越剧，《采茶舞曲》是其中的主题调。

浙江省越剧团演出的这个剧目反映的是江南茶村劳动生活和技术革新活动。全剧七场，作为主题调的这首《采茶舞曲》，叠用了多次，几乎每一场都有其旋律飘荡其间，渲染着它的艺术魅力。

周恩来第一次听到它是在北京的长安戏院。他在聆听之中，不时抬眼凝望台前打出的歌词字幕，似乎从中留意琢磨着什么。看到那些描写采茶劳动的精彩优美的词句，比如"姐姐呀，你采茶好似凤点头"，"妹妹呀，你摘青犹如鱼跃网"等，则不由得流露出了赞许的微笑。演出结束，他接见剧团全体人员。他了解到《采茶舞曲》的词曲都出自剧团团长周大风之手，于是他热情地称赞说："谢谢你呀，大风同志！你创作的《采茶舞曲》很生动，很活泼，很亲切，我看是成功的嘛！"

周大风深受鼓舞，对周总理说："我们的演出还不成熟，尤其我的这些习作，还远远谈不上有多高的艺术水平，请总理多多批评、指示。"

周总理头一歪，表示自己是个外行："哎，歌曲创作我不在行，说不上什么批评、指示。只是歌词中'插秧插到大天光'这一句，没有注意劳逸结合嘛。还有，'采茶采到月儿上'，最好也得修改一下。要知道，黄昏之后的露水茶不好采，炒出茶来也味道淡薄，是不好喝的呀。"

大家听周总理这么一说，更加感慨，周总理不仅有很好的音乐素养，而且有着丰富的生活经验。连采茶这样精细、季节性很强的农活他都知道，真是一国总理，事无巨细，事事知晓，行行精通！

最后，周总理在跟周大风握别之时，还语重心长地嘱咐他说："杭州离梅家坞茶村很近，我建议你不妨到那里去深入生活一段时间，这对你的创作也许会有很大的帮助。"

周总理说到的梅家坞茶村，是他经常去的地方。他每一次到杭州总是要去那里看一看，走一走。周总理喜欢绿色，更加喜爱这里的茶树。特别是春天，清亮的阳光下，一行行翠绿、浑圆的茶树和散落其间红红绿绿的采茶姑娘，将

江南丘陵装扮得格外娇娆。

20世纪60年代初的一个春天，正逢采茶的大忙时节，周恩来再次来到梅家坞茶村。刚刚走进村口，就听见高音喇叭里传来的《采茶舞曲》。倾听之中，他觉得那么熟悉而亲切。

原来浙江越剧团的《雨前曲》，先后在上海、北京公演之后，根据京剧大师梅兰芳和舞蹈艺术家戴爱莲的建议，把其中的主题调改编成歌舞演出，它成为剧团的保留节目，不断上演，深受城乡群众欢迎。

不久，浙江人民广播电台便将舞蹈《采茶舞曲》的主题曲作为每天播音的开始曲，从此它就家喻户晓。

周恩来刚进村，就听说这里的"双手采茶十姐妹队"的十姐妹都在村前茶园里忙采茶，就兴冲冲往茶园走去。

此时十姐妹们不知道周总理的到来，待她们突然发现远处走来的身影，正向她们频频挥手时，随即一齐欢呼雀跃起来。

"总理来啦！总理看我们采茶来啦！"

周总理走到队长沈顺招身边，顺手摘下她的笠帽，戴在自己的头上，接着又把茶篓拿过来，挎在腰间，用当地的方言说道："今朝我也来学学双手采茶！看，你们都采得介快，介好，那就请你们能者为师，教教我吧！"随后又招呼站在茶园边的随行人员："来，我们大家都来学一学嘛！"

眼看这里的大片茶树，比前两年长得更加葱茏，株株蓬顶枝上都绽满雀舌

▌1963年1月，周恩来在杭州会见浙江省文艺工作者，和他们一起讨论文艺创作

般的春芽，满园清香，煞是喜人。

十姐妹看到周恩来专注地采茶，而且采得又快又好，不由露出惊喜的神色："呀！总理采得真好！"

"不好，不好，我都采碎了，这双手采茶到底没有你们灵光，我得好好拜师才行哪！"周恩来摊开双手，让大家看他采的青芽。

这时不知是谁问总理喜欢不喜欢《采茶舞曲》，周总理说："当然喜欢啦，我很喜欢这首歌旋律，不过我还不会唱呢。"十姐妹们便一齐亮开江南女子特有的高音嗓子，唱了起来：

溪水清清溪水长，溪水两岸好风光。
……

姐姐呀，你采茶好似凤点头，
妹妹呀，你摘青犹如鱼跃网。
……

歌声在茶园里荡漾，舞台上的采茶歌到了真正的茶园里，变得特别有滋有味。周恩来唱到民风淳朴的《采茶舞曲》，欣喜不已，也情不自禁地跟着大伙唱起来，不时还挥手打几下拍子。

这天采茶一直采到正午时分，周恩来才跟大家回村。村里在几年前按照周恩来总理的指示，已经办起了茶叶技术学校；茶园试验田上也安装了自动灌溉的扬水器；姐妹们都上了夜校学文化、学技术，还学会了跳采茶舞呢。

周恩来听说后奇怪地问："你们的采茶舞是谁教的？"大家七嘴八舌告诉总理说："去年春上，村里来了一位青年作曲家，又教歌，又教舞，采茶舞便是他教的……"周恩来听到这里，忙问："哦！那位青年作曲家名叫什么？"

"周大风。"

"这么巧？现在他在哪里？"

"就住在村子里。"

"那好，快去把他喊来，就说我有事情要找他。"

周大风参加北京调演回来之后，便遵照周恩来的指示，来到梅家坞茶村深入生活，吃住都在茶户家中，跟大伙一起劳动。当他听说周总理在这里视察，有事要找他，便赶紧来见总理。上次周总理要他修改的歌词，虽然几经琢磨，几番修改，都不太满意，怎么向总理交代呢？不免有些忐忑不安。

▍1965年，周恩来接见了甘肃省歌剧团《向阳川》的演职人员，并与他们亲切交谈

一见面，周恩来就对他说："大风同志，你到底来梅家坞了。《采茶舞曲》那两句唱词你改好了吗？这样吧，我建议你不如这样改吧，前一句改成'插秧插得喜洋洋'，后一句改成'采茶采得心花放'，你看怎么样啊？"

周大风豁然开朗，终于得到了满意的歌词。

以后，《采茶舞曲》就按照周恩来修改过的歌词登台亮相。

"文革"中，《采茶舞曲》成了"大毒草"，被禁止上演。1970年，周恩来陪同西哈努克亲王夫妇来梅家坞茶村观光，并在杭州访问。招待贵宾的文艺晚会演出些什么节目呢？颇让浙江省领导为难，不得不事先请示周恩来。结果令他们一惊，周总理指名要请贵宾观赏《采茶舞曲》！

这条指示传达下来时震动更大，尤其是省越剧团更是喜出望外，《采茶舞曲》重见天日啦！

演出之前，贵宾接待室里充溢着清芬之气，那是西湖龙井茶从茶盏中冉冉溢出的清香，馥郁袭人。

外宾平素嗜啜绿茶，这回啜上绝品之茶，更是赞叹不已。他呷了口茶，微笑着告诉周恩来说："我这回可把西湖龙井啜过瘾啦，从梅家坞啜到楼外楼，从宾馆啜到剧院，真是无处不龙井啊！"

周恩来略带神秘地说："是啊，是啊，我们马上还会从《采茶舞曲》中品得龙井之绝味呢，那可真叫'味外之味'咧！"

演员们格外珍惜这次演出机会，《采茶舞曲》的演出非常成功。周恩来凝神地倾听这久违的旋律，脸上洋溢着当年在茶园采茶时的欢快和宁静。

能在西湖龙井茶的产出之地，也是《采茶舞曲》的诞生之地，边喝极品茶，边欣赏具有中国民族特色、茶味浓厚的歌舞，这在西哈努克亲王来说，特别是"文革"以来，从未经历过的。演出之后，亲王在周恩来面前连连赞许说："精彩，精彩，果然不失西湖龙井的'味外之味'啊！"

这次演出之后，因为有周总理的撑腰，许多出国访问的中国艺术团体，都把《采茶舞曲》作为重点演出节目。联合国教科文组织将它列入业太地区民族音乐教材，更引起了世界乐坛和舞坛的注目。

可是，国内外观众却不知道，这首《采茶舞曲》的最初发现者，并且亲手为之修改唱词的不是别人，而是周恩来。

新侨会议上，对《达吉和她的父亲》电影的争论引起周恩来的注意。他难忘1959年的一次被忽视的讲话

在周恩来的目光注视舞台的同时，也没有忽视电影厂党委书记丁一、厂长兼导演陈鲤庭和沈浮等人。

大家见周总理来了，好像见到了亲人似的，满肚子的话想说，三言两语就讲到了会上讨论的情况。黄宗英鼓足勇气问："总理，在会上各组讨论都涉及艺术规律问题。我有个意见，不知该说不该说。"周恩来毫不犹豫地回答："想说就说呗。"

周恩来与舒绣文、夏衍合影

黄宗英便说："总理，如果科学家搞导弹、火箭，外行们对他的专业没有发言权。但是我们电影这一行，谁都有发言权，而艺术家本身的发言权……就难说了。我们是不怕戏责自负的，老实说，历次运动也没人替我们负。可是我们工作的时候，负责的人……好像太多了些，大家管这种现象叫'婆婆多'。我们的党——各级党委怎样来领导剧本创作，领导艺术生产，我们认为应该研究、讨论。"

黄宗英的话使周恩来陷入了沉思。1959年春，为纠正"大跃进"以来文艺界盲目强调数量、忽视质量，违背客观规律，走向极端所产生的一系列恶果，周恩来非常焦心。在二届人大一次会议期间，正在住院的周恩来，仍然利用早上的机会约请电影界代表陈鲤庭、沈浮、郑君里、赵丹、张瑞芳、陈荒煤等人到医院病房里座谈。

周恩来以老朋友的身份亲切地说："一个时期以来，我想到一些问题总想找你们谈谈。通过几次会议，我发现文艺工作中有一个严重的问题，就是一条腿走不好。不管做什么事，都要学会两条腿走路，都要设想一下对立面，否则就容易片面。尤其是艺术问题上，是精神产物，有一个指头的错误就容易引起意见……"这次谈话10天以后的5月3日，周恩来再次召集文艺界人士到中南海紫光阁开座谈会，会上，他以《关于文艺工作两条腿走路的问题》为题，专门讲了文艺工作的辩证法。

周恩来语重心长的话，按理说应该能够促进文艺部门纠正当时走极端的倾向。然而，由于"左"倾路线的干扰，这一讲话并未引起有关领导部门的重视，甚至文化部和一些省市都未向下传达。以至在后来几年中，文艺界的问题和"左"的错误不仅没有减少，反而更加严重。

大家虽然无法知道周总理内心的感受，但是大家知道什么话都可以向他诉说。

说着说着，大家又说起了会上争论得最激烈的作品《达吉和她的父亲》。有人认为小说写得好，有人则认为电影改编得好。这篇长篇小说酝酿和创作于1957年，作者高缨是在毛泽东《关于正确处理人民内部矛盾的问题》的讲话发表以后，受"百花齐放，百家争鸣"的方针的鼓舞而创作的。作者以饱满的热情、舒畅的心情，试图反映彝族人民真实的生活。小说于1958年初发表，很快受到文艺界和广大读者的注意。1960年，长春电影制片厂和峨嵋电影制片厂决定拍摄同名电影，请作者高缨改编成电影文学剧本。恰在这时，有人认为这篇小说宣扬的是"人性论"；还有人干脆批评这部作品表现的是"小资产阶级

温情主义"。文艺工作者是最怕被人批评为"人性论"和"温情主义"的。为此，高缨在改编成电影文学剧本时，把那些涉及"人性论"和"温情主义"的地方删的删，改的改。尽管如此，对这部经过修改的电影作品引发的争论还是很多。

电影拍成后，恰逢这次全国电影故事片创作会议召开，会上便放映了这部片子，并把小说发给与会者对照影片进行讨论。

周恩来听大家说完，更感兴趣了。他手伸向陈荒煤："能不能发给我一本？"正巧赵丹手头上有这本书，但上面画了许多道道，还有批注意见，他正要递过去，黄宗英轻声提醒道："你别把画得乱七八糟的书给总理。"周恩来却笑着从赵丹手中接过书来，说："我倒很愿意研究研究阿丹的意见。"

6月17日晚上，周恩来又来到新侨饭店，倾听艺术家们的意见。周恩来指着赵丹让他发言："听说你不敢发言，今天我在这里，你可以放开讲话。"

原来，赵丹在来京开会之前，上海市委某负责人曾告诫他们，去北京开会不要发言，上海的工作没有什么要检查的。因此，赵丹在刚开会的几天一句话也不说。为此，主持会议的陈荒煤很纳闷，就问他："阿丹，你为什么不发言？"赵丹心中有气，回了一句："除非给我一块牌子，上面写着'此人说话不算数'，我才敢言。"赵丹的话后来被周总理知道了，所以亲自点名叫赵丹发言。

周恩来参加会议的同时，他专门找了一些文艺部门的党政领导谈话，研究如何发扬民主、改进领导的问题。6月18日下午，他再次约陈荒煤等人到中南海西花厅座谈。当晚，周恩来特意调来电影《达吉和她的父亲》，与有关人员一起观看。

6月19日下午3时半，周恩来来到大会会场，发表了影响深远的《在文艺工作座谈会和故事片创作会议上的讲话》。

周恩来开门见山地说："现在有一种不好的风气，就是民主作风不够。我们本来要求解放思想，破除迷信，敢想敢说敢做。现在却有好多人不敢想、不敢说、不敢做。……只许一人言，不许众人言，岂不成了'一言堂'么？我首先声明，今天我的讲话允许大家思考、讨论、批判、否定、肯定……怎么改？"

周恩来毫不犹豫地提出："首先要改变领导干部的作风，改变领导作风首先从我们几个人改起。"

在这次讲话中，他提到了1959年的那次被文艺界忽视的讲话："我在1959年关于文艺工作两条腿走路方针的谈话，从今天水平来看，也不一定都是对的，里面也会有过头或不足的地方。使我难过的是，讲了以后得不到反应，打入'冷宫'，这就叫人不免有点情绪了。"

周恩来在这特有的"情绪"下，一共讲了七大问题，也就是他"心有所感"中的七大感想。这些问题，对当时都有很强的针对性。最引起文艺界领导注意的是，周恩来专门讲了"领导问题"。

周恩来严肃地说："首先领导上要自我批评，要多负一些责任……光有自我批评还不行，还要深入群众。只有深入群众，才能知道自己的意见对不对。怎么办？要实行调查研究。"他还提醒大家："毛主席说，十一年来忙于建

周恩来与文艺工作者在愉快地交谈

设，对干部的教育注意不够。我今天讲这么多话，也为的是把这个问题讲清楚。要造成一种风气，使大家敢于讲话。只要对社会主义有利，即使思想不一致，也要说出来。"

引人注意的是，周恩来在讲话中多次提到《达吉和她的父亲》，并谈了赵丹、黄宗英和他自己的感受：

"感谢上海的同志，你们建议我看《达吉和她的父亲》，我看了，小说和电影都看了，这是一个好作品。可是有一个框子（指'温情主义'）定在那里，小说上写到汉族老人找到女儿要回女儿，有人便说这是'人性论'。赵丹同志和黄宗英同志看电影时流了泪，我昨天看电影也几乎流泪，但没有流下来……导演在那个地方不敢放开手。这不是批评王家乙同志，而是说这里有框子，'父女相会哭出来就是人性论'，于是导演的处理就不敢让他们哭。一切都套上'人性论'，不好。

"小说比较粗犷，但粗糙些。电影加工较小说好，但到后来该哭时不敢哭，受了束缚，大概是怕'温情主义'。我们无产阶级有无产阶级的人性，为什么有顾虑？是有一种压力。"

赵丹坐在台下仔细地听了周恩来的讲话，备受鼓舞，感觉太过瘾了，尤其是国家总理讲到"民主作风必须从我们这些人做起，要允许批评，允许发表不同的意见"时，赵丹非常感动，他觉得自己是在听一位知音讲话。

一九六一年七月一日，周恩来和电影工作者们在北京香山游览

红镜头中的

周恩来

7月1日，周恩来邀请大家一起到西郊登香山休息一天。

这天，周恩来兴致勃勃地来到香山，烈日炎炎翠柏青青，周恩来与大家拾级而上，谈笑风生。赵丹此时拽着周恩来讨论起《达吉和她的父亲》来。

"总理，我对您作的报告有不同意见。"

"你有什么意见？"周恩来感兴趣地问。

赵丹直言："你说电影比小说有所提高，可我看还是小说好。"

周恩来也阐述自己的观点："电影的时代感比较强，场景选择得更广阔……"

赵丹毫不示弱："那不过是电影这门综合艺术的表现手段比小说丰富罢了……"

他俩就这样各抒己见，说个不停。最后赵丹坚持自己的观点说："总理，我保留我的意见，觉得小说就是比电影好。"

周恩来听完，略停脚步，偏过头来冲着赵丹既亲切又不示弱的语气说："你完全可以保留你的意见，我也可以坚持我的意见，你赵丹是一家之言，我周恩来也是一家之言嘛！"

周围人被他俩的认真劲逗笑了。这一场景下，香山的游人早已认不出谁是国家领导人，谁是普通的艺术工作者。更让大家感到不一样的是，在山上照合影相时，周恩来几乎都是站在后排的角落上。

一路上，周恩来与大家边探讨问题边游览，最后又说："你们还有什么问题吗？如果现在讲觉得不方便，以后可以写信给我。"他还指指身边的总理办公室副主任许明补充说道："你们把信写给他，我就可以收到了。"

游香山的第二天，新侨会议闭幕了。会后，中宣部和文化部根据讨论情况和周恩来讲话的精神制订了《文艺八条》和《加强电影生产领导三十二条》，以期促进"双百"方针的贯彻，使党的文艺工作和电影工作沿着更健康的道路发展。由于当时的历史条件，"左"的思想得不到根除，这两个文件也未能真正实施。但是周恩来身体力行、从我做起的民主作风，深远地影响着党的文艺工作。

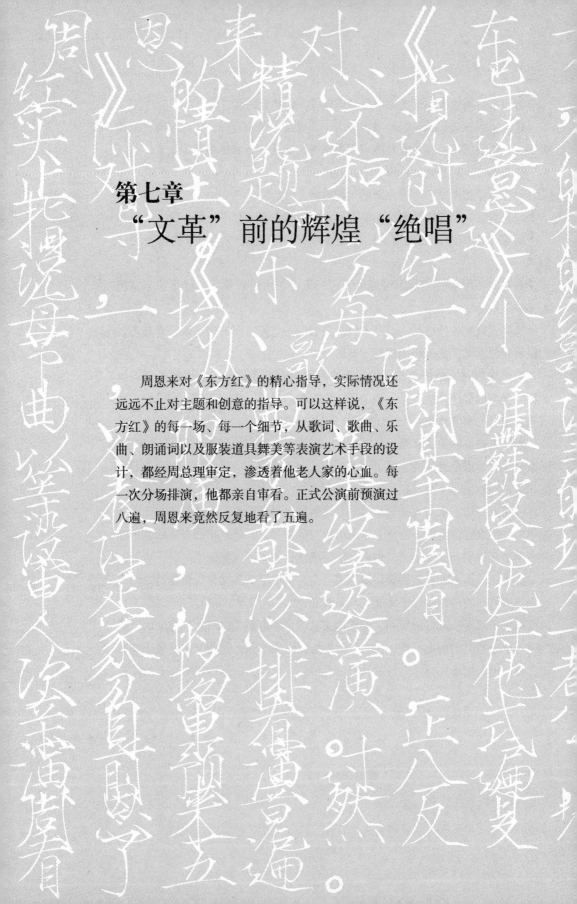

第七章
"文革"前的辉煌"绝唱"

　　周恩来对《东方红》的精心指导，实际情况还远远不止对主题和创意的指导。可以这样说，《东方红》的每一场、每一个细节，从歌词、歌曲、乐曲、朗诵词以及服装道具舞美等表演艺术手段的设计，都经周总理审定，渗透着他老人家的心血。每一次分场排演，他都亲自审看。正式公演前预演过八遍，周恩来竟然反复地看了五遍。

上海一部大歌舞启发了周恩来的灵感。他心中开始酝酿一个大创作。有人建议用"东方红"。周恩来眉头一挑，露出了赞赏的笑容

1964年国庆节，周恩来亲自指定并且具体导演了大型音乐舞蹈史诗《东方红》。这部有3 000多人参加演出的大型歌舞，艺术地再现了中国共产党的诞生、壮大和发展这一波澜壮阔的历史画卷，受到国内外的普遍赞誉。

提起《东方红》，当年参加这部史诗创作和演出的文艺工作者们不约而同说出的第一句话就是："周总理是《东方红》的总导演。"然而，当我们今天打开历史案卷重新审视这部史诗诞生的那段历程时发现，周恩来为《东方红》耗费的心血及其包含的意义，远非一般纯粹艺术上的"总导演"这个职衔所能容纳得了的。

进入1964年，国民经济逐步恢复，人民生活也渐渐好了起来，各项文艺活动也多了起来。

1964年7月13日，周恩来再次来到上海，他这次不是陪同外宾来到上海，而是受陈毅邀请前来观赏第五届"上海之春"开幕式演出过的音乐舞蹈史诗《在毛泽东旗帜下高歌猛进》。

"上海之春"是上海市文化局局长孟波倡议的，主要是为了鼓励音乐舞蹈

1964年，周恩来、陈毅接见了出国访问归来的东方歌舞团的演员和工作人员

周恩来总理与陈毅副总理在人民大会堂

的创作表演、理论活动，自1960年起每年举行一次，为期10天左右，由上海市文化局牵头，与上海音乐学院、中国音乐家协会上海分会联合主办，一般于5月23日毛泽东《在延安文艺座谈会上的讲话》发表之日开幕，展示贯彻《讲话》的成果。第五届"上海之春"正逢上海解放15周年，为了庆祝上海人民的节日，在文化广场举行的开幕式上献演了音乐舞蹈史诗《在毛泽东旗帜下高歌猛进》。这是一部表现党领导我国人民进行革命斗争、夺取政权、建设社会主义的大型歌舞剧，由上海的专业乐团、合唱团、歌剧院，音乐、舞蹈、戏剧院校和部分业余合唱团、童声合唱团共2 000余人参加演出。此剧以不同形式的歌、舞表演为主，用幻灯投影作背景，佐以在舞台两侧的大合唱队和舞台前的管弦民乐混合大乐队演唱演奏。文化局副局长许平是大歌舞的艺术指导。全剧不间断演出，一气呵成。

革命的思想内容和如此大型的艺术形式相结合，在上海还是第一次，这主要是借鉴了朝鲜表演大型歌舞的经验。这场大歌舞在"上海之春"期间演出了两场，深受观众欢迎。闭幕后，又重演了七场。

6月18日晚，陈毅副总理陪同一位非洲国家的元首观赏了大歌舞重演，看到外宾对大歌舞很有兴趣，便指示上海市委："班子不要散，请总理来看一次。"

周恩来对文艺一向很关心，加上共和国建国15周年在即，北京方面已经着手庆祝活动，但是还需要一些重点节目唱"压轴戏"。他听陈老总兴致勃勃一番讲述，决定亲自去一趟上海，了解一下上海大型歌舞的情况。7月13日晚，访问缅甸刚刚回到上海的周恩来与陈毅一起，在上海市委书记、市文化局长陪同下观看了上海文艺工作者演出的大型歌舞《在毛泽东旗帜下高歌猛进》。

这部大型歌舞以不同形式的歌舞为主，用幻灯投影作背景，表现了在毛泽东思想指引下，中国共产党领导中国人民进行新民主主义革命和社会主义建设的历史。

面对亲身经历过的一幕幕激动人心的场面，周恩来心潮澎湃，思绪万千。就在观看演出时，周恩来的心中酝酿着一个更大的创作设想：在国庆15周年之际，上演一部大型的歌、舞、诗结合的史诗性作品，来完整地、艺术地反映中国共产党的光辉历程。

搞出一部思想性与艺术性完美结合的歌舞一直是周恩来的心愿。自20世纪60年代初以来，他几次谈到中国在歌舞方面，没有搞出一个称心的东西来。建国初期看大秧歌还可以接受，现在还保持那样的水平，就不行了。

演出结束后，数百名演员们在台上谢幕，他们盼望周总理能上台接见。周总理和陈老总起身退场时，场内约一万多名观众欢声雷动，簇拥着周恩来一行人缓步行走。周恩来在人缝中走到舞台一侧，没有想到被童声合唱队的小朋友们团团围住了，小朋友不像大人容易指挥，无论怎么疏导、阻拦，天真的孩子们又叫又跳，就是不让周恩来爷爷离开。而周恩来只要一看见孩子，就格外兴奋，抱抱你，亲亲他的，忙得不亦乐乎，比正式接见还要热烈许多。

台上的演员们只好眼睁睁地望着孩子们和周恩来总理在台下亲切"会见"。因为时间关系，走出孩子包围的周恩来无法再上台和演员一一握手了。他在台下向演员们挥手致歉，然后在维护会场秩序人员的保护下，离开了演出场。

这回周恩来是下了决心，准备亲自抓一部大型舞蹈史诗作品，但是这时距离国庆节还有三个多月，时间不等人啊！

周恩来一回到北京，马上找来周扬及文化部、总政文化部有关负责人谈了他的设想。接着他又在国务院各部党组书记会议上公开透露了他的设想。

他对到会者说，我们这回国庆要大庆祝一下。上个月我到了上海，陈总把我拉去看了一个上海3 000人的歌舞，很动心，我看还不错。有这么一个想法，就是最好在15周年国庆，把我们革命的发展，从党的诞生起，通过艺术表演，逐步地表现出来。请周扬、徐冰同志及有关方面的同志帮助搞一下。现在离国庆只有两个月了。总之，要有人写，要写几首壮烈的史诗。请周扬同志主持一下。北京可以和上海合作。上海那个歌舞，它是一个《国际歌》，一唱，下一幕马上就到了井冈山，这个也太突然了……

周恩来一向办事有头有尾、认真负责，既然他的决心已定，就要善始善终办好事情，决不会冷一阵热一阵的。这既是他一国总理应具有的素质，也是他性格的必然。既然在高层领导人面前公开了他的设想，那么接下来便是事无巨细，亲临现场，一一落实。

第二天，周恩来在人民大会堂召集国务院外办、对外文委和文化部负责人研究"北京音乐节"问题时，借机将他搞大型舞蹈史诗的想法在外事、文化圈内透了个"风"。大家一听开始很振奋，但是静下来一掐指头，有点胆怯，对时间怀有顾虑。毕竟这个创作任务是跨越共产党40多年历史长河的鸿篇巨作，舞台上的表演虽然只有两三个小时，而幕后的工作量却不是三朝两夕能完成的。俗话说，台上一分钟，台下十年功。这可不是闹着玩的。

周恩来见大家沉默不说话了，却爽朗一笑，胸有成竹地对大家说："时间虽然紧了些，但有上海的大歌舞，总政文工团有革命歌曲大联唱，还有飞夺泸定桥等表现革命历史题材的舞蹈，以这些为基础进行加工，是有可能搞出来的。就看大家有没有这个决心了！"

周总理亲自打气撑腰，大家的积极性很快调动了起来。根据周恩来的意见，周扬召集文化部、总政文化部、北京市委宣传部等方面有关负责人进行了仔细研究，一致认为周恩来的意见是可行的。

7月24日，也是周恩来"透气"的第三天，周扬以中央宣传部请示报告的形式向陆定一、康生并周恩来、彭真写了一个报告，提出创作一个概括地表现中国共产党领导下的中国革命历程的大型歌舞，供国庆演出。报告还就歌舞的规模、内容、艺术表现形式及组织领导工作提出了具体意见。

周恩来仔细地审阅并修改了这个报告。7月30日，他在西花厅召集有关方面负责人开会，最后拍板定夺，决定大歌舞立即上马，争取在国庆节上演。

1964年1月，周恩来访问巴基斯坦，当地画家为周恩来速写画像

会上，周恩来与大家谈定了一些原则性的问题，并就大歌舞的领导组织工作亲自点将，拟定了一个由13人组成的领导小组名单和组织指挥工作小组名单。领导小组以周扬为组长，梁必业、林默涵等为副组长，齐燕铭、张致祥、陈亚丁、周巍峙、许平、吕骥等为组员，组织指挥工作小组以陈亚丁为主任，周巍峙、许平等为副主任。后来，工作小组又称为大歌舞指挥部。

关于大歌舞的名称问题，考虑到上海的《在毛泽东旗帜下高歌猛进》这个题目太长，会上有人建议用"东方红"。周恩来眉头一挑，露出了赞赏的笑容，立即表示赞同，认为这个题目很好，既精炼又切题。

一部反映深受苦难的我国各族人民在中国共产党领导下奋起抗争推翻"三座大山"、建立人民共和国的宏伟诗篇在周恩来的策划下，终于启动。

8月1日，周恩来正式批准了周扬的报告，并对演出队伍、朗诵词等问题作了具体批示。

此后，《东方红》的创作与排演活动就紧锣密鼓地开始了。不久，12位参加上海大歌舞的同志奉命进京，参加音乐舞蹈史诗《东方红》排演工作。

周恩来策划并批准一个有3 000多人参加的大型歌舞，想通过这个题材给一些优秀的艺术家、文艺家加上一层保护色

用现在文艺界的行话来说，周恩来是《东方红》的总策划。周恩来的这一策划，固然与当时的历史背景有关，但也包含了他的一些良苦用心。

1964年，作为意识形态的文艺领域，已是"山雨欲来风满楼"，火药味越来越浓了。自称是意识形态领域的"哨兵"、中宣部文艺处的特殊"处长"江青在文艺界到处插手。

1963年12月和1964年6月，毛泽东先后写下了有关文艺的两个批示，对建国后的文艺状况作了不切实际的"左"的估计。这种估计又被江青、康生之流所利用，大肆否定建国以来的文艺成就，对文艺界大张挞伐。一大批优秀的作品和作家、艺术家遭到批判和打击。在这样一种气氛下，周恩来策划并批准一个有3 000多人参加的大型歌舞，其用意除了要证明建国以来的文艺成就外，还想通过这个题材让一些优秀的艺术家、文艺界权威参与《东方红》的创作与演出，一是给他们加上一层保护色，二也借此机会展示一下艺术家的强大阵容和实力。因为《东方红》主题鲜明，是以歌颂中国共产党、宣传毛泽东思想为主题的，没有人能将此打倒、推翻。

周恩来的这一用意在他当时的一些讲话中及对有关问题的处理上表现得很明显。如在参加《东方红》创作与演出的队伍问题上，考虑到当时毛泽东提倡大学解放军，他决定以军队文工团为主。但是，周恩来又特意强调说，总政文

135

工团是主力，但不能骄傲，中央歌剧团、中央乐团、东方歌舞团等政府所属文艺单位都要参加。这样一来，部队的各大军区文工团、地方系统的专业、业余文艺团体都加入了演出行列。

这大概是建国以来最大的一次文艺大聚会、艺术家大汇合了！

在挑选专业人员问题上，周恩来强调说："要挑选最优秀的演员，毛主席的诗词一定要写出最好的曲，用最好的演员来唱。"周恩来指示在《东方红》中选用大量的民主革命时期的音乐作品，其中包括贺绿汀作词作曲的《游击队歌》和田汉作词的《义勇军进行曲》。当时因贺绿汀和田汉受"批判"，江青说《游击队歌》又松又软。有人主张拿下这两首曲子。对此，周恩来不以为然："对民主革命时期的作品，包括对20世

1964年10月16日，毛泽东在人民大会堂向《东方红》演职人员鼓掌致意

纪30年代的作品，要一分为二。有些是人民群众批准了的东西，我们为什么不能采用？不能以人废言，以过改功。艺术家有失误，我们就没有失误？"

的确，在《东方红》的创作与排演中，周恩来是名副其实的总导演，从作品主题的确立到艺术表现手法和原则的把握，从某些细节的处理到道具的使用、服装颜色的选择，周恩来无不亲自过问。作为一个大国总理，周恩来具有的丰厚的文艺素养和深入细致的领导工作作风，真是十分难得，令人倾倒。

关于《东方红》要表现的主题，周恩来明确指出是总结党的历史经验，学习和宣传毛泽东思想。整个作品要贯穿毛泽东思想这条红线，要说明毛泽东思想是从革命实践中总结出来的，是马克思主义的普遍真理与中国革命实践结合的产物。

但是，艺术不是对历史进行简单、机械的复写，《东方红》也不可能把党史上每次重大事件都搬上舞台，艺术需要集中，需要典型化。如何在历史长河中抓住最本质最主要的东西，直接关系到能否彻底充分表现作品的主题。对此，周恩来对编创人员说："毛主席在总结我党的历史经验时曾指出，党的建设、武装斗争、统一战线是我党战胜敌人的三个主要法宝。正确理解这三个法宝及其关系，就等于正确领导了中国革命。因此，《东方红》

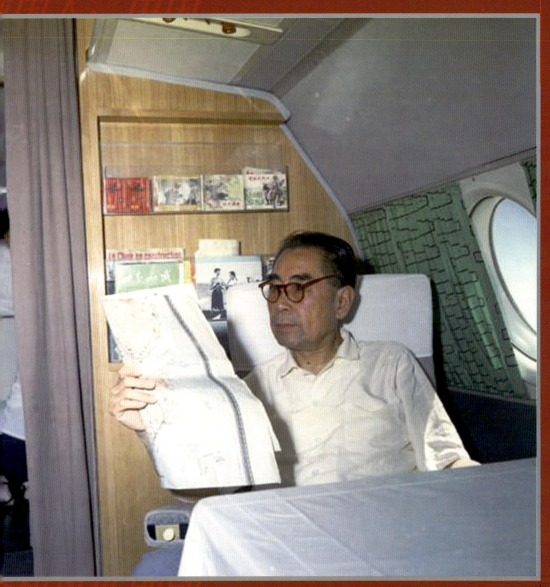

周恩来在出访的飞机上阅读地图

1972年9月，周恩来在人民大会堂前与日本首相田中角荣握别

1973年，周恩来在南京与小演员握手，
表达了他对孩子的喜爱

所要表现内容的选择和情节的安排都应围绕正确表现这三个法宝及其相互关系来展开。"

主题确定了，但在艺术上如何表现，却是一个不小的难题。在当时，用艺术形式，特别是用歌舞这种形式来概括地表现中国共产党领导下的中国革命的历史，还处于探索阶段，有相当的难度。

正如周恩来所说："史诗要用史诗的写法，它不是写故事性的剧本，是粗线条的，又要很深刻，能打动人。"

从内容取舍来说，要把中国人民革命这幅宏伟的长篇历史画卷浓缩在一方小小的舞台上，只能粗线条地勾勒。但如果处理不好，粗线条的勾勒往往容易流于平板、单调，成为某种政治说教，收不到深刻打动人的效果。为此，周恩来和艺术指挥们一起商磋这个难题，就像科研人员攻关那样，拟定了几个方案，从几个方面把握和体验艺术的感觉。

周恩来以自己是创作者和一名观众的感受告诉大家说："中国革命本身就是一首壮丽的史诗，是一个伟大的创作。文艺工作者要从中学习些名堂出来，这次要努力做到用艺术形式将这首史诗再现在舞台上。一定要注意把握所表现对象的特点，注意艺术风格、艺术手法的多样化。平板、单调、贫乏的东西不仅不能使人受到政治教育，也不能使人得到艺术享受；不仅不能宣传毛泽东思想，反而违反了毛泽东思想。"

在谈到如何表现我党经历的北伐战争、土地革命战争、抗日战争、解放战争、抗美援朝战争等五次武装斗争时，周恩来说，这五个阶段各有不同的特点，标志着中国革命发展的不同阶段，只有把握了这五个阶段的不同特点，艺术表现上才会有特色。他还说，表现这五次战争要注意不要千篇一律，不要一提战争就只是打仗，一提打仗就只是枪炮子弹。表现革命，有的时候需要雄壮的东西，有的时候也需要轻快的东西，有刚也要有柔，有统一也要有变化。我们党的斗争历史是刚的，因此，《东方红》这部作品的基调是刚的，这是统一，但也应该有优美抒情的歌和舞。革命是广阔的，革命感情是丰富的。

为了使《东方红》的创作达到历史真实与艺术真实的统一，周恩来一方面或亲自，或请熟悉党的历史的中央、军队方面的负责人给编创人员作党史报告；另一方面，在具体创作中一一进行指导、纠正。比如，在"星火燎原"一场中，原来只表现了共产党人在蒋介石叛变革命后视死如归、慷慨就义的英雄气概，没有提及陈独秀的问题。对此，周恩来指出，对我党来说，蒋介石的叛

变只是大革命失败的外因，陈独秀的错误路线则是内因。否则，蒋介石举起了屠刀，我党也能组织有效的抵抗，情况会大有不同。这是血的教训，证明只有执行以毛主席为代表的正确路线，开展工农运动，发展革命武装，坚持又联合又斗争的统一战线，革命才能取得胜利。写清楚这一点，不仅是为了正确表现历史，而且对国际国内都有重大的现实意义。

在表现"遵义会议"这个问题上，起初编创人员认为难表现，就用几句朗诵词一带而过。周恩来看后说，表现不表现遵义会议，是个原则问题，一定要用专场来表现。如果实在想不出好的艺术表现方法，就把遵义会议的现场搬到舞台上，用解说员向参观者解说的方式。后来，编创人员在舞台上设置了遵义会议的场景，加上了《红军战士想念毛泽东》这首歌，以表现红军战士渴望毛泽东回到红军的指挥岗位上来的迫切心情。周恩来审看后又提出，上场的战士人数太少了，可以增加红军女战士和革命群众。按照历史的真实来说，当时的广大群众，包括红军战士，不可能知道我们党正在召开这次会议，但是，周恩来是从艺术真实的高度上去要求创作人员跨越历史高度的。这样一表现，反而将毛泽东思想和他所代表的正确路线有着深厚的群众基础体现了出来。

在把握历史本质的前提下，周恩来十分注重细节的真实。在表现红军长征一场中，如何正确表现红军一、二、四三个方面军，当时有些争议。有人主张统称为红军就行，有人认为只提中央红军就可以。周恩来不同意这样处理。他说，张国焘虽然很坏，但四方面军广大指战员是好的，不应歧视。毛泽东也同意周恩来的看法。后来，三个方面军都表现了，欢庆三个方面军会师的歌也是周恩来亲自改定的。

周恩来对《东方红》的精心指导，实际情况还远远不止对主题和创意的指导。可以这样说，《东方红》的每一场、每一个细节，从歌词、歌曲、乐曲、朗诵词到服装道具舞美等表演艺术手段的设计，都经周总理审定，渗透着他老人家的心血。每一次分场排演，他都亲自审看。正式公演前预演过八遍，周恩来竟然反复地看了五遍。每次演出后，周恩来都亲自主持座谈会，征求意见。

周总理对文艺工作一直非常重视，特别在解放以后，他经常会见文艺工作者，了解他们工作生活情况。有时他还直接参与演出，和演员一道唱歌、跳舞，场面特别亲切融洽。文艺家们也将周总理当做自己的知心朋友，无话不谈。这次排演大型史诗《东方红》是为国庆15周年献礼的一项大工程，自然有更多的新老演员有机会接触、了解周总理。记得当时许多参加《东方红》创作和演出的作家、艺术家、演员们对周总理对艺术规律的深刻把握敬佩不已，更多的敬佩还来自他民主的领导作风。

周恩来一向强调艺术民主，他在指导《东方红》的实践中也是这样做的。他提倡领导、专家、演员一起讨论，鼓励大家在创作中打破框框。他说，在创作上有许多框框，洋的有框框，中国的也有框框，30年代有框框，解放后十几年搞的也有框框。如果被这些框框框住，怎能搞好《东方红》？

在讨论中，周恩来谈自己的看法时总是先声明："我生活在这个社会上，对很多问题不可能没有感触，包括文艺问题。我说错了，大家议论改正；说得不充分，大家补充；说得对的，供大家参考。人不可能不说错话，不做错事，我谈这些问题，就是提倡互相切磋，造成民主气氛。"参加《东方红》演出的一名年轻演员当时感叹说："在总理面前，我觉得比在我们团长面前还受尊重得多。"

国庆15周年之际，首都文艺界隆重上演了大型音乐舞蹈史诗《东方红》。原子弹爆炸的消息，又将演出后的会场的气氛推向史无前例的高潮

辛勤的汗水终于赢来了热烈的掌声。大型音乐舞蹈史诗《东方红》终于在1964年10月2日第一次在人民大会堂演出，到16日结束，共演出了14场，场面之大，演员之多，气势之恢宏，轰动了整个北京城。这是文艺界空前的盛举。《东方红》的演出，不仅在国内引起轰动，而且在受到前来参加国庆15周年观礼的许多外国友人的盛赞。

《东方红》还在前台如火如荼地演出时，周总理却将慰问和鼓励送到了台后。10月10日夜晚，周恩来在人民大会堂云南厅接见参加《东方红》工作的北京和上海的几位同志周巍峙、黎国荃、许平、董本一，还有三位首都有关方面的负责同志。周总理在作总结报告时，他没有谈到自己如何关心《东方红》的

创作和演出，更没有将《东方红》的功绩归于自己名下，而是强调这场大型音乐舞蹈史诗主要是："朝鲜的影响，上海的基础，全国的力量。"面对掌声和赞誉，周恩来谦虚地说，这首先归功于毛泽东思想，再就是广大文艺工作者的共同努力。

1964年10月15日，周恩来陪日本芭蕾舞代表团的清水正夫和松山树子观看《东方红》，并领着他们到演出后台参观。清水和松山提出了许多绝对属于艺术上的专业问题，包括灯光设置上的一个具体问题。周恩来娓娓道来，十分内行地一一作了使他们满意的解释。清水惊奇地睁大了双眼："总理，你怎么会这样清楚地知道这些事情？"在一旁的中国演员自豪地回答说："总理是我们的总导演啊！"清水和松山泪光闪闪，说："你们是幸福的，只有你们中国有这样的总理。"

1964年10月16日晚，人民大会堂将最后上演一场《东方红》，这一次，周恩来将陪毛泽东观看演出。整个演出，毛泽东一边聚精会神地观看，一边将满意的目光传递给几位当年一起打江山的老战友，和大家一起分享回忆峥嵘岁月的欢快。

演出人员谁也没有想到，在《东方红》热浪伴随共和国度过15岁生日时，中国西部一个更加令人振奋的消息在等待着大家，就在《东方红》即将落下辉煌的幕布的当日，即10月16日，我国爆炸了第一颗原子弹。

大型音乐舞蹈《东方红》在人民大会堂里如诗如画地展现，一个激动人心的喜讯也在悄悄临近……演出终于结束了，大家又兴高采烈相聚在大会堂接见大厅的四周，等待中央领导人走进会场中心……毛泽东笑容满面、周恩来宁静微笑、刘少奇面容和蔼、朱德眉眼带笑……洋溢欢乐情绪的领导人在掌声中快步走向演员……顿时欢快的掌声淹没了整个大厅……

周总理走到麦克风前，他用双手向四周做了个停止的动作，然后双目又环顾了一圈，才开口说话。但是他一讲话，不由得让熟悉他讲话风格的人愣怔住了。

"今天正式开会前，主席让我告诉大家一个好消息……但是我要提三个要求：第一，大家不要

1964年10月16日，周恩来在人民大会堂准备告诉《东方红》演职人员一个好消息——中国第一颗原子弹爆炸成功

跳，大会堂的楼板会承受不住的；第二，大家不要高呼口号，我的耳朵会受不了的；第三，注意维护会场秩序……今天我国西部爆炸了第一颗原子弹……"

1964年10月16日，周恩来告诉原子弹爆炸前，向大家提出"不要跳"的要求

周恩来话音刚落，3 000多人中间也像丢了个大炸弹，全场爆发出巨大的欢呼声，有人开始蹦跳起来，接着更多的人也跳动了起来，人排像起伏的浪头不断跃动，欢呼叫声似巨响的浪潮在大厅里发出轰鸣声……

周总理见人们的情绪失去了控制，不由得着急起来，他两臂不停地做往下压的动作，对着话筒大声喊，"同志们，不要跳，不要跳，再跳楼板就要塌了，我再说一遍，大家不要跳！"

沸腾的人群，激动的总理，大家好像面对着原子弹爆炸的现场，情绪和感觉显得无法自控。

这个在接见《东方红》演职员前的插曲，将接见会场的气氛推向史无前例的高潮，所有在场的人只有一个感觉，作为中国人，此刻是多么地幸福和激动！虽然原子弹爆炸场面在万里之外的大西北，但在场所有人的心灵都感受了

一九六四年十月十六日，人民大会堂里人们为中国第一颗原子弹爆炸成功而欢呼雀跃，久久难以平静

1964年10月16日，周恩来总理挥舞双臂，对着话筒大声喊："同志们，不要跳，再跳楼板就要塌了……"

它强烈的冲击波和震撼力。

这是我们中国人期待了一个多世纪的"蘑菇云"！是一代又一代中华民族侧耳凝听的惊雷！

10月16日，这个在历史上极平常的日子，老天爷却有意地安排了两件大事，中国原子弹爆炸，蘑菇云冉冉腾升翻动的时候，莫斯科的电波送来一条新闻——苏共中央第一书记赫鲁晓夫被解除职务。

这个消息同样令国人雀跃不已！自从中苏关系破裂，苏联撤走专家、逼债，又经历了三年自然灾害而雪上加霜的人们，刻骨铭心记住了一个好似仇人的名字——赫鲁晓夫。突然听见他下台的消息，更增加了原子弹爆炸后的热度。

针对江青对《东方红》的否定态度，周恩来顶风而上，坚持把《东方红》拍成电影，他坚定地说："我既然背上了这个包袱，我也不害怕。"

《东方红》大型乐音舞蹈史诗虽然告别了舞台，但是周恩来的心却没有告别《东方红》，也就在这天晚上接见结束后，周恩来把有关负责人召集到西花厅，综合中外朋友的建议，提议把《东方红》拍成电影。他说，这部影片的拍摄成功，对全国人民和世界人民都有教育意义。

根据周恩来的建议，大歌舞指挥部扩大和调整了领导小组成员，增加了文化部电影局司徒慧敏和八一、北影、新影等三个电影制片厂的负责人，确定王苹、李恩杰为导演、薛伯青、钱江等为摄影。为了加强艺术领导，指挥部还专门成立了《东方红》电影导演团。

把舞台演出搬上银幕，并不是将演出简单地拍摄下来即可了事，而是要进行一次再创作。与舞台演出一样，周恩来自始至终指导了电影《东方红》的摄制工作。

12月的一天，周恩来约请参加人大和政协会议的电影艺术家和《东方红》导演团成员到人民大会堂北京厅，就如何拍好电影《东方红》进行座谈。彭真、周扬、江青也参加了座谈。

这次会上，江青终于打破沉默，说"把《东方红》拍成电影，我非常担忧"。接着又说"《东方红》自始至终没有东西贯穿，艺术上也平，革命乐观主义不够突出，舞蹈像小孩捉迷藏似的"，等等。

如果说，江青是抱着支持的态度对《东方红》提出修改意见，倒也没有什么。然而，江青所言却是醉翁之意不在酒。她的目的是要彻底否定周恩来亲自领导创作的《东方红》，以此来发泄她的不满情绪。

60年代初以来，周恩来在文艺界大刀阔斧纠"左"的同时，为进一步繁荣文艺，亲手抓起了文艺界的工作。这一时期，周恩来过问文艺问题比以往及以后任何一个时期都要多。有些问题，周恩来是一抓到底，这招致了自称是文艺领域"哨兵"的江青的不满。江青的这种不满以及她否定《东方红》的用心后来在"文化大革命"中暴露无遗。1966年2月，江青在上海召开的部队文艺工作座谈会上露骨地说："前年，根据主席的指示，我开了一次音乐座谈会。在会上，我提出乐队要中西合璧，有人说这是非驴非马。周恩来又另外召开了一次音乐座谈会，讲要先分后合。这是错误的，不符合毛主席思想的，他是应该做检讨的。"江青还指责有关负责人把《东方红》列为建国以来的优秀剧目，硬说《东方红》的问题也不少。

其实，对江青的这种居心叵测，周恩来早有所察觉。因此，周恩来在指导创作《东方红》时，非常谨慎。比如，在是否表现他领导的南昌起义问题上，编创人员一再主张要专场表现，但周恩来坚决不同意。这其中有周恩来的谦虚，也有谨慎——避免给江青之流留下口实。

针对江青对《东方红》的否定态度，周恩来顶风而上，坚持把《东方红》拍成电影。他坚定地说："我既然背上了这个包袱，我也不害怕。"

周恩来接过江青的发言说，《东方红》电影一定要搞好，只能比舞台演出有改进和提高，不能落后。我们不搞小圈圈和宗派主义。

1965年1月8日，周恩来再次召集导演团成员座谈，就拍好电影《东方红》提出了几点原则性指示：第一，把《东方红》拍成电影，指导方针还是学习和宣传毛泽东思想。第二，把《东方红》搬上银幕，要进行再创作，不要急于赶任务，不要怕再三再四地修改。第三，要敢于标新立异，敢于突破，敢于打破框框。第四，走群众路线，提倡艺术民主，原领导小组可以扩大一些，吸收一些舞蹈、音乐、导演、摄影、灯光、美工等方面的人进来从各个角度进行讨论，然后分各专业小组讨论。第五，电影《东方红》拍摄到1949年新中国成立止。

在《东方红》的摄制过程中，周恩来始终关心着每一步工作。每隔几天，他就要同编导人员一起审看样片，听取汇报，不放过任何一个细节。在"情深谊长"一场中，反映了红军在长征途经少数民族地区时，团结少数民族头人，头人给红军带路的事。后来在拍摄中，有人觉得表现头人不好，就改成老人。周恩来看后指出，把头人改成老人不好。没有头人，还搞什么统一战线？民族民主革命阶段，北上抗日，不团结头人怎么行。党的政策总是同具体历史条件结合起来的。

8月的一天，电影工作人员在北京饭店录"松花江上"一场舞蹈场面。周总理突然到场。他是抽空来看看大家的，身边只带一位秘书。他听了录音后，和指挥、演唱者交换意见，提出唱词中，是呼唤"爹啊"好，还是"同胞啊"更积极，他用平和且中肯的语气和艺术家们商量歌词的神情，哪里像一国总理，倒像一个作曲家。

1965年9月18日，电影《东方红》拍完最后一个镜头。这天晚上至第二天拂晓，周恩来不辞辛苦，一口气审看了全部样片。这样，电影《东方红》在1965年国庆节如期在全国范围内上演了。

《东方红》作为两个国庆节的献礼节目，是新中国历史上一个创举，说明这部鸿篇巨作有着强大生命力和艺术感染力，也是因为周总理对《东方红》倾注了难以估量的心力，终使这部革命史诗成为划时代的不朽之作。

从1964年夏天开始策划《东方红》，到共和国15周年献礼，再到1965年国庆节拍摄成电影上映，距离史无前例的"文革"仅一年时间。好景不长，《东方红》成为"文革"前舞台上最后的辉煌，最后的"绝唱"。

江青在"文革"中终于得到了她登台的机会，样板戏取代所有的戏剧、歌剧，《东方红》也不例外，遭到无情批判，残酷斗争，参演的演员几乎无一幸免，统统戴上"十七年文艺黑线"的大帽子。

第八章
"样板戏"的戏外戏

　　"样板戏"电影自始至终没有个人名字的一撇一捺，现在只能从不正规的材料上找到演员、导演、摄影等人的名字。虽然演员的名字没有留在银幕上，但是，他们的形象留在了那个特定的时代，也被观众的记忆带到了今天。可是在幕后工作的摄制人员呢？真真是默默无闻地度过了辉煌时代，送走了火红的岁月，现在仍然是在默默无闻中回忆往事。

周恩来对江青说："你们不是提倡激情吗？乐队来了激情，那演员的激情就会被压掉。不要突出乐队嘛，京剧就是听演员的唱腔，乐队声音大，演员怎么受得了？"

在拍摄彩色电影《智取威虎山》时，组建了一个乐队，为了音乐出新，产生现代感觉的音乐旋律，乐队里选用了一些西洋乐器。当时，《智取威虎山》就像"样板中的样板"，"靶子中的靶心"，大家的眼睛都齐齐盯着，只要他们有个风吹草动，其他剧团马上做出反应，紧紧跟随。《智取威虎山》有了一个包括西洋乐器的乐队，其他剧团纷纷效仿，也要建立有西洋乐器的乐队。

没有西洋乐器、没有搞西洋乐器的人，就打着"样板戏"的大旗，到中央乐团、广播合唱团、电影乐团等有西洋乐器的单位借乐器借人，几乎把北京搞西洋乐器的人才搜罗了一个遍。原来还有一点实力的音乐单位，这一折腾可惨了，梁柱抽走了，墙脚被挖了，好端端的乐队被扯得七零八落，像一个歌唱家突然变成了五音不全的人，很伤感很窝火，除了叫苦不迭外，谁也不敢顶撞那个代表最高文化权威的"样板戏"，更不敢违抗"旗手"江青的指示。

文化单位只好眼睁睁地望着自己西洋乐器的"阵地"被一点点蚕食，失去。

而这项"工程"的支持者——江青依然过着自己独特生物钟的生活。每天有几个不同的"心理时期"，比如早上，她正在熟睡，如果有什么要紧事情打断她的睡眠，哪怕是中央的大事，她都会暴跳如雷地发火。中午，是她疲倦的时候，不愿意多说话，常常三言两语打发处理事情，倒是显得很利落精明。到了晚上，特别是吃完晚饭后，精神最好，一头扎进她的小放映厅里看上一部精彩的外国影片。这时她的精神就达到了一天里的最佳状态。往往这时，她都要召集她的"三驾马车"（于会泳、浩梁、刘庆棠）来谈说神侃一阵，下下指示，鼓鼓斗志。要不就把周总理请来，谈谈样板戏的工作。

20世纪70年代初，一天，夜已经深了，江青突然心血来潮，要叫周总理来研究《红灯记》的事情。一般情况，周总理只要没有重要事情，都会来的，即使马上不能来，也会约个时间。

周恩来在人民大会堂刚开完会，江青精神焕发也在人民大会堂，她派人约总理过来谈谈。已经劳累了一天没有合眼的总理，见江青叫他，没有推辞，来到江青他们在的会议厅里。

这时周恩来已经显得十分疲倦，跟随的保健医生轻手轻脚送来几颗保护心脏的药片，总理也不看药，接过来放进嘴，含了一口水，一仰脖子就全下去了。周恩来心脏不好，特别是通宵工作，心脏就出现症状，保健医生最担心总理的心脏，时刻跟随身后，一旦总理超负荷工作，就及时送心脏保健药。他们一见又是江青约见，知道谈话短不了，马上让总理先服药，一是预防在先，二是想让江青看见总理服药，可能会缩短约见时间。

坐在对面的江青好像没有看见总理服药，眼睛不停地东望望西望望，好像第一次进大会堂似的，那样兴致勃勃。

但他们谈《智取威虎山》和八一电影制片厂问题时，周总理谈到乐队问题："最近外面反映比较多，说是把人家的乐器和人都快抽光了……不要追求乐队大嘛，也不要多嘛。"

江青的神情马上发生了变化，目光投向了总理，好像很重视这个问题。

周恩来移了移身子："你们不是提倡激情吗？乐队来了激情，那演员的激情就会被压掉。不要突出乐队嘛，京剧就是听演员的唱腔，乐队声音大，演员怎么受得了？你们乐队有多少人？"

江青没有预料周恩来会提这个问题，一时回答不出来，问问身边的人，谁也不敢贸然回答。还是钱浩梁做了回答："大概30多人吧？"

其实，30多人的数字也是不准确的，乐队的人数已经达到50多人了。

周恩来一听，笑了："多啦。我记得小时候看戏，就七八个人伴奏，主要是胡琴、二胡、月琴、三弦。现在增加一倍就不少了，我的意见，乐队还可以再少一点。"

江青马上沉下脸，但是嘴上却说："对，我赞成总理的意见，乐队要砍，

周恩来 红镜头中的

一九六七年十月一日，文革中的江青在天安门城楼上

不要这么大。"

她请周总理来显然也不是想听批评意见的。所以周恩来的一番话令她心里大为不满。

事后江青阳奉阴违，不仅没有精简乐队，反而将乐队扩大到70多人。

周恩来历来反对舞台上喧宾夺主。"文革"前，他到民族文化宫礼堂看郭兰英演唱，乐队声音比较响亮，他不停地皱眉头，生气地说："乐队把唱歌的声音都压下去了。"演出结束后，总理到台上和演员见面，毫不客气地对大家说："我今天是来看郭兰英演唱的，你们几十件乐器在拉，她一个人能比得过你们？她是唱，为主，你们伴奏，为辅。主次要分清，不能把唱压下去，不能喧宾夺主……过门声音大一点可以，唱的时候就不能比赛了。"

由此可见周恩来对文艺工作和文艺工作者的关心及体察入微的工作作风。

周恩来又告诫大家："事情要往细里做，心要往大处想。"他最反对有人对他说"大概"、"估计"约数词

周恩来是细线条的人，这点毋庸置疑。只要是到他手里的事情，他一律认真处理，没有到他手上的事情，只要他知道了也要认真处理。处理事务批阅文件，有时为论证一个数字，为保护一个干部甚至为一个标点，就会消耗周恩来许多的时间和精力。

周恩来不但细致严谨而且准确。这里仅举一个例子，便可知道周恩来对准确性的要求。

一次他抽出时间召开文化部军宣队负责人会议。当大家逐一将工作汇报完毕后，周恩来猛不丁问："现在文化部留守多少人？到'五七干校'有多少人？"

文化部军宣队的总指挥是某军政治部主任，他连忙打开本子："大约还有300多人，到五七干校大约……"

周恩来打断他的"大约"，说："300多，多多少？说话要有根据，要准

确。有多少就是多少。不能'大约、大概、可能'的。这是关系到每一个干部的去留问题，这么笼统怎么行？回去重新统计一个准确的数字再报到办公室来。"

周恩来又告诫大家："事情要往细里做，心要往大处想。"

当时大家还不能马上理解总理这句话的深刻含意，觉得总理过于认真了，大概的人数就可以了嘛。文艺界那么多人，怎么可能百分之百地准确。以后，才知道准确的数字对总理是多么重要，为他以理服人提供准确的依据。

当时文化部被江青插手后，将大批的艺术家、干部和技术专业人员下放到"五七干校"劳动，"接受再教育，改造世界观"。

而江青身居北京，对大批文艺人员下放劳动、人才严重浪费的事实视而不见。她一面叫嚷着没有革命的艺术家，没有又红又专的技术专业人才，她的"样板戏"无法拍摄，一面继续把艺术专业人员送上"再教育"的"金光大道"。周恩来得知后，及时用数据说明艺术家的去向和专业人员正在严重浪费的状况，不是没有而是没有起用！迫使江青逐步起用了一些文艺界知名人士。周恩来还及时阻止了江青想要霸占八一电影制片厂的企图，纠正了要把八一厂的人都赶到"五七"干校的错误做法。

在许多人的记忆里，还留有周恩来1972年初为迎接美国总统尼克松访华铺垫道路的惊人之举。这桩国际重大活动和转折，无不倾注着周恩来他那超人的果断和机智。所以，一提中国在国际中的地位，人们的脑海里就会出现一个巨人的身影——周恩来。此时此刻，周恩来的名字就是中华民族骄傲和希望的象征，中华人民共和国的总理在国际事务中，大有挥手之间便会带来全球风动云涌的气魄。

1971年7月15日，一个震惊世界的公告随着电波传向世界各地。它的公布人一个是周恩来总理，另一个是尼克松特使基辛格。这是基辛格秘密来华和周恩来几次会谈后产生的公告。

继这个惊天动地的公告后，世界的注意力都转向中国和美国之间，翘首等待美国总

1972年2月21日，周恩来在北京机场迎接第一个来华访问的美国总统尼克松

1963年，周恩来会见新华社摄影部主任、我国著名摄影师石少华

统把手伸过太平洋的时刻。

当这个凝聚着漫长坎坷岁月的等待，演变成记者手里一个个"瞬间"时，周恩来又果断地选出一张他和尼克松在机场见面时，即将握上手的一瞬间照片，放在报纸头版头条显著的位置。顿时，世界舆论喧哗，"此时无声胜有声，美国打着白旗把手伸向大陆中共"、"中国外交的胜利都融汇到这张'五个Ｗ'里"、"精彩的瞬间"等等。这是尼克松访华时期转载率最高的一张新闻照片。

在世界范围里能被同一张新闻照片所震撼的新闻是很少很少的，它几乎旋风般地在世界各国的土地上刮了个遍。

人们的视线还停留在周恩来大将风度、运筹帷幄的气魄中时，他那练达、富有经验的细致周密和敏锐的洞察力，随时会给人们带来一个惊叹，一个启示，不知不觉中把周恩来衬托得更加高大也更加平凡……

"文革"中，有一个外国文化团体来华访问，周恩来指示由文化组（原文化部）负责接待，具体事宜交给了文化组成员办公室主任石少华办理。

过了几天，石少华将接待名单送给总理审阅。

周恩来不声不响将石少华后面的"办公室主任"这个称呼划掉，换成"秘书长"。那时正是"文革"时期，"秘书长"这个称呼早就停止使用了。

"总理，换上它能行吗？"石少华担心地问。周恩来爽朗一笑："外国人见办公室主任会以为是个办事机构，不能行使部门的权力。部长、副部长都不在的情况下，只能用秘书长。一来接待规格提高了，二来符合国际称呼，这样显示出对外国团体的尊敬。"

由于周恩来善于处理不同性质的事情，把握灵活的尺度，避免了外交场合出现的尴尬局面。

江青率先消灭了个人的名利，提前走进"共产主义"的集体创作，这一独特文化现象，也是江青的一大发明

无论是翻开"样板戏"的剧本，还是观看"样板戏"的电影，从头到尾看不见一个人的名字，什么演员、编剧、导演、作曲、摄影、指挥等等，哪怕是"文革"前的大名家，到了"样板戏"里全部隐姓埋名，把代表私有制的"个人主义"消灭得干干净净。一律统称：某某剧组集体创作，某某电影厂制作。这大概也是史无前例的独特文化现象吧？

江青率先消灭了个人的名利，提前走进"共产主义"的集体创作，可她的亲信们未必能适应她的节奏。一次在讨论拍摄《智取威虎山》电影时，于会泳试探地提出："以前的电影上都有演员、编剧、导演、作曲等演职人员的名字，《智取威虎山》剧电影是否也和以前一样，把名字都写上？"

这不是捅了江青的心病吗？如果写个人的名字，她江青的名字往哪儿写？那时还没有创造出"总策划"、"策划"这些名词来。可于会泳这时不识时务来这么一个问题，不是要江青为难吗？她马上沉下了脸毫不留情地把他一顿批评："我们不要有了点成绩就骄傲自满。主席说过：要谦虚谨慎，戒骄戒躁。虚心使人进步，骄傲使人落后嘛。我们拍样板戏是为人民服务的，不能为名不能为利。我们是一个集体，那么，创作也是属于集体的。从今后，一律不写个人的名字，不突出个人。记住！剧组就写《智取威虎山》剧组，摄制组就写北影厂摄制组。"

于会泳挨了批，头耷拉了下去，不敢再申辩半句。在江青面前，于会泳他们几个亲信也是要看江青的脸色行事。电影只好按照江青的"指示"不突出个人，全部是集体创作。

《智取威虎山》剧拍摄成功，为导演谢铁骊提供了成功的经验，他又马不停蹄地导演了《龙江颂》。江青那一阵爱在广州休养，有时离开北京也是一种空间距离的放松，以获得心理上某种自由感。以后江青又在广州和美国的一个女教授畅所欲言，从个人到国家，从以前到现在，从婚姻家庭到政治权力，可以说是包罗万象，家事国事好事丑事全盘托出，搞得人家如获珍宝，回国以后就出笼了《江青同志》一书，也就是后来被大家传为《红都女皇》的书。一时，这部书成了纷纷扬扬的世界大话题。

江青在广州休养时，也没有忘记对"样板戏"的关心，她听说《龙江颂》的片子出来了，就叫文化组成员军代表狄福才赶快送来，她要先睹为快。狄福才带着样片乘飞机到了广州。

也不知道江青心情好还是对片子满意，她看完《龙江颂》以后，一改平常爱挑剔的面孔，对影片连连称好。真出乎大家的预料，没有想到会这么顺！

回到北京后，周恩来的秘书打电话说总理要看《龙江颂》电影，叫他们将影片送到大会堂三楼小礼堂。送去后，总理正好会见完外宾，也来到小礼堂里，和大家一起坐下来观看。

影片放到"江水英"在大坝上唱一段唱词时，镜头里的风很大，狂飞乱舞，好像连人都立不住脚似的。周恩来这时侧过头小声问身边的狄福才："怎么影片上没有导演的名字？"

"江青不同意突出个人，叫写集体创作。"

"集体创作？大家看了，连是谁拍的都不知道。应该写上！"周恩来大概觉得这种做法可笑，忍不住在一边自言自语。

周恩来看见"江水英"还在大风里唱，又对狄福才说："江水英在大坝上唱这么一大段，风那么大，人受得了吗？灯也早该被大风吹灭了。说明编导人员没有生活。"

狄福才知道这不是编导的错，就解释说："总理，这是江青同志规定的，从《智取威虎山》开始定下来的，不突出个人。而且舞台上怎么演，电影就怎么拍。刚才江水英那段唱舞台就是这样的，导演也不好改变，拍成电影也只好是那样，叫还原舞台！"

"这不是笑话吗？外国的电影到中国的电影都有创作人员的名字嘛，怎么就样板戏的电影不写名字？写名字就是突出个人了？写上名字才能有负责精神。不写名字是说不通的嘛！"周恩来忍不住把嗓音提高了，旋即又重重吐出了"滑稽"两个字。

周恩来愤愤不平的情绪在压抑中不能自如发泄，他是不满意江青集体创作的做法，但是又不能直接干涉，只是在比较宽松的环境中倾吐倾吐心中的不快。

"样板戏"电影自始至终没有个人名字的一撇一捺，现在只能从不正规的材料上找到演员、导演、摄影等人的名字。虽然演员的名字没有留在银幕上，但是，他们的形象留在了那个特定的时代，也被观众的记忆带到了今天。可是在幕后工作的摄制人员呢？真真是默默无闻地度过了辉煌时代，送走了火红的岁月，现在仍然是在默默无闻中回忆往事。

周恩来一锤定音！北影厂旷日持久的厂标之争总算告终。天安门标志一直被北影厂沿用至今

1971年8月，周恩来在人民大会堂审查新闻纪录片。

自从"文革"以来，新影厂拍摄的纪录片，在片头上统一使用了毛泽东头像和毛泽东语录。以前周恩来也没有说过什么，这次他说话了。

"新影的片子不一定都用毛主席的像。你们能保证你们的片子百分之百符合毛泽东思想吗？你们不能用主席的头像做厂标，这是极不严肃的。"

新闻片是狄福才送去给总理的，正好也在场，他见总理这样说，觉得有点突然，就忍不住问："以前一直是这样的，现在不放毛主席头像，那……那放什么？"

周恩来扭过头，望着坐在一边的狄福才，没有正面回答应该放什么的问题，而是反问道："狄福才，什么事情是不是都没有'绝对'二字？如果强调时时、处处、事事，那怎么可能做到呢？你能做到吗？工作时你做到了，睡觉怎么办？吃饭怎么办？主席的书、语录是百分之百地正确，如果把主席像印在其他书上，我看这本书就不一定百分之百正确。每个影片都是毛主席像，都是毛泽东思想光芒四射，你敢保证这个影片百分之百正确？你不敢吧，我也不敢啊。"

周恩来用手指指眼前空白的小银幕："你们刚刚看见了，这个片子里，次序都搞颠倒了。明明主席接见在前，看戏、宴会在后，结果，你们把看戏、宴会挪到前面。主席也说过，把接见放在前面嘛，最后面的宴会是'压大轴'哇。要按顺序按客观不要按主观。狄福才你是管电影的，是军代表，对他们要求严一点，不要什么都马马虎虎。"

周恩来不同意把看戏放在前面，是从政治宣传效果和对国际影响上考虑的。而江青却是从"样板戏"的政治地位考虑，每次她关心的是"样板戏"的镜头有多少，外宾欣赏的表情上镜头没有？她认为有毛泽东接见，又有外宾看"样板戏"的镜头，能给人们一个感觉，她和毛泽东是一对志同道合、亲密无间的"战友"。

▓ 1961年7月1日，周恩来在北京香山与电影演员合影

周恩来反对搞形式主义已经很久了，1969年他为北影厂定下了争论许久的厂标。

北影厂在筹备拍摄第一个"样板戏"《智取威虎山》的时候，就用什么标志作为厂标的问题，争论了将近一年也没有定下来，有人说用工农兵，有人说用工农兵加天安门等等。如果这样畅所欲言地自由争论，永远不会有统一的结果。军代表动了个脑筋，利用一次周总理给新闻片审查的机会，将这个极简单却又如此棘手的矛盾交给了总理。

"工农兵？工农兵和天安门？有工农兵在上面就是为了工农兵服务，没有工农兵就不是为了工农兵服务了？不是形式主义嘛！我认为用天安门就可以了，厂在北京嘛，有鲜明地域特点。"

周恩来一锤定音！北影厂旷日持久的厂标之争总算告终，天安门标志一直被北影厂沿用至今。

1970年7月，朝鲜朴成哲访问北京的中朝友谊公社，朴成哲看见农民用的爬秧工具不及他们农民用的宽，就说如果能宽一点，速度能加快。后来拍摄记者在剪辑胶片时没有把朴成哲的原话翻译出来，影片上只有画面没有解说词。周恩来在审片时，发现了这个不合拍的细节，就追问："他在讲什么？"记者将朴成哲的原话说了一遍。

"为什么不加上这段解说词？一个外国人能这样诚恳地提出意见，是难能可贵的，应该加上他的原话嘛。"他说这个话的时候，正是假话大话风行、谁也不敢说实话的年代。周恩来的内心多么渴望有人讲真话。周恩来这样批评新闻电影的做法，表明了他从不虚假、不吹捧的鲜明性格特征。

周恩来善于抓住时机，准确把握毛泽东的意图，尽力向各方面输送信息，控制形式主义在中国无止境地泛滥，并且有分寸地制止人们对毛泽东近似愚昧的狂热崇拜。

1970年12月，毛泽东和斯诺做过长谈。毛泽东对这位"文革"时期第一个登上天安门的美国老朋友诉说了他被形式主义搞得痛苦和厌烦的心情，特别对有人天花乱坠地大肆吹捧，更加气愤和厌恶。外国人不知道中国内政问题，不知道毛泽东说话的严重性。周恩来在一边，心明如镜，知道毛泽东喜好说话旁敲侧击。他的每一句话，都是有所指，绝不是简单说说而已。不用毛泽东指名道姓，也知道是针对林彪的。以前林彪就是靠吹捧起家的，看来今后要自食其果了。

1971年4月，周恩来接待伊朗大公主，宴请宾客吃北京特产——烤鸭。北京烤鸭首推北京的"全聚德"烤鸭店的烤鸭最正宗。周恩来陪客人来到位于前门的"全聚德"，一进门，就看见毛泽东挥手的高大塑像，站立在大厅的中央。外宾觉得稀奇，外国一般在伟大的人逝世后才雕刻塑像，自然觉得好奇，他们围着塑像叽叽咕咕地评说了好一会儿才被烤鸭的香味吸引走。

周恩来回来后，把北京市的负责人叫来，高声批评说："你们在里面吃饭，主席在外边给你们站岗放哨。你们马上派人去参观一下，这是怎么搞的？连吃饭的地方都放主席的塑像，这是极不严肃的行为。"

以前中南海里的人也提出要在中南海的几个门前树立毛泽东的塑像，都被周恩来一一挡回，他认为这不是真正地热爱领袖，而是搞形式主义走过场，是迎合红墙外面的潮流。由于周恩来一直坚持不让搞，所以中南海里从来没有树立一尊毛泽东的塑像。

江青有时会对极其细小的事情倾注极大的精力，甚至不惜大动肝火。为了几厘米长的进口胶片，周恩来半夜进大会堂开会

1973年，江青见"样板戏"已经拍摄得差不多了，但是她对文艺界的把持丝毫没有放松，凡是没有通过她的认可的戏剧，统统都持挑剔的态度，不说一棍子打死，也让人无所适从。地方戏一开始都模仿"样板戏"进行排练，不能错一种颜色，少一个补丁，走一个眼神，所有舞台上的"样板戏"全是一样的，活像一个模子里套出来的。就连五六岁的娃娃登台，他们的服装都要和大人的戏装一样，演"样板戏"必须着统一格式的服装，这几乎成了天经地义的事情。谁要是破坏这个规矩，"反革命"的帽子随时都会从天而降。

江青有时会对极其细小的事情倾注极大的精力，甚至不惜大动肝火，这非常让人不可思议。如果今天重新认识江青，她的个性和爱好根本不应该从事政治工作，更何况是高层领导。毛泽东在1974年11月给江青的一个批示就可以充分说明这一点，毛泽东当时远在长沙，江青在北京好像有一种如释重负、松绑的感觉，她积极参与政治权力的"竞争"，充当争夺权力的主谋。

毛泽东却在千里之外为她担心，他在江青的来信上亲笔写了一句话，叮咛说："不要多露面，不要批文件，不要由你组阁（当后台老板），你积怨甚多，要团结多数。至嘱。人贵有自知之明。又及。"江青也不知是真心一时醒悟，还是为了应付，她的回信很诚恳："我愧对毛主席的期望，因为我缺乏自知之明，自我欣赏，头脑昏昏，对客观现实不能唯物地正确对待，对自己也就不能一分为二地分析。……自九大以后，我基本上是闲人，没有分配我什么工作，目前更甚。"江青后一句话还是想通过毛泽东要政治大权。当然毛泽东是不会让她满意的。

缺乏自知之明的江青，偏偏认识不到这一点。她一手把持文艺大权，一手又在争抢政治大权。还不时地为一些鸡毛蒜皮的事情纠缠不休，掀起狂风巨浪。

1973年的8月，正是一年里最炎热的季节，巨大的天安门广场，经过毒辣

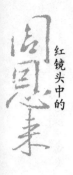

的太阳蒸晒，像是快要燃烧起来的火场，走几步，脚底板好像要融化了似的滚烫。广场上空空荡荡，几乎看不见一个人的影子，所有的生灵都逃离到树荫墙影后头，等夜色降临，微风徐徐的时候，天安门广场才开始有生机。腾腾的暑气随着夜色的深浓而渐渐随风而去，人们三三两两在广场上乘凉、散步、聊天、戏耍。

不知人们注意了没有，广场西边的人民大会堂却透出星星灯火，好像在远远注视着身边这块尘嚣乐园，置身在庄严沉默之中。

中央政治局正在这里开会。

文化组成员狄福才和石少华这一天晚上，同时在自己的家中接到了大会堂的电话通知，叫他们马上到大会堂去，江青有事情要谈！

他们心里惴惴的，因为通知得很急切，好像发生了什么重大事情，如果不马上赶到就有兴师问罪的可能。所以他们谁也没有顾上琢磨会遇到什么事情就赶紧调车往大会堂跑，等汗淋淋赶到大会堂，才发现根本不是什么急事，结果让他们虚惊一场。他们大小都是个官，也有几十年的革命史了，却像小当兵的一样被江青调遣来调遣去的，自尊多少有点受伤害，心里怪别扭的。早早把他们叫来，纯粹是为了好随叫随到，听从召唤。

他们谁也不知道政治局会议何时才能散会。你望望我，我望望你，想说走，又不敢，万一人刚走，会议就散了，江青找不到人又麻烦了，没大事情也有大事情了。不走又闲得心慌，只好在政治局开会的东大厅外柔软的地毯上来回踱步，打发缓慢的时光。

时针走了一圈又一圈，快到凌晨一点时，东大厅的门口才见一点动静。这时周恩来的卫士也来到门口，伸长脖子着急朝里张望。他们招招手叫卫士过来，想问问会议是什么时候开始的。

卫士报告说："会议下午就开了。"过一会儿，卫士挺心疼总理的，自言自语："总理进去好几个钟头了，到现在，连晚饭还没顾上吃呢。"

大家一听急了："什么？晚饭还没有吃？其他人吃了吗？"

"吃了。总理有急事要处理，没有来得及吃，只吃了几颗花生米。"

"怎么搞的，想办法也要让总理吃上几口饭！"一直担任中央警卫局副局长的狄福才真想立即送饭进去给总理。但是他没有开口，因为他现在身份是军代表，在文化领域任职，警卫处的警卫事宜不再是他管辖范围内的事情。

大家相视无言，重重叹了口气，一个70多岁的老人怎能这样折腾法？而且总理很消瘦，精神虽说还不错，但是老人的身体不像年轻人，说不行就不行，俗话说：病来如山倒，病去如抽丝。消瘦总不是个好兆头！

大家担心不是没有道理，周恩来这时已经查出患膀胱癌。为了中国的大局，他的病一直保密，甚至连治疗都不能保证。

大概又过了一个钟头，门终于打开了，开了十多个小时会的政治局委员们，神情疲惫走了出来。他们的秘书，夹着公文包，哈欠连天，一溜小跑，先首长一步去楼外调车。

狄福才和石少华一见，知道散会了，马上打起精神，站起身等江青的秘书通知他们进去。这时他们看到江青在门口拦住周恩来，对他耳边悄声说了几句话，总理扭过头朝门口的卫士摆摆手，意思叫他再等等。

卫士一声不响，极不情愿地退到一边，然后带情绪地往外头的沙发里一坐。江青隔着门，朝恭候多时的两名成员招招手，叫进来。

走进去一看，除周恩来外，还有李先念、纪登奎、吴德、张春桥、王洪文、姚文元也在坐，估计都是被江青留下来的。看这架势好像真有什么大事要商量，不然留这么多领导干什么？

开了一天会的江青丝毫没有倦意，她抖了抖手里像信模样的材料，声音里充满了严肃认真的语调："今天叫你们俩来，因为你们是管电影工作的，我这里有一封信，念给大家听听。洪文，你念吧。"

王洪文从江青手里接过信，清了清喉咙，这里大家都不由自主地提了提神，等待公布信的内容，以为是一封让人大吃一惊的信。

王洪文开始念时，大家都移了移身子，想振奋一下疲倦的精神。可没听几句，大家马上明白了，又是一次小题大做的恶作剧！顿时软下身子，倚在沙发里。虽然嘴上都不说什么，脸的情绪变化，让人觉得他们心里都在无可奈何地叹气。

这是和拍摄"样板戏"有关的信，如果不是亲身经历，说什么也不能相信自己的耳朵：一封来自上海电影印染法试验小组状告北京洗印厂不给他们进口胶片的信，竟然被江青端到了人民大会堂，端到了国务院总理和众多政治局委员的面前。为了几厘米长的进口电影胶片"官司"，江青可以不顾周总理年高体弱，饥肠辘辘；不顾夜半三更，让政治局委员们为她手里的一封人民来信评个是非。

那时周恩来已经身患绝症，虽说对外界保密，但政治局委员是知道的，包括江青也是知道的，可她却置之不理。

王洪文对江青一直是尊敬有余，献计不足，这次似乎愿意效犬马之力。他

1974年5月，周恩来陪同外宾在中山公园音乐堂观看演出，这是他最后一次观看文艺节目

念信念得很有感情，念到"我们到洗印厂是向老大哥来学习的，为了更好地攻克技术难关，我们想带一本片子回去，却遭到拒绝"时，故意难过地停顿了一下……

狄福才是个急性人，不等王洪文继续念就连忙插话，想做解释："不是不给他们，给他们几格长片子就可以回去研究了。他们不同意，非要一本。我们这本片子是到英国访问时，用节省下来零用钱买的，只有一本。"

张春桥剜了狄福才一眼，阴沉地紧问一句："为什么不多买几本？"

"没有外汇啊。"狄福才两手一摊。

张春桥嘿嘿一笑："你为什么不来找我？我不是上海第一书记嘛，我可以批外汇给你，多买几本不是就没有矛盾了吗？"

"我们买一本回来，只是想和我们自己试制的片子比较一下，如何改进，提高质量。没有想到……"

李先念马上打断狄福才的话，他怕再扯到上海印染法，更会激起江青的不满，今晚谁都别想睡觉了，保准没完没了地胡搅蛮缠。就责备狄福才："你狄福才也是的，如果需要可以找我嘛，批点外汇还是没有问题的。"

但是，江青已经揪住狄福才刚才的话题不放了："如果不叫人拿，就不叫人家看嘛，看了不叫拿，人家当然有意见！"

姚文元也跟着江青后面好一顿责备狄福才他们做事不妥当："已经有人用大国沙文主义对待上海了，我就听说过，宁愿用天津的染料也不用上海的染料。这样不利于各地之间的配合。狄福才你要好好找找这方面的不足。"

狄福才见他们这般语气，知道自己即使浑身是嘴恐怕也难说清了，干脆闭嘴，少说为佳，把气往肚子里吞。他抬头看了看坐在斜对面的总理，见他正俯着腰，双肘支膝，埋头不吭气，默默拾着跟前碟子里的花生米吃，从他低沉的情绪看，他已是又倦又饿了。

周恩来脸色发灰，颧骨高高凸出，两道剑眉随着肋部蠕动轻微地挑动。"总理真可怜。"狄福才不知怎的想到了这个属于弱者的词，但当时他确实在脑海里涌出了这种无力相助的同情和酸楚。

"洪文啊，不成，派上海几个人把北京的洗印厂管起来吧！"半天没有吭气的周恩来突然在旁边猛不丁插了这么一句话。

顿时大家被总理这突如其来的插话，搞蒙了。心理揣摩总理这是真话还是气话？好像不满意江青的做法？

王洪文见总理是针对他的，沉不住气了，赶紧回答说："不行啊，总理。上海派几个人也管不了啊。"

江青一见，这不是岔气了吗？原来是要通过批评狄福才他们几个目中无人压制上海，来含沙射影针对周恩来的。怎么一下矛头瞄准了王洪文？她当然不能让王洪文受委屈，连忙替王洪文圆场、解围。

"那你们马上将研制的片子送到钓鱼台，让我们看看。"江青把注意力又移到了狄福才他们身上。

总理也就没有再坚持让王洪文派上海的人管理洗印厂，他停了停，给了江青他们一个台阶。"等我们看完之后，由洗印厂派人将片子送给上海再看看，向他们道个歉。是不是就这样解决呀？"总理扫了大家一圈，见没有人再说话，他推开面前还剩几个花生米的小碟子，双臂反躬支撑在膝盖上，好像随时准备支起身离开座位，他用询问的目光又望了望在座的人。

"时间不早了，已经4点了，没有就算了。"周恩来支撑着站起身子。江青非常不满地也跟着站了起来，瞪了一眼身旁的狄福才和石少华。

她生石少华的气才真是毫无道理，整个会议石少华都没开口。他在20世纪60年代初就是江青的摄影老师，江青一手的摄影技术，都离不开石少华的指导。所以他比别人更了解江青的为人，一般江青在场，石少华很少讲话，只要他不开口或少正面交锋，江青是奈何不得他的。

江青在彩色胶片的研制上不知花费了多少脑筋，也劳民伤财了不知多少次，成了她长期感到"头痛"的心病

进入20世纪70年代，外国的科学技术又上了一个台阶，以突飞猛进的速度向前发展。而占世界人口四分之一的中国，正热衷于人斗人、人整人、人算计人的大革命运动中。生产的彩色胶片都不能保证质量，红不像红，绿不像绿的。搞得电影也好，照相也好，都不敢用国产彩色胶卷。只好将拍摄出来的黑白胶片再印染成彩色胶片。

江青也很着急，但是她办事比较乱。她不是本着虚心的态度学习外国先进技术，而是采用笨鸟后飞的形式，成立了什么染印法试验小组，想用染印方法代替自然彩色。殊不知，这种方法在外国早就淘汰了，既费事又费钱，用同样的力气和经济完全可以研制彩色胶片，就连用来保证进口彩色胶片的外汇也够了。面对财力人力的大量浪费，江青非但没有停止研制彩色染印，而且不惜余力，叫人去英国进口染印设备。中国人老实，没有市场观点，以为英国人也会老实的，结果是实心眼对了空心眼，英国人将他们淘汰的设备卖给了中国，回来一试才知道是上了当，并不是什么先进的染印方法。更可气的是如果用这个染印设备，那么，胶片也必须是英国进口的。

英国商人做生意简直精明到极点，卖头牛给你，以后人还要追在他的屁股后面求他买饲料！江青又不懂这方面的知识，谁出点子就相信谁，最后进口的设备因为原料价格昂贵，不敢使用了，最后被闲置了起来。

所以"彩色"技术成为江青长期感到"头痛"的揪心的事儿。在彩色胶片的研制上不知花费了多少脑筋，也劳民伤财了不知多少次。早在20世纪60年代末期，"样板戏"影片刚刚开始开机的时候，我国一方面从国外大量进口"伊斯曼"胶片；另一方面，就开始搞电影工业的技术革新——"染印法"。一个目的是改进国产胶片的色彩，另一个目的为拍摄好毛主席的形象和拍摄好"样板戏"。

色彩基调的选择，提出"敌人最害怕革命，最害怕红色，我们就要突出红色、突出革命，为工农兵服务，为革命样板戏服务"的原则，确定"以红为基础，突出戏，控制使用青，要三色平衡"的色彩标准。江青对电影工业，特别

是"染印法"相当关注。她要求中共中央及国务院等领导机构多次召开有关会议，部署、解决电影工业问题。

至今大家还记得江青一次心血来潮，害得文化组的人差点没跑折腿！

一天，江青又来灵感，把文化组的几个人叫到17号楼，说是想建立"三线"胶片基地，以防战争空袭，让他们到河南的南阳地区看看……

天知道江青是不是看外国空战片子太多了，怎么老是提起战争？可为了江青这一句毫无科学论证的"指示"，空军专程出动了一架飞机，把文化组的几个"外行"拖到了河南的天上，在南阳上空不断地盘旋。大家定睛观察地面，看有没有江青所说的"三线"地点，考虑能否建立胶卷生产的基地？

可是苍茫大地老是和他们作对，河南在他们眼皮底下的不是绿油油的田地，就是黄巴巴的丘陵，几乎看不见有山有水有树还又无人居住的自然环境。飞机转了好多圈，就是看不出个名堂来。他们不能就这样两手空空回北京。只好将飞机降落在军用机场上，坐上汽车钻进黄土飞扬的山沟沟里一通视察。到底什么样的地理环境可以建立现代化的胶卷基地？他们中间没有一个是懂化学、感光等先进科技的科技人员，要他们察看能生产的地点，不是和盲人摸象一样盲目吗？

想想真好笑，胶片制作是高科技项目，只有在技术力量雄厚的工业城市才有条件研制。而江青首先想到的是战备，如何躲避敌人空袭的炮弹。一味强调生产地点的重要，忽视主观条件，国产胶卷质量不过关，不是什么选地址怕敌人空袭的"三线"问题，而是"文革"的大折腾，使得整体科学技术意识淡漠的问题。

一面在骂有人崇洋媚外，拒绝接受外国的先进技术；一面又欣赏外国产品的精致，痛恨中国铁为什么成不了外国的钢！其实，中国的彩色胶卷生产只是技术领域里一个小小的落后，巨大的差距巨大的落后早在科学技术、教育文化等方面形成了。

他们一行人在河南，整整折腾了几天，谁也不能认定南阳的哪块土地适合建立胶片厂，最后他们又坐飞机飞回了北京，向江青汇报了他们一无所获的收获。

到了20世纪70年代，中国工业，包括电影工业，本由国务院副总理李先念分管，后由中央领导纪登奎、谷牧分工。

没有自己的彩色技术基地，江青始终觉得不甘心罢休，目标又转移到保定的胶片厂，并且大张旗鼓成立了一个国产胶片研制小组，由红极一时的摄影家

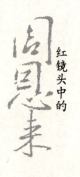

伍振超担任组长。江青还亲自去保定"指导"了一番，可是生产的"代代红"彩色胶片，还是红绿不分，色差偏离太大，补都没有办法补。忙了一阵，江青自己先偃旗息鼓了，没了兴趣，把研制小组交给正在踌躇满志、青云直上的王洪文。

王洪文哪里看得上江青这桩婆婆妈妈的事情，也和江青一样撒手不管了。研制小组向王洪文递交第一份报告时，就吃了一个闭门羹。王洪文大笔一挥："无重大问题不要麻烦江青同志，有关试验问题还是你们多商量解决。"

研制工作成了没爹没娘的"娃娃"，几经"流浪"后，无声无息地夭折了。

1975年4月，国务院召开了一个电影"染印法"工作会议。主要研究电影工业及电影胶片问题。拍摄样板戏的摄制组主要成员也参加了会议。不知怎么让江青知道了，她给国务院打招呼说，一定要"见见"会议代表。

晚上10点，江青在王洪文的陪同下，来到会场，把国务院负责电影工业并也前来参加这次会议的纪登奎和谷牧挤在一边。会议由王洪文主持，江青讲话："开会我不知道，不知什么原因让我知道了。虽然我同洪文同志都不是国务院的，但我抓了七年，洪文同志也抓了三四年了。我们知道了就要尽点责任。"

胶片研制与生产只属于工业，不属于文化范畴，江青还没有过吹嘘自己的机会。面对着台下在座的电影科技人员，她认为有必要给他们补上这一课。

她指着自己的一颗牙齿，脸上表现出愤恨的神情："我童年时对封建主义就非常仇恨。封建主义打我母亲，为了保护母亲，我被推倒在地下，我的牙齿跌坏了。一个牙齿发黄，喏，就是这颗牙……"

到会代表跟着她杂乱的思绪，一会儿听她讲上高小时因为"爱国"，不肯学英文的故事；一会儿听她介绍年轻时，如何通读了六遍《国家与革命》的经过；然后，再听她关于近三个月来感冒五次的痛苦回忆。谁也不知道江青这番话与中国的当代电影工业有什么关系。

"可是，"江青话锋一转，"你们呢？不愁吃、不愁穿，条件那么好，搞出来的东西粗得很，我都不愿看了，导演简直是白吃饭！"她还说，因为她拍过好多好照片，就有人吹捧她。她听不惯吹捧，便"一气之下"，把照片都烧掉，工作室也拆掉了。她扯着嗓子说："我把一切都交给新华社了，统统交给党。"

然后，江青用手指头一个一个指点着参加会议的几位摄影大师："钱江、李文化、张冬凉！我请你们到颐和园去，用用我的采光技术，可你们就是不肯用。这些年，是我拉扯着你们过来的，可你们却顽固到这种程度。"

江青回过头来又喊起导演成荫："我告诉过你们要用柔光镜来美化我们的英雄，可你们就是不用，成荫，你今天得给我说说这是为什么？"

成荫站起来，如实地回答说："如果按要求对英雄人物近景照与大特写加上柔光镜的话，前后就同不加柔光镜的镜头不好衔接了。"

有人敢同她理论？江青瞪起眼睛。她要的只是服从，绝不要谁与她讲道理。她立刻打断成荫的话："那是你们有私心。该打屁股！你们都是白吃饭。哼！生怕失败。哟！丢了大名可不得了哟！"

"主观世界得不到改造不得了。你们制片厂的人，拿着高薪不干活。都给我下去！学点劳动人民的高贵品质。谁不下去，我就武装押送，实行无产阶级专政。"

她又点了北京电影制片厂一位领导的名："你说说，北影厂欠国家多少钱？还没有写剧本就要钱？哪国的规矩？钱迷！寄生虫！垃圾堆！！"

江青喊累了，坐在椅子上喘气，下巴仍翘得老高，似乎是生了所有人的气。

下面的时间全部留给了王洪文，他谈了一个小时与电影胶片毫无关系却自以为熟悉的话题——限制资产阶级法权。

整个接见持续了三个小时，纪登奎只谦虚地讲了几句客气话。谷牧片言未发。

与会代表却犯难了，不知回去后如何传达"江青同志指示"。

周恩来让解放"毒草"影片，但遭江青拒绝。叶剑英估计江青又要发作，连忙接上总理的话："大家总结了这几个戏，是很受群众欢迎的，这是大家共同努力的结果。"

1973年元月，江青见"样板戏"拍摄得差不多了，就指示召开"总结样板

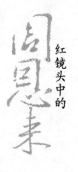

戏拍摄"会。几乎与此同时，江青又指示成立"创作领导小组"，隶属国务院文化组。虽然属于国务院，江青却不向周恩来总理打招呼，更别说是请示了，就私自下命令成立了起来。小组有5名成员，其中于会泳、浩梁、刘庆棠、谢铁骊4人由江青指定参加创作领导小组，指定于会泳任组长，只有李德伦，江青不太把握得住，就让文化组研究研究。

文化组很慎重，无论是宏观比较还是局部筛选，都认为李德伦比较合适，政治可靠，在延安的时候就搞音乐工作；专业精湛，又曾经到苏联进行专业学习，是海内外享有盛誉的音乐指挥家。文化组将通过的意见报给江青，江青这才点了头。所以创作领导小组成员唯有李德伦是经过文化组集体讨论，一致同意参加创作领导小组的人选。可是江青对音乐家的信任程度十分有限，每逢创作小组开会，凡是和音乐有关的，李德伦的后面都会跟着殷承宗。

开会的那天，江青为了显示她"样板戏"会议的重要性，将周恩来、李先念、叶剑英、李德生等中央领导人都请到了人民大会堂。

"给我舞台就要尽力表演！"江青在这个会上大展表演之技能，一会嬉笑怒骂，一会危言耸听，一会拉拉打打。搅得会议气氛像冷热不均的大气环流，在会议室的上空旋转，一阵阵狂风乱舞，阴阳电极对流……大家都绷紧神经等待随时轰顶的炸雷……

会议一开始，江青还有自持力，礼节也周到。她首先请周总理讲话。

周恩来知道剧组和摄制组之间有过许多矛盾，人与人之间相处得不那么融洽。他只能原则性地讲讲，在尽量照顾各方关系的前提下，着重谈了电影工作情况。

他说到电影工业还很落后，要用十年的时间赶上去时，他又谈到摄影灯具的问题，说拍摄电影的灯具落后，要大家下决心搞好。他还说中央新闻摄影小组灯具改革，不是下决心马尾巴割掉了吗？新的光源不是很好吗？希望大家努力，特别是电影工作小组要抓好工作！

周总理不提灯具还好，一提灯具，如捅了摄影师们的苦水囊，一肚子苦水哗哗作响，想往外淌。这时坐在下面北影厂的摄影师高声诉苦："我们拍电影的光源解决不了。请总理关心！"

他这一说不要紧，把不远的刘伯乐（电影工业领导小组成员）惹急了，叫道："灯具早就试验出来了，没有人要，说是怕影响他们排戏！"

摄影师也急了，也不顾正在开会，就嚷开了："根本没有这回事！"

碰巧，刘伯乐也是个直肠子，不管什么场合都敢讲话，见有人和他争辩，嗓门更粗了："是你们不用！"

江青在正面主持台上，先是莫名其妙望着他们，后就不耐烦地皱起眉头，像断案的法官那样用笔头"笃笃"地敲打桌面："好了，你们别再争了。我问你……"她笔尖对着脸还泛着红的刘伯乐，严厉地问："叫什么名字？在哪里工作？"

"刘伯乐，原国防科委，现搞电影工业。"刘伯乐站起身，像军人报数一样回答简练、流利。

"原来在国防科委……什么职务？"江青又紧逼一句。

"副秘书长。"

周恩来在中南海西花厅

"哟，——你这个官还不小嘛！我说你——说话怎么这样气粗呀？……告诉你，我要罢你的官！"江青恶狠狠地说出最后一个音节后，整个会议厅顿时鸦雀无声。几位中央领导人也被江青的突然"罢官""击"蒙了，一时不知该用什么话解围。

参加会议的人都为这位"鲁莽英雄"捏着把汗，江青要罢谁的官还不易如反掌？大家见这位惹祸的秘书长，站得笔直，头虽说不服气似的微微歪着，嘴巴却紧紧闭住了。大家都以为一定是吓坏了，会不声不响听候江青的制裁，哪知不消片刻，刘伯乐不仅理直气壮还胆大包天，一片沉寂中，他的粗嗓门又无所畏惧地响了起来："我们搞出来的光源就是没有人用嘛，罢我的官也是这么说！"

这回轮到江青愣住了，她做梦也没有想到敢有人这样顶撞她？江青这人有时也奇怪，越是有人顶撞她，她倒是表现出饶有兴趣豁然大度的模样。

"真的有这种事情吗？"

"仓库就有！"

"那好，明天一早你把灯送到北影，你要是送——不——到，我拿你问罪！"江青又一次咬牙切齿对敢顶撞她的人下最后通牒。

会场气氛更加紧张，但是不少人在下面窃窃私语，看到这个场面还是挺痛快的。

周总理这时已明了事情的脉络了，为缓和这种紧张的气氛，他转移了话

题："如果试验出来，通过运用才能证明试验是否成功。总而言之，要搞好，要迎头赶上。大家通过总结要再提高，不能停留在这个水平上，群众反映我国的电影太少，更形象的说法是'两战一哈哈'——地道战、地雷战、西哈努克……"周总理这么一形容，大家顿时放松了紧绷的面孔，被逗得乐了起来。

叶剑英瞄了一眼脸色铁青的江青，估计她马上又要发作，连忙接上总理的话："大家总结了这几个戏，是很受群众欢迎的，这是大家共同努力的结果。"

江青抿了抿嘴，有苦难言。周总理说故事片少，又没有说"样板戏"少，她无法反驳；叶剑英更是棉团里藏针，表面说"样板戏"受群众欢迎，实际对"样板戏"是不尊重的，连"样板戏"这个词都不用，轻淡地说成"几个戏"，还是大家共同努力的结果，这把她江青放在什么地方？

江青扭脸发现吴德面带微笑坐着一声不吭。她终于找到可以替罪的目标了，挖苦道："你吴德，好像是清官大老爷吗？"话里藏话，你吴德好像脱身得很干净吗？故事电影少，你没有责任？

1975年五一劳动节，吴德在北京劳动人民文化宫

吴德有经验，让江青抓不住话把，马上表态说："我们的工作没有做好，应该很好检查，今后要按照总理的指示，把工作搞上去。"

对高层领导，江青还不敢任意地撒气。但今天受不了这么多不明白的委屈，不宣泄上几句，心里堵得慌。她的目光一下和电影工业协作领导小组组长刘贤权的目光对接，盯住他，劈头就是一阵棍子飞舞："你刘贤权不争气，是我把你提拔上来，工作没有做好，辜负了我对你的希望，你要好好检查。"

刘贤权被这蛮横无理的"棍子"打得脖子一粗一粗的。或许受了前一位"鲁莽英雄"的影响，虽不敢当面顶撞江青，但就是不吭一声，以沉默对抗。等江青移开视线，他就在座位下面不满地叽咕起来："什么也不会干，就会乱找茬子，乱骂人！"

周恩来在会议上诚恳地希望电影工作真正上一个台阶。群众反映故事片少，电影工作要有强烈的责任心，把电影搞好，多出一些好电影，满足人民的需要。拍摄"样板戏"的同志们作为骨干力量，

一九七三年六月，周恩来在延安参观当年住过的窑洞

1973年6月9日，周恩来陪同越南党政代表团抵达延安机场，受到延安人民的热烈欢迎

一九七三年六月，周恩来在延安见到了当年的老房东

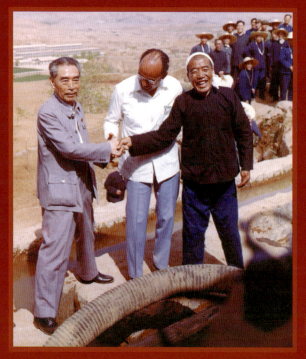

1973年4月23日，周总理陪同墨西哥总统埃切维里亚和夫人到大寨参观访问。周恩来和陈永贵亲切握手

发展壮大电影队伍，普及"样板戏"的工作要提高。

江青马上在一边补充说："普及样板戏要像滚雪球那样。"江青始终紧抱"样板戏"不放，抵制拍摄故事片，故事电影一多，她的"样板戏"电影必然没有市场。利用文艺向政治渗透，是她抬高身价的重要手段。她千方百计要把话题接到"样板戏"上来。

文化组的几个负责拍摄"样板戏"的人，在下面听到这句话就觉得好笑，全国都是"样板戏"的天下，还要"滚"？再往哪里滚？老百姓都腻够了，一提"样板戏"就产生一种无法言状的反感和厌恶情绪。本来"样板戏"是由文艺专业人员表演的，还是有相当水平的，可是像"雪球"一滚，全都滚得走了样。

江青的刁难却无休止："我提议，拿出十天时间先结合批林整风批判毒草片，大家好好讨论，找出对比。然后再分为小组，一个剧一个剧地搞总结，写出书面总结来，这样才能推动样板戏的普及工作。综合性的总结能说明什么问题？"

这时会议都已经进行得差不多了，谁也不知道江青要求一个剧一个剧单独总结，好不容易开了许多天的会议就因为江青这句话而报废了，只好重新组织新的总结会议。

一个简简单单的会议被江青一会东一会西折腾成了"马拉松"似的会议，拖拖拉拉开了近半年，到1973年6月中旬才告结束。

会后出版了《革命样板戏影片摄制总结汇报》一书，向全国开始发行。采用和毛选一样的鲜红塑料皮作包封，那时就很精致了，里面共有10个样板戏的摄制小结，日期落着1973年2月。

会议结束后，周恩来将文化组组长吴德找去，商量是不是能采取解放一些老影片和拍摄新影片相结合的办法，为群众提供一些故事片？比如解放《南征北战》、《渡江侦察记》、《智取华山》等影片。当时江青、姚文元、张春桥等人也在场，也同意解放一些影片。

吴德回来后就和石少华、吴印咸等成员通气，准备组织放映一些老影片，先从革命的影片解放起，他们一起看了好几部影片，将选出的影片打了一个报告送给江青审定。

江青的为人和个性前几章里已经阐述，这里不必再多作形容，便可想而知她内心的不平衡了。特别是1973年上半年，周恩来把邓小平从"打倒在地"的绝境里解放出来，给他又是加官又是交权的，而江青他们几个一直在政治舞台

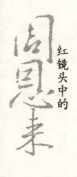

上掌权，紧跟"革命"路线的人，却没有"中国第二号走资派"吃香，她的权欲受到了致命的打击，心里极其不满意，为发泄这种强烈的失落失意情绪，就指桑骂槐，无事找事发脾气！

偏在这时又有人竟要她解放"毒草"片！第二天，她立即将几个私下看"毒草"影片的人召集起来，首先问他们为什么，要他们交出后台！

文化组的人大部分是热爱总理，厌烦江青的。如果遇到总理和江青之间的矛盾，他们都会想办法替总理开脱，宁愿自己承担责任，被江青撤职法办，也不连累总理，更别说是在这种微妙的情况中了。

大家见江青一开口就查问谁是后台，就知道江青是故意阳奉阴违，明知故问，想找周总理麻烦，就一口咬定没有后台，是自己觉得故事片少，想解放几部给观众看。

江青问了半天，谁也不说后台，就气急败坏地叫嚷开了："我们要拍自己的新电影，不能用'毒草'再来毒害人民。你们的任务是组织拍摄新时代的故事片，而不是让封资修的东西占领无产阶级的文化阵地！你们这样做是把文艺拉向何方的大是大非问题，必须马上停止解放毒草片！"

张春桥在旁边帮腔比江青还要阴险，而且还有高度概括性："我们已经有'一山一记'，你们还想搞一个'一山一记'？这不是唱对台戏吗？"张春桥指他们的"一山一记"是"样板戏"的《智取威虎山》和《红灯记》，对台戏是指想解放《智取华山》和《渡江侦察记》。

江青也不顾和摄影界有半个同行的交情，好一顿数落她的"前辈"们。吴印咸是延安电影团的摄影老前辈，给延安时期的毛泽东拍摄过许多照片，对江青也比较熟悉。石少华在60年代初便是江青的摄影老师。

江青发了火，大家不敢再解放"毒草"片了。和电影制片厂合计了一下，只好不惜重复劳动，准备再拍新的《渡江侦察记》和《南征北战》。同时再拍几部江青认可的电影，比如《春苗》、《红雨》、《青松岭》、《金光大道》、《闪闪的红星》等。

"样板戏"的时代逐步被新文化需求所取代，尽管这种取代很微弱很缓慢，但毕竟是大势所趋！

岁月已经从"样板戏"的舞台上走过，如今再现"样板戏"台前幕后的故事，目的是为了让这样的历史悲剧、闹剧不再在人间重演！

第九章
战友之情

　　蔡畅松开周恩来双臂，几乎没有抬头，立即转身而去，因为她已泪流满面！此时此刻她不愿意让生死与共的老战友看见她的眼泪。从法国认识起，几十年艰难险阻、风雨征程，他们从来都是笑迎困难坦然面对死亡，眼泪不属于他们这些坚强的革命者！最后的告别，依然不能用眼泪作为句号。

李富春与蔡畅和周恩来夫妇一样，携手走过了长达半个多世纪的风雨金婚之旅。两对模范夫妇都有表达感情的独特方式

众所周知，周恩来与邓颖超堪称中南海里的模范夫妇，是老一辈领导人中为数不多度过金婚纪念日的终身伴侣。他们坚定不移的革命信念和忠贞不渝的爱情至今仍传为佳话。但人们却很少知道中南海里还有一对亲密的革命伴侣——李富春与蔡畅。他们和周恩来夫妇一样，携手走过了长达半个多世纪的风雨金婚之旅，同时这两对终身伴侣又是半个多世纪的至交好友。他们的夫妻情、战友情感人挚深，留下了一段令人难忘的人间真情。

李富春长期从事计划经济工作，特别是解放战争时期，他在东北卓有成效的经济计划工作，不仅有力保障了三大战役的后勤供应，而且还有力支援了抗美援朝战争。为此，他被中央视为中国经济计划工作的奠基人之一。

1953年，李富春和陈云作为周恩来的助手前去苏联，制定了中国第一个国民经济五年计划书。从这以后，李富春和陈云担任国务院副总理，主管财经工作，协助周恩来领导经济工作，成为周恩来的左右臂。

蔡畅自从1942年担任中央妇委书记以来，一直是中国妇女界最高领导人。邓颖超在解放后担任全国妇联副主席，成为蔡畅的"手臂"。她们不仅是工作的正副手，同样也是多年的亲密姐妹。

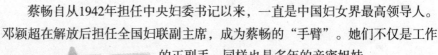
邓颖超前去机场迎接周恩来

自从两家住进中南海，还是和以前一样，生活中相互关心，工作中相互配合。李富春跟随周恩来一道主持经济工作会议，外出视察工农业生产情况。邓颖超却伴蔡畅参加各种社会活动，共同关心中国妇女事业，配合非常默契。

在中南海里，像这样各有正副职务、互为助手，又是终身伴侣的家庭并不多。加上，他们都是有情趣的革命者，表达感情的方式也很独特。周恩来和邓颖超在谈恋爱时，一个在中国的天津，一个在法国的巴黎，两人通过两地书确定了关系。以后他们依然喜爱这样的方式表达思念和

▌1965年3月，邓颖超到西郊机场送周恩来出国访问

爱意，周恩来经常出国访问，他无论工作多么繁忙，都要想法抽一点时间写信给国内的邓颖超。而牵挂丈夫的邓颖超也放飞鸿雁，以信抒情。而在法国结婚的李富春与蔡畅也保持了他们当年入乡随俗的习惯——拥抱接吻。即使众目睽睽之下，他们好似初恋的一对情人，落落大方地拥抱接吻。

▌ 周恩来三救蔡畅，使得他与蔡畅除了战友之情又多了一份生死之情

周恩来和李富春夫妇在法国就相识，他们不仅是亲密的革命战友，而且和蔡畅有着生死之交。

1921年，中共旅欧支部在法国巴黎办了一份《赤光》刊物。刊物宗旨是在华工和勤工俭学的华人中介绍马克思的著作，宣传十月革命和俄国工人阶级建设社会主义的情况，并且成为与反动派论战的阵地。周恩来、蔡和森、李维汉、赵世炎、王若飞等人是刊物的主要撰稿人，年仅20岁的邓小平和李富春负责刻蜡版和油印。李富春因为来法时间长，认识人多，支部让他负责发行。蔡畅和母亲葛健豪当时在勤工俭学的学生中名气大，可以协助李富春发行。所以蔡畅也接触了刊物的工作，渐渐地与周恩来交往多了起来。

命中注定，他们的交往引来了一段生死之交的佳话。

周恩来一共救过蔡畅三次命，使得周恩来与蔡畅除了战友之情又多了一份生死之情。

周恩来第一次救蔡畅是在法国。

1922年国内赴法勤工俭学运动停止后，法国政府也加紧了对中国留法学生的"监督"。"勤工"已经十分困难，几乎没有工作可"勤"，"俭学"更是画饼充饥，已不可实现。大家不得不用大部分时间千方百计"勤工"以维持生计。和李富春结婚后的蔡畅先后在巴黎一家电灯厂和手帕厂做工。不久蔡畅怀孕了，身体很不好，生活主要靠蔡母葛健豪出售自己的刺绣品维持。而李富春担负旅欧支部的领导工作，更加劳累。他不仅要做工，还要做党组织的联络工作。为了节省房租，他们一家居住在一个大筒子楼似的宿舍里。有几日，蔡畅突然发起了高烧，葛健豪正巧外出做工，李富春去外地做联络工作，没有在家。

蔡畅一连发高烧三天，滴水未进。昏昏沉沉中，蔡畅几次想出门求救，均因无力站立而放弃了。说来也巧，周恩来因为《赤光》刊物的事情找蔡畅。他敲门，里面却没有人答应。他以为蔡畅做工没有回来，便折身下楼。然而心细的周恩来走到楼门口，无意间看了一眼牛奶袋，发现属于蔡畅名下的牛奶积了三瓶。他驻足想了想，又赶紧返身上楼，果断地翻窗进去，蔡畅果然在家，而且已经昏迷不醒。周恩来二话没说背起蔡畅下楼，将蔡畅送到最近的一家医院救治，并且垫付了医治费。等蔡畅苏醒过来，周恩来才离开医院。

1928年在上海，周恩来再次救了蔡畅。

大革命时期，李富春夫妇和周恩来夫妇都在上海从事党的地下工作，周恩来主要负责中央军委和特科工作。李富春负责江苏省委工作。蔡畅和邓颖超等人负责上海的妇女工作。有一段时间，蔡畅因为连日组织纺织厂的女工罢工，

奔波甚急，疲劳过度，一天，在回家的马路边突然晕倒，不省人事。

正值大革命失败，昔日灯红酒绿的十里洋场变成了白色恐怖地带，警察和警车日夜不停地行驶在各条马路上，上海这座不夜城变成了不眠城。居民们心怀恐慌，轻易不敢上街闲逛，即使上街也是步履匆匆，闲事充耳不闻。而蔡畅却在这个时候晕倒在马路边，必然是凶多吉少，许多行人不敢上前搭救，即使驻足围观，但没有人敢帮助送往医院，谁也不知道其中是否有诈？

蔡畅昏倒了好一会儿，也没有人出手相救，这时留着大胡子，化装成商人的周恩来路过这条马路，他是坐在黄包车上。他看见路边围着一群人，如果以前遇到这种情况，周恩来总是快速离开现场的，以防便衣特务故意放出"诱饵"引诱地下党"上钩"。而这次，他却鬼使神差地让黄包车停下来。他上前一看，不由得吃了一惊，倒地的竟是蔡畅！

他立即叫黄包车的车夫上前，一同将蔡畅扶上车，送到医院。等李富春接到消息赶来，蔡畅已经脱离危险，苏醒了过来。

好险，也好悬。蔡畅的一条命竟然是周恩来从马路边捡回的。如果不是真实事情，有谁相信天下竟有这样的巧合？如果说无巧不成书，那么周恩来和蔡畅的生死之交更是巧中之巧了。

或许正像周恩来所说，革命没有成功，马克思不收我们。

解放初期在中南海，周恩来第三次相救蔡畅。

1950年，蔡畅从东北进北京，是住在北京东四一个胡同里，那时李富春还在东北工作。一次中南海开会，蔡畅突然在会场上胃病发作，开始她还忍着。可她惨白的脸色引起了周恩来的注意，他连忙上前搀扶蔡畅离开会场，并用自己的汽车亲自送蔡畅到医院医治，幸亏治疗及时，避免了胃部的大量出血。

蔡畅住院期间，周恩来还让邓颖超多次去看望。

蔡畅紧紧拥抱周恩来——没有想到这是他们人生最后的告别！

1975年6月16日，蔡畅在北京饭店理发，她突然看见周恩来身边的工作

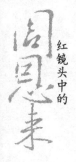

红镜头中的

周恩来

■ 1963年2月，周恩来和邓颖超在苏州园林

人员，惊奇地问："是不是总理也来了？"

她话音未落，周恩来在医护人员的搀扶下，缓慢地走向他常去的房间。此时周恩来的身体已异常虚弱，但是他要在生命最后的时刻将他以前常去的地方再走一遍，和当年为他服务的工作人员做个告别。这天他正好来到北京饭店，和以往一样先到他办公休息的房间，然后又请理发师傅为他最后一次理发。蔡畅看见周恩来了，也不等自己理好发，就急切地到周恩来的房间看望。周恩来见蔡畅来了，也感到意外，吃力地站立起身子，伸出他那只略带残疾的右手，握住蔡畅饱经人生磨砺变得厚实的手。

蔡畅也紧紧握住这只好似兄长让人感到踏实有力的手！

这种握手他们是那么地熟悉，这双手整整相握了54年。可是此时握手，他们却相视默默，许久说不出一句话。和蔡畅相伴了53年的李富春在半年前刚刚离世，周恩来抱病从医院赶到李富春追悼会现场，目送老战友走完最后一程。而此时的周恩来已快到生命的尽头，仅隔半年，他也走了……

蔡畅用凝视的目光打量着周恩来……总理憔悴瘦弱的面容引起她的不安，她握着总理的双手，忧伤地说："恩来，按理你比我大2岁，可是50多年你一直叫我大姐，今天看见你这样瘦，大姐心痛啊！"

周恩来也感慨地说："你是我们革命的大姐，富春都叫你大姐，我当然要叫你大姐啦！"

这时，蔡畅声音有点哽咽了，伸出双手挽住周恩来消瘦的双臂，向告别即将远行的亲人那样深情地说："恩来，让大姐好好亲亲你，行吗？"

周恩来脸上又浮现了他那特有的笑容，爽朗地说："好啊，大姐，我们是老战友了，我也想亲亲大姐！"说完，相互亲吻了面颊，又紧紧拥抱在一起，蔡畅用手掌轻轻地拍击着周恩来的后背，像是鼓励像是安慰也像是最后的告别。

蔡畅松开周恩来双臂，几乎没有抬头，立即转身而去，因为她已泪流满面！此时此刻她不愿意让生死与共的老战友看见她的眼泪。从法国认识起，几十年艰难险阻、风雨征程，他们从来都是笑迎困难坦然面对死亡，眼泪不属于他们这些坚强的革命者！最后的告别，依然不能用眼泪作为句号。

望着蔡畅步履蹒跚、不断抽泣的背影，周恩来的视线也模糊了……而他们身边的工作人员却哭出了声，这种无比沉重的场面表达了一个令人心碎的含义——人生最后的告别。

半年之后，周恩来走了，永远地走了。蔡畅没有再流泪，她像握周恩来手那样，紧紧握住邓颖超的手，两位并肩战斗的革命姐妹，此时的心境几乎不用言语的表达便彼此相通。她们都失去了终身爱人，但是都获得过一个充满真情的人生。痛苦的心灵中留下了一段满足和欣慰的姻缘。

这以后，蔡畅又在中南海庆云堂一号生活了15年。1990年9月，度过了90寿辰后，留下"丧事从简，不搞遗体告别，不开追悼会"的遗嘱，安详离世。

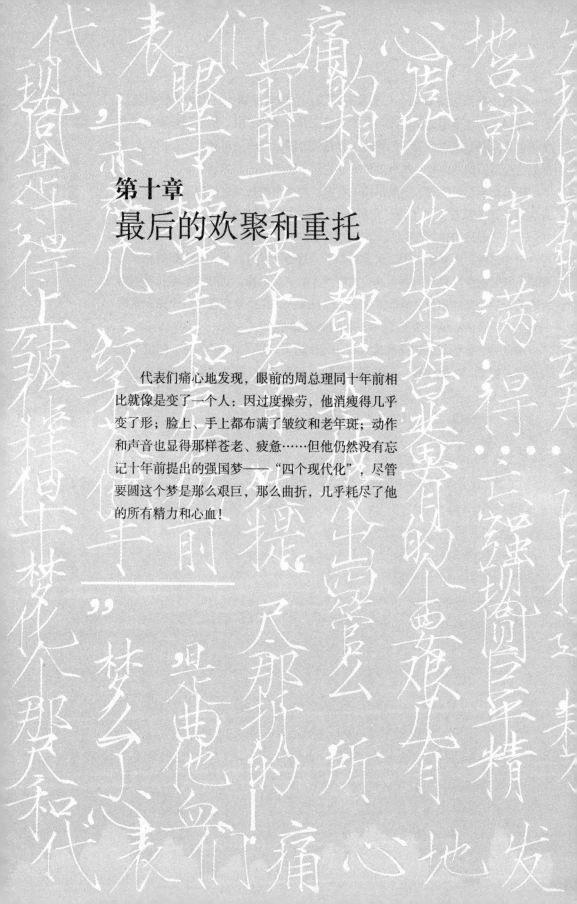

第十章
最后的欢聚和重托

　　代表们痛心地发现，眼前的周总理同十年前相比就像是变了一个人：因过度操劳，他消瘦得几乎变了形；脸上、手上都布满了皱纹和老年斑；动作和声音也显得那样苍老、疲惫……但他仍然没有忘记十年前提出的强国梦——"四个现代化"，尽管要圆这个梦是那么艰巨，那么曲折，几乎耗尽了他的所有精力和心血！

周恩来一席动情的话让几位饱受冤屈的老将军泣不成声。他一到宴会厅就"变卦",不仅讲了话,而且从头讲起,直到讲完最后一句话

1974年的国庆节来到了。

这年恰逢共和国诞生25周年,在共和国的历史上逢十要大庆,逢五要小庆,这已是不成文的规定了。

共和国的开国总理——周恩来,自从1949年建国以来,每年一度的国庆招待会,几乎都是由他主持的,这也已经成为惯例。

这一年的国庆招待会,定于9月30日晚上,在人民大会堂宴会厅举行。可是,这次招待会究竟由谁来主持?是住院的周恩来,还是由其他什么人来代理呢?一时成了国内外人士关注的中心。

然而,这次国庆招待会却是"文化大革命"以来最隆重的一次。将要出席这次招待会的,不仅有党和国家领导人,有各条战线的代表,有各方面人士,有世界各地的来宾,更为引人注目的是,将有相当一大批被"打倒"的老干部重新露面。

身患重病,刚做完第二次手术不久的周恩来,像以往一样提前来到了人民大会堂北京厅。

此刻,病痛的折磨,他显得更加消瘦,面容苍白而憔悴。但他走进这熟悉而庄重的场地,便掩盖不住内心的激动,刚在沙发上坐下,便急切地告诉身边的国务院管理局高副局长:"请你找傅崇碧同志、萧华同志、刘志坚同志,齐燕铭同志来这里,我要见一见他们。"

不大工夫,萧华、刘志坚、傅崇碧先后来到北京厅。不管他们哪一位进来,周恩来都强支着身子站起来,主动地迎上去与他们紧紧握手,用炯炯有神的目光从头到脚地打量着,饱含深情而又内疚地说:"你们受苦了,我没有保护好你们!"

总理这一席动情的话让几位饱受冤屈的老将军泣不成声,紧握总理的手,一句话也说不出来。不等和总理叙叙旧,甚至连关心总理病情的话都没有来得及说,工作人员快步进来通知周总理:招待会开始了。这时,宴会厅里响起了悦耳的乐声。

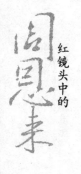

周恩来站立起身，在邓小平等战友的陪同下，步入宴会厅。

"周总理来了"，大家翘首以待，终于看见了敬爱的周总理的身影，顿时全场响起暴风雨般的掌声。摄影记者杜修贤紧紧跟在总理左右，他知道总理以后主持这样国宴的机会可能不会太多了，要尽量多拍一些总理的镜头。

坐在前排的中外宾客，争先拥向周恩来身旁，激动地和他握手，向他问好……几个月了，一直没见总理在公开场合露面，大家都十分惦记。今天，终于看见了盼望已久的总理，怎能不激动呢？许多人还以为总理身体康复了，欣喜之情油然而生。

有些人一下忘记了是在庄严的宴会厅，在举行国宴，他们竟然登上椅子，流着眼泪呼喊着："周总理！周总理！"连一向讲究礼节的外交使团，也不顾外交场合的秩序，踮起脚尖，伸长脖子，有的离得远的，也干脆站在椅子上，以一睹周恩来的仪表和风采。

在周总理的一再示意下，宴会厅才渐渐地平静下来。

面对这么多热情激动的朋友、战友、部下，周恩来也受了感染，他微笑着，谦逊地向大家招手，依然像以往那样，从容不迫，落落大方。

乐队奏过国歌之后，周恩来在热烈的掌声中致祝酒词。

他那清晰、洪亮的声音，传向大厅的各个角落，人们用殷切的目光凝望着，每个熟悉这声音的来宾再次感受了周总理那特有的讲话魅力。一阵又一阵的热烈掌声将周总理的讲话打断。

周恩来不到十分钟的祝酒词，居然被不时爆发的热烈掌声打断了十余次之多。

可是在周恩来充满感情和激情讲话时，台后那些跟随周恩来左右的医护、秘书和警卫人员心里像着了火般地着急，因为他们太清楚周恩来的病情了，过分的激动和劳累，对他的身体都是十分危险的。

对周恩来出席主持这次招待会，医护人员本来就不赞成。可是，他们的意见向周恩来一吐露，周恩来断然地拒绝了。他坚决地说："我要出席这次招待会。"

其实周恩来心里明白，这与其说是招待会，倒不如说是自己向国际朋友、战友、部下和身边工作人员的最后一次告别会。

医疗组只好采取应急措施，几经商量，拟出了几种方案：第一种方案，周恩来出席招待会，只是露露面，同大家言欢一下，但不讲话；第二种方案，必须讲话时，他只讲前面几句话，后面的话由别人代念讲话稿子；第三种方案，不论是讲几句或由别人代讲，都要提前退席。

方案定了，他们向周恩来作了汇报。

"我感谢你们的好心关怀。"周恩来点点头表示同意。

可是，周恩来一到宴会厅就"变卦"了，并没有"服从"医疗组的事先方案，他不仅出席了招待会，而且讲了话，并且是从头讲起，一直到讲完最后一句话。

他激动的嗓音有点发颤："我们向全世界人民和各国朋友表示衷心的感谢，感谢你们给予我们的支持。"最后他举杯提议："请大家为中国各族人民大团结，为世界各国人民大团结干杯！"

周恩来的最后祝辞将招待会热烈气氛推向了高潮。

▌ 1974年9月30日，周恩来最后一次主持国庆招待会

这时人群中有一个目不转睛盯着总理看了很久的人，在周恩来刚刚祝辞完毕，便拉着身边的京剧演员杨春霞说："走，春霞，咱们给总理敬酒去！"这个着急要向总理敬酒的人就是曾多次受到总理接见的粤剧演员邝健廉（艺名红线女），她久久注视总理后，似乎已经意识到这是最后一次和周总理举杯同庆了，病中的总理可能不会久留人世了。

在这么盛大而隆重的场合中去给总理敬酒？杨春霞从来没敢想过。况且，与总理同桌的，左边是西哈努克亲王，右边是江青。不过，既然有红线女牵头，她这个小字辈自然是再高兴不过了，所以也没想那么多，赶紧跟红线女直奔总理的宴会桌。

国事、家事、心事集于一身的周恩来身着深色中山装，显得清癯消瘦，似乎也有些苍老，但举止言谈仍那么潇洒儒雅，音容笑貌依旧那么和蔼可亲。见她们向他走来，便扶案起身，向她们举杯致意。看得出来，他的身体很虚弱，动作也略显迟缓，但他见她们前来敬酒，也高兴地举起了杯。红线女一见总理，第一句话就说："总理，我们非常惦念您的身体。"总理随即回答："我也很惦记你们。"至于其他的话，只可惜杨春霞当时太激动了，竟没记住周总理对她们还说了些什么，只有周总理那苍白而睿智的面容深深印

1976年1月，周恩来去世之后，邓颖超与北京305医院"周恩来医疗组"的全体人员合影

在了她的脑海中。

周恩来非常愉快地和她们碰杯，饮了这杯饱含大家美好祝愿的"酒"。杜修贤在她们对面抢拍下了这个感人的镜头。

没有想到这幅照片在20年以后还引来一段故事。1993年，《中华儿女》杂志上用了几幅总理的照片，其中有一张就是总理和杨春霞、红线女的碰杯照片。杨春霞无意间翻看这本杂志，发现了她20年前和总理的合影，以前她一直不知道她和总理碰杯还留下了照片。她激动得一夜没有睡，想了许多办法终于找到了杜修贤的家。从他那里放大了这张被岁月封尘了整整20年的照片，如今这张有着特别意义的大照片工工整整地挂在她自己的卧室里。

祝完酒之后，周恩来根据医生的再三叮咛，未能入座就席，就歉意地向临近的宾客握手告别，提前退场。在场的许多人见此情景，都情不自禁地簇拥了过来，拦住了周总理的去路，要和他握手，想和他说一些告别话，更想找点什么借口，让他在这里多停留一会儿，哪怕是一秒钟也好。

这时周恩来的随行工作人员，不得不低声劝阻大家，甚至张开双臂阻拦："对不起，医生再三叮咛，不能让总理过分劳累。本来是不允许总理讲话的，他不仅讲了，而且从头到尾都在讲，这样总理的身体吃不消呀！希望大家谅解……让总理先退场……"工作人员对热情的宾客只好打出医生的招牌。

当时很多人只知道周总理健康不佳，根本不知道他是患了不治之症。更没有人会料到，从此一别，再也见不到敬爱的周总理了。

周恩来在身边工作人员的陪同下，由宴会厅来到北京厅，已显得十分疲乏。医务人员劝道："总理，赶快回医院去吧！"周恩来听从了身边工作人员的好心劝说。但当他跨出北京厅门槛时，又返回来紧紧地握住国务院管理局高副局长的手，摇啊摇，表示深切的谢意。他从北京厅又来到东大厅，他想再看看这里，这个宽敞的大厅，是他主持工作时经常举行各种活动的地方，对这里服务的每一个工作人员，都有着深厚的感情。大厅的工作人员见周恩来总理来了，纷纷围拢过来，向总理问好。周恩来像一位慈祥忠厚的长者，主动地和大家一一握手问好。他仔细地打量了一下，发现少了一个人，便关切地问道："小靳怎么没来？很久没见她了。"

小靳是这里的服务员，十几岁时就在这里工作，她聪明好学，机敏过人。只要周恩来在这里活动，她几乎每次必到，是周恩来看着她长大的。今天，这里没有活动，她到别的地方去值班了。同志们见周恩来总理问起小靳，便急忙打电话："老靳，你快来，周总理来了，他打听你了，要见你。"

工夫不大，小靳急忙赶来了。周恩来见小靳挺着个肚子，要做妈妈了，高兴地迎上前去与她握手说："好久没见你了，你要注意身体啊！"

小靳看到周恩来总理那消瘦的面颊，已不见往日那种风采，忍不住低声抽泣起来。

"不要哭嘛！"周恩来拉着小靳的手，劝慰地道，"不要哭，哭对婴儿的发育是不好的。"

顿时，在场的无不为这父女般的相见而感动。

周恩来终于结束了他主持的最后一次国庆节招待会的活动，离开了人民大会堂，离开了大家。

周恩来生前最后一次参加并主持中共中央全会，把完成"四个现代化"的接力棒交给了邓小平

1975年1月10日晚，北京京西宾馆会议厅灯火通明、庄严肃穆。中国共产党第十届中央委员会第二次全体会议闭幕会正在这里举行。

刚从医院赶来会场的周恩来，身着略显宽大的深灰色制服，面容清癯而双目炯炯有神。他端坐在主席台上，亲自主持这一具有历史意义的会议。

在通过全会各项议程之后，周恩来用迟缓、沉稳的语调向到会的中央委员和候补中央委员发表讲话：

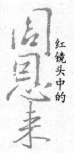

中华人民共和国第四届全国人民代表大会第一次会议

1975年1月13日至18日，全国人大四届一次会议在北京举行。会议任命了以周恩来为总理、邓小平等为副总理的国务院组成人员，挫败了"四人帮"的"组阁"阴谋。图为大会主席台

　　"这次中央全会结束前，我请示毛主席，有什么话要我向大家转达。毛主席讲了八个字：'还是安定团结为好。'现在，我要向大家讲的就是毛主席的这句话，'还是安定团结为好'。希望中央政治局的工作，各省、市、自治区党委和革命委员会的工作，以及中国人民解放军的工作，都遵照毛主席的指示去做，安定团结，把今年各方面的工作做得更好，不辜负党和人民的重托……"

　　在到会的许多老同志中，有不少人很久没有见到患病住院的周总理了。此时此刻，他们眼见总理的病容，聆听总理的嘱托，无不为之动容。同时，也深深为总理的健康担忧。

　　一周之后，新华社才迟迟播出中共十届二中全会的消息。这是一则短得不能再短的全会《公报》，其中，按过去惯例应作报道的出席会议的人员情况、会议主持人及讲话人等，都统统不见了。报道中的最后一行字是："会议选举邓小平同志为中共中央副主席、中央政治局常务委员。"

　　对于生前最后一次参加并主持中共中央全会的周恩来来说，有这一句话，也就足够了。

　　三天之后，第四届全国人民代表大会终于开幕了。

　　这时，距三届人大的召开整整过去了10年，距1970年毛泽东第一次提出筹

备这届人大，也过去了近5年的时间。

77岁的周恩来已经是重病缠身，面对2864名代表的期待，他流露出特殊的神情。对这位一同走过半个世纪革命历程的战友与兄长的身体情况，邓小平心里十分清楚，总理今天宣读的《政府工作报告》，就是由他根据毛泽东的意见主持起草的。

代表们痛心地发现，眼前的周总理同10年前相比就像是变了一个人：因过度操劳，他消瘦得几乎变了形；脸上、手上都布满了皱纹和老年斑；动作和声音也显得那样苍老、疲惫……但他仍然没有忘记10年前提出的强国梦——"四个现代化"，尽管要圆这个梦是那么艰巨，那么曲折，几乎耗尽了他的所有精力和心血！

人民大会堂万人大厅内，又再次响起周恩来总理坚定、清晰的苏北口音：

"遵照毛主席的指示，三届人大的政治工作报告曾经提出，从第三个五年计划开始，我国国民经济的发展，可以按两步来设想：第一步，用15年时间，即在1980年以前，建成一个独立的比较完整的工业体系和国民经济体系；第二步，在本世纪内，全面实现农业、工业、国防和科学技术的现代化，使我国国民经济走在世界的前列。……"

在这份报告中，最引人注目之处，就是向全国各族人民发出了实现"四个现代化"的伟大号召。而这一号召，周恩来10年前就在这个地方提出来了，今天，他不过是又重申了这一目标。

从1949年周恩来当选总理，到这次大会，已经整整26年了。这是他最后一次作《政府工作报告》。

在1月17日召开的全体会议上，宣布了根据中共中央提议、由本次会议任命的中华人民共和国国务院总理、副总理、各部部长、各委员会主任名单。在总理周恩来后面的副总理名单当中，出现了邓小平、李先念、王震、余秋里、谷牧等一批久经考验的革命家的名字。这标志着以周恩来、邓小平为核心的国务院新的领导班子的形成。

1975年8月1日，邓小平、叶剑英在北京人民大会堂庆祝建军48周年

新的国务院成员任命公布后，一直为党和国家前途命运担忧的人们，才真正感到了安慰和希望。

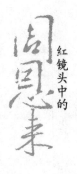

会议期间，周恩来到天津代表团参加小组会讨论。热爱总理的代表们纷纷向周恩来致以问候。面对一张张诚挚的面孔，周恩来似乎感到已无必要再掩饰些什么。他坦然而又郑重地向大家表示："我已经得了癌症，工作的时间不会太长了，这也是自然规律，是不以人的意志为转移的。现在，我正在医院里同疾病作斗争，在可能的情况下，我还要继续和大家一起奋斗，共同实现我们的宏伟目标。"

2月1日下午，周恩来再次抱病从医院出来，到人民大会堂主持有12位副总理出席、中央军委副主席叶剑英、中国科学院院长郭沫若列席的国务院常务会议。会议一开始，周恩来便开门见山地说："我身体不行了，今后国务院的工作，由小平同志主持。医院是不想放我出来，但我还是想争取每星期来和大家见一次面……"接着，周恩来用郑重的语气开始宣布各位副总理的分工："邓小平同志，主管外事，在周恩来总理治病疗养期间，代总理主持会议和呈批主要文件……"

这时，在周恩来身边的邓小平正沉稳端坐，若有所思。会前，周恩来曾考虑是否由邓小平来主持今天的会议，但最终还是决定由自己来主持。其缘由正如他对身边人员所说："有些话小平同志本人不好讲，还是由我讲好。"

宣布完各位副总理分工后，周恩来又接着主持召开了有国务院各部部长参加的国务院全体会议。会上，周恩来继续发表讲话，提出："根据毛主席的指

1974年5月，复出不久的邓小平前去机场迎接英国前首相希思

示和党中央决定，我们从今天开始来完成四届人大以后的工作。今天是开始。对于我来说，恐怕也只能够完成这个'开始'的任务了。以后的事情，主要是由各位副总理来做。"

稍作停顿一下，环顾会场，加重语气说道："毛主席讲，小平同志'人才难得'，'政治思想强'。现国务院新班子以小平同志为首，一共12位。将来这样的会，请小平同志主持。我希望，新的国务院能出现新的气象，领导全国人民努力完成和超额完成今年的国民经济计划和第四个五年计划！"

周恩来的讲话，博得全场的热烈掌声。

从此，周恩来把完成"四个现代化"的接力棒交给了邓小平，告别了他的总理生涯。

第十一章
落下巨人的帷幕

　　周恩来逝世时，胸前佩有毛泽东头像和"为人民服务"五个大字组成的一枚像章。从这枚像章可以看出毛泽东和周恩来的关系。这枚像章，周恩来从不同意用任何单纯的毛泽东头像像章来替换。这无疑反映着周恩来的内心世界，反映出他心中人民、毛泽东与自己的位置和关系。

十分消瘦的周恩来双目深情地正视着毛泽东。一丝伤感的凝重神色却在眉宇之间徘徊。两位历史巨人忧伤深邃的道别瞬间，永远定格在历史的相框里

毛泽东和周恩来在携手近半个世纪漫长的岁月里，可能没有人知道他们握过多少次手，也无法计算他们究竟握过多少次手！

然而，在摄影记者杜修贤的镜头里却留着他们最后一次握手的瞬间。

1974年，周恩来的病情已恶化，癌症转移，身体明显消瘦。可是，无私无畏的周恩来作为一位非凡绝伦的政治家，十分清楚自己在中国政局中处于何等重要的位置。一息尚存，就不能躺下。为了不使党和国家的大权落入"四人帮"手中，他千方百计地解放以邓小平为代表的一大批被打倒的老干部，以填补自己之后在政治上出现的真空。同时，他拖着重病之躯，仍然夜以继日地忙碌着。

这一年5月25日这天，周恩来和往常一样，沉着、潇洒地把英国前首相爱德华·希思引进毛泽东的书房，把陪见的人一个一个地介绍给毛泽东相识握

一九七四年五月三十日晚，毛泽东在中南海书房会见英国前首相希思

手。而他自己则和以往一样，默默地站立在摄影镜之外。

毛泽东与希思一见如故，两个人无拘无束、海阔天空地聊了起来。这一谈就不可收拾，时间不知不觉地过了一个多小时，周恩来怕毛泽东过于疲劳，看了三次表。

希思先起身向毛泽东告辞，毛泽东很利落地站了起来，没有想到今晚主席的精神这么好，这一情绪强烈地感染了每个在场的人，大家都显得很高兴。加上天气已经开始变暖，个个脸上汗津津的……

希思先走出门，主席又高兴地和陪同来的人一一握手，只有周恩来和以往一样，会谈一结束就先走出会见的书房，等主席握完手，他就陪外宾离去，很少留下单独和主席握手的。

几天后，也就是5月29日，周恩来又陪同马来西亚总理拉扎克会见毛泽东，这是他最后一次走进毛泽东书房。会见结束时，邓小平、乔冠华和主席告别后就走出书房的门，杜修贤一看，总理还站在门旁……他没有参加他们的告别，只是默默地等待着。开始还以为他等邓小平和乔冠华一道走，杜修贤想还是等他们都离去之后再走，他就站在靠门边的墙根。

杜修贤突然有一种感觉，总理可能要和主席握手告别。他一动不动，似乎期待着什么又似乎不在期待，心里的感觉一时说不清楚。

毛泽东送客走到门边，和站在旁边的周恩来的目光相遇，瞬间，一脸的微笑飞逝而去，立刻忧伤地垂下眼帘，这速变的表情令杜修贤惊诧不已，他第一个反应就是端起照相机，镜头对准他们的身影……

镜头里，毛泽东忧伤地耷拉着眼皮，头稍稍地低着，苍老的脸上布满愁容和病容。花白稀疏的头发在脑顶闪出一片智慧的空间，整齐地向后披去。他迎着高悬的摄影灯，脸上的肌肉明显松弛，但很光洁。浅灰色的中山装随和地穿在身上，显得淡泊庄重。

已经十分消瘦的周恩来用温馨睿智的双目深情地正视着毛泽东。摄影光从他后侧射来，脑后和脊梁犹如披着一道光束，眉毛在逆光的面部依然黝黑浓密，充满着生气。曾洋溢乐观笑影的"酒窝"虽已被岁月的刀斧凿成两道深深的沟纹，却依然显露出执著。但是，一丝伤感的凝重神色却在眉宇之间徘徊。一种不祥之云笼罩着毛泽东的书房。

周恩来一边看着携手近半个世纪的毛泽东，一边慢慢地伸出手，毛泽东也慢慢地把手伸了过去。两双操纵中国革命方向的巨手再次握在一起，组成了这神圣且又沉重的瞬间。当杜修贤鬼使神差地"咔嚓"一声按下快门时，他万万没有想到这却是共和国第一位总理和中国共产党的伟大领袖最后一次对着摄影镜头握手道别。

后来周恩来从医院飞去长沙和毛泽东就四届人大的问题又会晤过一次，但没有带记者同往，也就再没有留下他们握手的照片。

据杜修贤回忆说："在我拍摄他们握手的瞬间片刻，脑袋里却有着许多说不清的感觉，似乎总理一反寻常立等门口和主席握手有着不可言传的不祥之兆？平时总理在主席书房并不拘礼，常常会谈一结束起身就走，害得我们都'捉'不着他的镜头，可这次……"

无言的感觉使杜修贤紧紧地抓住了这无言的瞬间！

毛泽东可能已经知道周恩来即将离开西花厅住院治病，也知道总理得了绝症，没有医治的希望了。所以，当周恩来将手伸向他时，他深邃的目光里有难以诉说的痛苦和空寂。（该图见本书插页）

毛泽东和周恩来之间的关系，在一般人眼里，似乎没有什么个人感情色彩，办事说话都是一本正经，从不开玩笑。但实际上，这正说明他们之间有着深沉而且牢固的、常人无法理解的革命友情。

在"四人帮"最猖狂的时期，毛泽东一次又一次支持周恩来工作。而周恩来以对革命的忠诚和罕见的牺牲精神执行捍卫毛泽东思想。在"文革"中他做了许多现在看来和"文革"精神相违背的事情，正因为这样，才真正地维护了毛泽东的威望，将"文革"造成的损失减少到最低程度，从而使林彪、"四人帮"的倒行逆施受到控制和制约。

有人为周恩来鸣不平，说他受气受挤受委屈，应该撂担子不干。如果那样，周恩来就不成其为周恩来。"文革"的结局绝不会是现在大家所看到的结局。而是更加悲惨、更加混乱、更加无法结局的结局。

6月1日，也就是和毛泽东握手后第三天，周恩来住进了305医院，直到生命最后的一刻！

继周恩来住院离开中南海的西花厅之后，毛泽东也离开中南海的游泳池去了湖南长沙。俩人好像是相约好了似的，前后脚地走出中南海。

这一年的6月之后，中南海里少了两位伟人：毛泽东和周恩来。

> 毛泽东和周恩来携手共同走了半个多个世纪，能几十年合作而立于不败之地，就是成功的合作，就是情同手足的合作！

历史造就了伟人，同时伟人的影响博大而深远。人们如谈论起毛泽东和周恩来情同手足的合作都不能忘记广州。他们在这里相逢共事、并肩奋斗，开始了艰难的革命历程。

广州，是国民革命的策源地，在中国近现代历史上占有重要的地位。在20世纪20年代中期的中国，革命形势风起云涌，发生了巨大的变化。孙中山先生接受苏联的帮助，改组了国民党，实行了"联俄、联共、扶助农工"的三大政策。在中国共产党的推动下，实现了第一次国共合作。毛泽东与周恩来正是在共同致力于与国民党合作活动中共事的。

1924年9月初，周恩来从国外回到广州后，担任了中共广东区委会委员长。同年11月，周恩来担任了黄埔军校政治部主任。

如果提及毛泽东在中国共产党早期的党内地位，可以发现历史老人并未独钟毛泽东。他时沉时浮，除中共三大外未曾担任过要职。

毛泽东在1956年9月10日中共八大预备会议第二次全体会议上，回忆往事时说过一段颇为风趣的话："第一次代表大会（指中共一大）我到了。第二次代表大会没有到。第三次代表大会又到了被选为中央委员。第四次代表大会又没有到，丢了中央委员。大概我这个人逢双不吉利。第五次代表大会到了，当候补代表，也很好，被选为候补中央委员。"

1925年末，毛泽东为躲避湖南军阀赵恒惕的通缉，来到广州，并参加了1926年1月由国民党在广州召开的第二次全国代表大会。周恩来也参加了这次会议。他们在会前都曾向陈独秀商议，决定在大会上公开提出"打击右派，孤立中派，扩大左派"的方针，但中共中央没有采纳这个计划，致使蒋介石等右派分子当选为中央执行委员会委员。就在这次会上他们第一次见面了。

这一时期，毛泽东和周恩来过从甚密。毛泽东除了主持国民党中央宣传部的工作，还兼任《政治周报》主编。在他主编的《政治周报》第三期，登了《东征纪略》，记述了国民革命军第二次东征时周恩来任东征军总政治部主任及在追悼攻克惠州牺牲将士大会上的演说。当时，周恩来派人接管的《汕头平报》改名为《岭东民国日报》，周恩来为该报副刊《革命》题写了刊头，并在这个副刊上发表了毛泽东撰写的文章《国民党右派分离的原因及其对于革命前途的影响》。

1926年3月，蒋介石发动了中山舰事件。

当时蒋介石提出两个条件：第一，共产党员退出第一军；第二，不退出的要交名单。

怎么办？

毛泽东和周恩来来到国民革命军第二军副党代表李富春家中同大家讨论对策。

毛泽东分析说，就广州的一个地方看，反动派的实力是大的，但就粤桂全局来说，反动

1964年，毛泽东等党和国家领导人在首都机场欢迎周恩来总理率代表团从莫斯科回到北京

派的实力是小的，只要我党坚持原则，坚决予以反击，就一定能够争取团结那些动摇的中间力量，粉碎蒋介石的反革命阴谋。

接着，毛泽东又提出了以武力对武力的正确政策，主张把我党掌握的武装集中到江西一带，说服国民党左派离开广州，争取第一军以外的其他各军，正式声讨蒋介石背叛革命的罪行，通过武装斗争逼蒋下台，剥夺他的兵权。后来，毛泽东在党的"八七"会议上，提出一句醒世恒言："须知政权是由枪杆子中取得的。"周恩来非常赞同毛泽东的分析和主张。

过了几天，陈独秀为首的中共中央却决定接受蒋介石的条件。

于是，已暴露身份的共产党员被迫退出国民革命军第一军和黄埔军校，周恩来也被免除第一军副党代表兼政治部主任的职务。

中山舰事件发生后，毛泽东愤然辞去了国民党中央宣传部代理部长的职务，全力主办农民运动讲习所，并亲自担任了第六届农讲所所长。

毛泽东在农讲所亲自讲授《中国农民问题》和《农村教育》课程。他深刻分析了农民问题在中国革命中的地位和作用，反复向学员阐述：

在我们这样的国家里，农民占大多数，农民问题是中国革命的基本问题。但以前没有人研究过，而这是一个很重要、很复杂的问题。共产党对于农民问题比较注意些，但是，现在还有一些人不肯到乡下去做农民运动工作，在党内存在这种思想，是错误的。

中国人民要反对帝国主义，而反帝不和反封建结合，则帝国主义是反不掉

周恩来

毛泽东、刘少奇、周恩来在迎候客人们的到来

的。要在反帝反封建的民族民主革命中得到胜利，就一定要有农民这支主力军参加。如果没有农民参加，就不能成功。

我的结论是：中国革命的基本问题就是农民问题。

这是多么深刻、多么透彻的分析啊！

毛泽东还邀请周恩来、萧楚女、彭湃等同志到农讲所授课。

这时，仍担任中共两广委员会常委兼军事部长的周恩来，积极支持毛泽东培养农民运动干部，亲自来农讲所给学员讲授《军事运动与农民运动》这门课程。

当周恩来风尘仆仆赶到农民运动讲习所时，毛泽东热情地迎了上去，两个伟人的巨手第一次紧紧地握在了一起。

在农讲所，周恩来运用马克思主义原理，以他亲自参加武装斗争的实践经验，阐述了军事运动与农民运动的重要性及其相互关系，指出：我们党领导的海陆丰农民运动，把广大农民组织起来，建立农民自己的武装——农民自卫军，就能把地主阶级打下去，如果没有农民自己的武装，就不能巩固农民政权。还说，如果没有革命武装，没有广大工农的支援，革命政权就不能巩固，由此可见，军事运动和农民运动有很密切的关系。

据有的学员回忆说，当时周恩来在我们党内担任着重要工作，还要到农讲所讲课，他很忙，经常工作到深夜。他那年轻英俊、机智勇敢的形象和忘我工作、平易近人的高贵品德，给我们留下了难忘的印象。

1927年蒋介石撕掉了拥护革命的面纱，终于发动了针对中国共产党人的"四一二"反革命政变，但以毛泽东和周恩来为代表的中国共产党人，并没有被杀绝，被吓倒。他们从血泊中，从枪口下冲杀出来，为寻找中国革命的道

1964年，周恩来参加苏联十月革命胜利47周年纪念活动返回北京，毛泽东前去迎接。在机场上，毛泽东与周恩来认真地对手表

路，又各奔东西，继续投入新的战斗。

周恩来来到江西，发动了著名的"八一"南昌起义。毛泽东来到湖南，发动了震惊全国的秋收起义。随后毛泽东又将部队拉上了井冈山，而南昌起义的部队在朱德和陈毅的率领下也来到井冈山，从此我们党有了自己的军队，自己的根据地——中央苏区。

1931年周恩来到了中央苏区，任中央苏区中央局书记，他是毛泽东的顶头上司，从此他们又开始了新的合作和交往。

国外有人讲说周恩来到中央苏区就夺了毛泽东的权。这话不能成立。因为成立苏区中央局是1930年六届三中全会后政治局决定的。书记一开始就是周恩来，他不只是负责中央苏区，而且负责指导全国各苏区和红军。因为那时在上海的中共中央离不开周恩来，所以书记由先去苏区的项英代理。后来因为"ＡＢ团"问题，说项英右倾，再加上项英军事上弱一些，改由毛泽东代理。1931年周恩来到了苏区，书记一职自然由他担任。这怎么能说夺权呢？

在中央苏区，周恩来尊重毛泽东在军事上的长处，坚持重新任命毛泽东为红一方面军总政委，恢复了毛泽东的军权。在宁都会议前后，周恩来在毛泽东危难之际周详地维护了毛泽东。这为毛周后来近半个世纪的亲密合作奠定了基础。虽说表面上看，是周恩来接替了毛泽东担任红一方面军总政委，但这是中央的命令，事实上并不存在周恩来夺毛泽东权的问题。

由于毛泽东被错误地罢了官，第四次反"围剿"战争他没有参加，是周恩来和朱德指挥的，他们在战争过程中，吸取了前三次反"围剿"战争的宝贵经验，坚持毛泽东的正确的作战原则，发挥红军的特长，主张用运动战辅之以游击战来打破敌人的进攻，而反对阵地战、攻坚战和堡垒战，并曾就作战方针和战役部署等问题向后方中央局进行过多次抗争。周恩来所坚持的虽然和毛泽东的军事战略思想基本一致，但作为军事家的周恩来，也有他自己的创造。红军首创大兵团伏击战法，连续歼敌3个师，缴获枪支万余。蒋介石在此战役中比前三次失败得更惨，他自己不得不承认："此次挫败，凄惨异常，实有生以来惟一之隐疼。"

毛泽东后来称赞这次战役是一次"大胜仗"。1936年在延安，毛泽东还同斯诺说过，南京蒋介石对中央苏区的第四次"围剿"，也许是败得最惨的一次"围剿"。

在中央苏区的三年中，可以说周恩来发现了毛泽东。他发现了一个高瞻远瞩的天才，在这个天才的身上，他倾注了自己一腔深挚的感情。

1935年1月15日至17日，长征途中中共中央在遵义召开政治局扩大会议，史称"遵义会议"。这是中国共产党历史上最为重要和最著名的会议之一，也是毛泽东和周恩来关系史上的重要篇章。

遵义会议集中全力纠正当时具有决定意义的军事上和组织上的问题。

这次会议是王稼祥同毛泽东商议后，由他出面提议，并得到张闻天、周恩来、朱德、聂荣臻等支持而召开的。聂荣臻后来不无感慨地说："周恩来、王稼祥同志他们两个人的态度对开好遵义会议起了关键的作用。"

遵义会议，随着时间的推移和历史的进展，日益受到国内外史学界的注目。因为它是毛泽东领袖地位的起点，随着毛泽东的声望的不断提高，人们才逐渐意识到这一起点的重要，这一历史选择的重要。毛泽东在这以前曾几度被撤职，几度遭批判，几番病重，真可谓"天将降大任于斯人也，必先苦其心志，劳其筋骨，饿其体肤，空乏其身，行拂乱其所为"。正是在这历史的角逐中，毛泽东以其正确的思想、策略和路线，以其卓越的才华脱颖而出，一跃而成为中共领袖，从此领导中共达41年之久，深刻地影响了中国和世界的历史进程。

遵义会议在事实上确立了毛泽东在党中央的正确领导。周恩来在这个伟大历史转折过程中起着决定性的促进作用。究其原因是他无产阶级革命家的坦荡胸怀，坚持真理承认错误的高尚品质。他从血的教训中对"左"倾错误开始有所认识，并逐步认识到"在千军万马中毛主席的领导是正确的"，便义无反顾地支持、接受毛泽东的正确意见，接受毛泽东的领导。对此毛泽东曾说过："遵义会议之所以开得很好，解决了军委的领导问题，恩来起了重要作用。"

遵义会议也是毛泽东和周恩来之间紧密结合的开端，这种结合，终生未变。此后，毛泽东就在周恩来的辅佐下，领导中国革命和建设伟大事业。

"文革"十年是周恩来忍辱负重、苦撑危局的十年。在历史的悲剧面前，周恩来还能说什么呢？

在天安门广场南侧，矗立着人民英雄纪念碑。纪念碑的碑文是：

三年以来，在人民解放战争和人民革命中牺牲的人民英雄们永垂不朽！

三十年以来，在人民解放战争和人民革命中牺牲的人民英雄们永垂不朽！

由此上溯到一千八百四十年，从那时起，为了反对内外敌人，争取民族独立和人民自由幸福，在历次斗争中牺牲的人民英雄们永垂不朽！

一九四九年九月三十日

中国人民政治协商会议第一届全体会议建立

纪念碑是毛泽东主席在天安门城楼上宣告中华人民共和国成立的前一天破土动工的。周恩来总理站在麦克风前向在场的各界领导人讲话时，毛泽东就站在前面，宋庆龄和朱德站在他的两侧。这个庄严的仪式标志着一个旧时代的结束和一个新时代的开始。在这个新时代里，毛泽东和周恩来并肩工作长达四分之一世纪。纪念碑的碑文是由毛泽东草拟、周恩来手书的。可以说，这个纪念碑是他们合作共事的一个象征。

毛泽东有一次浮想联翩，对自己作了直率的剖析。他说自己兼有"虎气"和"猴气"两种性格，"虎气"为主，"猴气"为次。这是在"文化大革命"初期的1966年7月8日他从武汉写给江青的信中谈到的。林彪死后，这封信曾向党员和机关干部传达。毛泽东在那封信中还谈到林彪一味研究中国和外国的政变并热衷于把毛泽东吹捧上天。

毛泽东说自己的性格中，合"虎气"和"猴气"于一身，这是个有趣的论断。据中国民间传说，老虎天性勇猛、无所畏惧、敢冲敢闯，而猴子天性顽皮、聪明伶俐、机敏灵活。在中国，老虎和猴子都是人们喜爱的动物。

在中国现代史上，有过几次共产党同国民党的较量，双方力量悬殊，共产党人处于十分不利的境地，似乎必败无疑，然而正是毛泽东身上兼而有之的那种无所畏惧的"虎气"和机敏灵活的"猴气"使他和同志们在敌众我寡的情况下，能坚持下去，取得胜利。1927年，国民党背叛革命，在全国残酷镇压共产党人。这时，共产党按照大多数领导人的主张，继续举行成功希望极微的城市起义。是毛泽东大胆地主张把农民组织起来，在农村建立武装根据地进行斗争。在1934至1935年的长征期间，也是毛泽东制订的勇敢而机智的战略挽救了红军，把长征初期的败退转变为震惊世界的英雄史诗。

1948年，国民党军队在装备和兵力上与共产党领导的部队相比，都占绝对优势，但是毛泽东还是决定与以蒋介石为首的国民党军队决战，这又是个勇敢坚决而深思熟虑的举动。

全国解放后，最重要的例子当然是1950年决定派遣中国人民志愿军去朝鲜与美国军队作战。作出这样的决定是要冒极大风险的。当时有些人认为，在刚结束了20多年的战争不久，就同一个超级大国较量岂不是发疯了。但是，多年来的历史发展一再证明毛泽东是正确的，于是周恩来和政治局的同事们终于同意了这项果断的决定。当然这里也有唱反调的，这就是林彪。他以身体不好为由，拒绝挂帅出征。

在抗美援朝战争期间，周恩来作为中央军委中主持日常工作的副主席，继迅速筹组东北边防军之后，还承担了组织中国人民志愿军出国作战的艰巨任务，积极协助毛泽东制定中国人民志愿军的战略、战役方针，特别在后勤支援上作了极大的努力。后来，又领导了我国对朝鲜停战问题的谈判。

朝鲜战争以签订停战协定胜利宣告结束，同时周恩来和他们的同事们也看到毛泽东身上的这股"虎气"对中国革命的巨大推动作用。

毛泽东同他的战友们看到国民经济在短短几年里得到恢复，真是笑逐颜开。但是，由于毛泽东、中央和地方不少领导同志在成绩面前开始滋长了骄傲自满情绪，急于求成，夸大了主观意志和主观努力的作用，在事前没有对国家面临的形势作深入调查和认真分析的情况下，毛泽东凭着"虎气"错误地发动了"大跃进"运动。

1966年，正当中国人民高歌猛进，进行社会主义建设的时期，又一场声势浩大的政治运动开始了。

结果中国民主被践踏，法制遭破坏。国民经济停滞了，倒退了，历史在这里沉思了。

"文化大革命"是毛泽东凭借"虎气"发动的最后一场政治运动，这是他晚年犯下的最严重的错误。

对于这场来势凶猛的"文化大革命"，周恩来如同其他党中央领导人一样，思想上是缺乏充分准备的。他是正在风尘仆仆地忙于推动北方八省区抗旱和领导邢台抗震救灾的紧张工作时，被卷入这场政治风暴中心的。对于这种自上而下地鼓动、纵容群众起来"造反"、有意造成"天下大乱"的做法，周恩来是很不理解的。用他自己日后曾在不同场合不止一次讲过的话说，是"连做梦也没有想到"。如在1966年10月中央工作会议期间，他就在一次讲话中用"方兴未艾，欲罢不能"来概括运动，并且百感交集地说："做梦也没有想到这么大的局面"，"这么一想就不寒而栗"。在两年之后，即1968年9月，他在接见首都工人、解放军宣传队时还表示："在同志们面前，应该说老实话，我对无产阶级文化大革命初期也是很不理解的，没想到今天这样的局面。"甚至在临终前，素来不爱发火的周恩来躺在病榻上，怒气冲冲地说"文化大革命"是"大热天起鸡皮疙瘩，真令人难以想象"。

▌1960年5月，周恩来在贵州省贵阳市考察工作

当然，周恩来对"文化大革命"的理解和认识，不能不受到当时历史条件的限制。在"文化大革命"这一历史过程的本质尚未充分暴露，并且被罩有种种神圣而虚幻的光环的情况下，周恩来如同绝大多数人一样，在一开始怀着真诚的愿望，努力从好的前途去理解"文化大革命"，希望通过它能够真正克服和消除党和国家肌体上确实存在的某些弊端和阴暗面，以保证党和国家不改变颜色。

但是，周恩来的这一想法和毛泽东试图通过"天下大乱"达到"天下大治"的设想，同后来运动的实际发展相差甚远。这种思想与现实的尖锐冲突，不能不使得周恩来和毛泽东都陷入一种极大的困境之中。

毛泽东在"文革"发动一年多之后，曾坦率地对聂荣臻等说："你们把

红镜头中的

周恩来

"文革"以来，周恩来在胸前一直佩戴着"为人民服务"的纪念章

'文革'称为动乱，你们这样讲，也许是对的。我与你们一样，也没有思想准备。"毛泽东原预料"动乱"，或"天下大乱"将持续数月最长乃至一年就达到"天下大治"。但他也没有料到自己亲自发动的这场"大革命"会失控。在毛泽东看来，事物的矛盾是永恒的，而对立双方之间的平衡是暂时的。不平衡是宇宙中的正常现象。

但随着时间的推移，"文化大革命"所造成的灾难性后果越来越清楚地显现出来。周恩来也感到困惑不解。当时摆在周恩来面前的可以有三种选择：

一是远事避祸，洁身自好。如果单从个人角度来讲，这不失为一条上策。但是，从青年时代就矢志报国，在"邃密群科济世穷"，最后认定只有共产主义才能挽救国家危亡的周恩来，在党和国家遭受严重危难关头，又怎么会考虑个人的安危荣辱呢？

二是公开反对毛泽东亲自发动的"文化大革命"。其结果是什么呢？那只能是同毛泽东决裂，然后被打倒。同毛泽东决裂，这对周恩来而言是不可能的，当矛盾还没有发展到公开破裂的地步时，他更多考虑的是安定团结，是政治影响。如被打倒，在当时于事无补。而且我们国家当时处在那样困难和混乱的情况中，国家经济生活的维持、外交的联系、一些极端混乱状况的排除，甚至哪里没有煤了需要煤、哪里交通断了需要疏通，全得需要他在那里硬顶着。对党和国家民族的命运怀有那样强烈的责任感的周恩来，怎么可能不顾一切地任意采取行动？如果从个人来讲，他这样坚持图什么？他没有野心当"一把手"，这谁都承认。正如中外人士所评论的那样："周用长远的眼光看问题。他不争权夺利，他从不向毛的至高无上的地位挑战。有一天动乱结束，依然在位，他会使一切都完好如初。"

第三选择是坚守自己的岗位，与党和人民共命运同呼吸，尽自己所能来挽救危局。要做到这些谈何容易？要表示支持"文化大革命"，有时得违心地说一些话和做一些事，这是一般人难以做到的。周恩来毅然选择了这条路。这种选择对他来说也许是一种最苦的选择：忍辱负重，力挽狂澜，尽可能在"动乱"中减少国家和人民的损失，另外在有可能的情况下，一步步地把被打倒的老干部扶起来，把五年计划重新制定起来，规章制度恢复起来，到最后重新提出实现四个现代化目标，并为以后纠正错误创造条件。只要能把党和国家从"文化大革命"这场看来难以避免的灾难中拯救出来，即使自己赴汤蹈火，出生入死，也在所不辞。1966年12月间，他在与并肩战斗了几十年的老战友李富春的一次交谈中，倾吐了内心深处的这一信念："我不入虎穴，谁入虎穴？我不入地狱，谁入地狱？在'文革'中我只有八个字：鞠躬尽瘁，死而后已。"这正是周恩来在"文化大革命"期间忍辱负重，苦撑危局的内心动力之所在！

在历史的悲剧面前，周恩来还能说什么呢？

据回忆，1975年周恩来手术后，曾在他身边工作的警卫员乔金旺去医院探望。周恩来从乔的眼神里看到了自己的变化，第一句话说是："老乔啊，'文化大革命'把我累垮了！"

由于"文化大革命"是毛泽东发动的，周恩来从来没有说过一个"不"字，唯独这一次，身边的工作人员都感觉到周恩来把心底郁闷的想法和情绪流泻出一些。他的声调是低沉而幽怨的，这时乔金旺眼圈一红，泪水差点溅出来。他喉咙哽咽地叫一声："总理……"

周恩来凄凉地说："以后你们就不要再叫我'总理'了，我躺在这里已经不能再为国家为人民工作了，听你们叫我总理总理的，我心里难受……不做事了，不能叫总理了。"

周恩来以自己生命历程中最后十年的全部行动实践了"鞠躬尽瘁，死而后已"的诺言。许多国际友人都说他是"世界上最忙的人"。特别是在"文革"的动乱岁月，他夜以继日地工作，忘我地、不知疲倦地为党和人民操劳。当工作人员劝他适当注意休息时，他总是说："我是总理，就得什么事都要管啊！管不好怎么向党、向人民交代！"

陈云曾经说过这样一句话："没有周恩来同志，'文化大革命'的后果不堪设想。"这是对周恩来在"文革"期间所起作用的高度评价。

在对待党的领袖问题上，周恩来采取了分析的态度。对于毛泽东在当时的任何正确意见或曾在历史上提出过的正确思想，他总是坚决贯彻落实，并且尽可能加以发挥。又如，毛泽东在1966年10月中央工作会议提出"抓革命，促生产"的思想后，周恩来立即把它作为自己手中与林彪、江青一伙煽动"停产闹革命"进行斗争的有力武器，以至这一口号在广大群众的心目中已经成为"抓生产"的同义语了。

1970年，在党的九届二中全会上，林彪反党集团妄图抢班夺权，周恩来在毛泽东领导下，同林彪一伙进行了坚决斗争。1971年，林彪阴谋发动反革命武装政变未遂，于9月13日仓皇出逃，叛国投敌。当飞机飞越中蒙边境，周恩来把消息告诉毛泽东后，毛泽东把手一挥说："天要下雨，娘要嫁人，由他去吧。"周恩来遵照毛泽东的指示，以卓越的胆识和智慧，迅速、果断地处理了"九一三"事件。

林彪折戟沉沙事件，使毛泽东遭受巨大的精神打击，强壮的体魄也迅速地垮了下来。有一次在住宅里，他突然晕倒，身边的工作人员一下子手足无措了。红润、健壮、目光敏锐、谈笑风生的毛泽东，一下子转换成苍白、臃肿、神情滞缓、沉默寡言的毛泽东。毛泽东从来没有像现在这样更依赖、更需要周恩来。

当时已73岁高龄的周恩来以超负荷的工作，使中国安然度过这次危机并使之成为改变"文革"混乱状态的转机：经济建设有所好转，以邓小平为首的各级领导干部陆续得到正式和非正式的平反，外交政策做了调整，联合国席位得到恢复，尼克松访华，中日建交……人们感觉到一种与"文革"剧烈政治风暴不同的新的气候出现了。但苦力支撑这一局面的两位古稀伟人，都

1970年7月，周恩来去杭州西湖毛泽东住处，应大家的要求，毛泽东、周恩来和工作人员合影，周恩来不拘身份地蹲在前排

已是心力交瘁。

1974年1月，批林批孔运动开始。江青一伙借"评法批儒"之机，把矛头指向周恩来，将运动变成批林批孔"批周公"。身患重病的周恩来终于被拖垮了。身患癌症两年始终坚持未住院的周恩来再也支持不住了，他被迫离开居住了25年的中南海西花厅，住进了305医院。

此时，中共中央发出近期内召开四届人大的通知。毛泽东提出了筹备四届人大、酝酿国家机构人事安排的意见，并亲自提议邓小平出任国务院第一副总理。江青反革命集团认为夺权时机已到，经过密谋后，派王洪文急赶长沙向毛泽东诬告周恩来、邓小平，诡称"北京现在大有庐山会议的味道"，说周恩来"虽然有重病，但昼夜都忙着找人谈话，经常去总理家的有邓小平、叶剑英、李先念等"。毛泽东听后，愤愤地表示：总理还是总理，四届人大的筹备工作和人事安排由总理主持安排，并再次提议邓小平为第一副总理、党的副主席、军委副主席兼总参谋长。

毛泽东对与他患难与共的老战友是深信不疑的，即使他生病在身，总理的职务也是非他莫属。而周恩来在狂风恶浪面前，也不曾明哲保身地退出这个风口浪尖上的敏感位置，他面对"四人帮"那不可一世的来头，也没有表现丝毫伟大的谦虚。周恩来不顾自己两次大手术后每况愈下的身体状况，毅然再度担负起处理党和国家全面工作的重担。

"疾风知劲草，板荡识忠臣。"

周恩来正是在党和国家遭受空前动乱的危难关头，与党和人民同呼吸共命运，在与历史悲剧的抗争中，呕心沥血，历尽艰辛，表现了对党和人民的耿耿忠心，使自己生命的最后历程放出了璀璨的光辉。他虽然没有能亲手结束这场动乱，但是却以自己的血肉之躯铺垫了通向这一目标的曲折而坎坷的道路，为最终结束这场历史灾难奠定了基础。这一不可磨灭的功绩，深深地镌刻在历史的丰碑上。当然，毋庸置疑，周恩来尽量减少"文革"所造成的损失的同时，也不得不说过一些违心的话，做过一些违心的事。但是，人民可以理解他，在当时的历史条件下，不这样做，就难以起到前述各方面的重大历史作用。这是在历史悲剧中为了党和国家的最高利益，所能作出的一种恰当的选择。这是一场不得不付出代价的韧性的战斗。至于其中在我们整个国家都处于历史的阴影之中而难免带有的历史的折光，是不必过分苛求和指责。正如邓小平1980年8月在答意大利记者奥琳埃娜·法拉奇的提问所说："周恩来对我来说他始终是一个兄长。我们差不多同时期走上了革命的道路。他是同志们和人民很尊敬的人。'文化大革命'时，我们这些人都下去了，幸好保住了他。在'文化大革命'中，他所处的地位十分困难，也说了好多违心的话，做了好多违心的事。但人民原谅他。因为他不做这些事，不说这些话，他自己也保不住，也不能在其中起中和作用，起减少损失的作用。他保护了相当一批人。"

两位伟人互相爱护和关心，真可谓入丝入毫，点滴不漏。走进晚年，老人的悲怜晚情，揪人心肺，催人泪下

毛泽东和周恩来这两位老人在晚年时的关系中，常有一种揪人心肺的东西。

"九一三"事件后，毛泽东的身体健康状况曾发生了一次突变。1972年1月参加陈毅追悼会后不久，毛泽东再次病倒。并且来势凶猛，他休克了。经过医务人员的全力抢救，才苏醒过来。

周恩来当时得知毛泽东病危的消息，坐车从他的住所西花厅赶到游泳池时，许久许久下不来车。工作人员从他的表现上看出，他肩负的担子沉重，责任重大。虽然他曾指示医务人员对毛泽东的病情进行了全力以赴的抢救和治疗，但是在一片"万寿无疆"的声浪中，从中央委员会到各级党的组织和人民群众对毛泽东的病情、身体状况一点都不知道，也没有丝毫思想准备。在这种情况下，万一毛泽东有个"闪失"，周恩来该如何向全党、全军、全国人民去交代呢！

1972年，周恩来已经出现便血的病象。他像是有某种预感，更加不分昼夜地工作，常有几十小时不合眼的情况。他的身体迅速地消瘦下来。医生劝他做全面检查，他望着医生低声恳求道："你们先不要急，先让我忙过这一段。再说，查出癌症又有什么办法？我这么大岁数了，能多忙几天，多处理几件事就可以了。"

5月18日，周恩来经京、津、沪三地的著名专家确诊为膀胱癌后，立即报告毛泽东。

当毛泽东展开医生的报告单，一字一句地看完时，他的心情是那样地沉

▧ 1973年8月，毛泽东、周恩来在中国共产党第十次全国代表大会上

重。这种沉重的心情反映在他平时很少出现过的异样严肃的紧皱着眉头的脸上。毛泽东亲自指示由叶剑英、邓颖超、汪东兴和张春桥领导医疗组的工作。

早在1965年，医生发现周恩来患心脏病时，毛泽东即关心地请他"工作量减少一点，少看一点儿文件"。周恩来患癌症后，毛泽东又多次劝他"安心养病"，"节劳，不可大意"，并提出请邓小平出山，主持日常工作，以减轻周恩来的负担。

1974年2月，四届人大开过后，周恩来由于过度劳累，病情继续恶化，每天便血不止。毛泽东得知后，非常伤感。他躺在床上忍受着失明的痛苦，费力地一字一句地对身边的工作人员说："去打个电话问问总理现在的情况怎么样了。"

3月20日，周恩来用颤抖的手亲笔致信毛泽东：

主　席：

最近四年来，我的大便中偶有潜血出现，但因消化系统好，未进行肠胃检查。这两年又因膀胱癌出现，尿中有血，易于计量和检查，故医疗力量集中于治疗膀胱癌。现膀胱癌经过两次开刀，三次电烧，已能稍稍控制……今年开会后（注：指四届人大），大便中潜血每天都有……进行食钡和灌钡检查，始发现大肠内接近肝部位有一肿瘤，类似核桃大，食物经此癌肿处蠕动甚慢，通过亦窄……而这一大肠内的肿瘤位置，正好就是40年前我在沙窝会议后得的肝脓

205

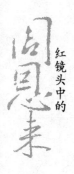

▓ 1973年8月，周恩来在"十大"天津代表小组讨论会上

疡病的地方……

　　那是1935年7月28日，周恩来随红一方面军主力长征到达松潘毛儿盖。就要进入草地了，这将是最艰难的一段路程。

　　这时，周恩来病倒了。他高烧不退，几天来一直处于昏迷中。当时毛泽东决定让邓颖超从休养连调到总部帮助照顾周恩来，并指示医生全力抢救治疗。

　　经医生检查，并结合临床表现，确诊为"阿米巴痢疾"。根据医书记载，这种病死亡率极高，只有个别患者在化脓部位与肠接触的地方穿孔，脓液经肠子排出体外而得以生存。

　　当时，根本没有做穿刺和开刀手术的条件，于是，医生们决定除了让周恩来服用易米丁药之外，还采用了古老的"冰敷"疗法，以挽救周恩来的生命。

　　医生们把冰袋放在周恩来身体的肝区上部，焦急地等待着。

　　过了六七个小时，周恩来终于慢慢地清醒了，他不时地低声呻吟，说肚子疼，并排出了许多脓液。周恩来转危为安，在与死神的搏斗中，他胜利了。

　　周恩来给毛泽东的这封信，又重提此事，说明病因，读起来使人心如刀割。

　　信的末尾还写道：

　　我因主席对我病状关怀备至，今又突然以新的病变报告主席，必实不安，故将病情经过及历史造因说清楚，务请主席放心。在去年两次开刀后，我曾托王（海容）、唐（闻生）两同志转报主席……但如需再次开刀，我还受得了。现在要好好地作此准备。

几天后，毛泽东批准了对周恩来的治疗方案。自从周恩来患病，毛泽东一直关心和惦记着周恩来的身体状况。每次审阅有关周恩来的病情报告时，他总是特别认真。这期间，毛泽东一度因白内障不能看东西，当工作人员给他读周恩来的病情报告时，他听得格外认真、细致，居然能记住周恩来每天失血的数字以及施行第几次手术等。

毛泽东住处的沙发，原来的又大又笨，坐垫比较硬。对于长时间坐着不动的老年病人来说，很不合适。因使用这种沙发，毛泽东背上长起了褥疮。工作人员给他另设计一种，坐垫是用海绵做的，下面钻了很多蜂窝形的小孔。毛泽东坐在新沙发上摇了摇，说："这种沙发好多了。原来的那种沙发又高又大，像我这样高的人坐上勉强可以，脚能着地，像总理坐上去就不舒服。他的脚就得悬着。"他嘱咐工作人员："总理现在生病，给总理送一个去。"毛泽东体察事情很细微。当他坐上一个较为满意的沙发椅时，马上想到了与他几十年患难与共的同志、战友、朋友周恩来。这是一种怎样的深厚感情啊！

同样，周恩来对毛泽东的病情也十分关心。

自1971年以后，毛泽东的体质迅速衰弱，他的健康情况很不稳定，且好的时候少。有时连续几天大量工作，有时他又因帕金森症发作卧床不起。

一九七三年，病中的周恩来陪同基辛格博士前往上海

207

毛泽东身体状况虽然日衰，而从20世纪70年代起，外国首脑大凡踏上中国的土地，就会有个急切的要求：我们要拜会毛泽东主席。并以一睹"东方巨人"为快为荣。对此，八旬老人面临的是纷至沓来的友谊之手，这能拒绝吗？犹如人不能拒绝空气一样拒绝这个热忱的世界。

1973年春，毛泽东和周恩来这两位身患重病的老人，外交活动达到了高潮。而此时，毛泽东的眼睛患白内障多年，视力急剧下降，越来越讨厌耀眼的摄影灯在他书房里闪来闪去。周恩来非常着急，他除了及时了解病情和指导眼科专家会诊外，还告诉摄影者在拍摄毛泽东和外宾会见时的照片，必须严格限制在三分钟以内，多一分也不行，时间一到立即关灯。另外，周恩来还将自己使用多年的一副眼镜送给了毛泽东。他在写给毛泽东身边工作人员的一封信里说：

这副眼镜是我戴了多年，较为合适的一副。送给主席试戴。如果不合适，告诉我，给主席重配。

周恩来对毛泽东的爱护和关心，真可谓入丝入毫，点滴不漏。

1975年8月，医生决定为毛泽东做白内障摘除手术。这种手术属于一般性的小手术，但周恩来仍然不放心。尽管他自己的病情已经十分严重了，但却坚持要到手术现场。为了不干扰毛泽东的手术，周恩来和其他几位领导人提出不到手术室，不与毛泽东打招呼，几个人坐在手术室外的大厅里，一直等毛泽东手术做完之后才放心地离去。

毛泽东的手术像周恩来预期的那样，非常成功，他的一只眼睛复明了。

1975年10月下旬，为了"延长生命"，医生给周恩来做最后一次手术。到

一九七四年，病中的周恩来看望病中的毛泽东，在房前与毛泽东的医护人员合影。

这时，周恩来先后做了13次手术。

"13"在西方被视为凶数。

周恩来曾因罗杰斯及其助手们为住"13"楼而生气时，给他们讲中国寓言"不怕鬼的故事"。罗杰斯等人听后都笑了，不安和气恼也顿时消失了。

然而，周恩来这次巧合了"13"这个"凶数"。他已经不能进食了，完全靠输液来维持生命。周恩来此时不但卧床，而且已无法坐起来，身体下部插了七八条管子，输液、输血、排液。他身体下部的膀胱等部位整个都烂了，但头脑仍然很清醒。卫士和秘书每天轮流给他读一些国际简报、国内动态和参考资料，也让他听听广播。

到12月，周恩来已经高烧不断，谈话都越来越艰难了，声音非常微弱。

1976年元旦，毛泽东的《重上井冈山》和《鸟儿问答》两首词发表，已处于病危之中的周恩来从昏迷中醒来，恰好从广播里听到后，便让秘书去买来诗词，并让他们读。当读到"不须放屁，试看天地翻覆"时，周恩来的嘴角绽出几丝笑纹，甚至可以听到隐隐的笑声。可是，膀胱癌和肠癌的剧痛很快又使他双唇紧抿。秘书收起诗词，他虽然疼得额上沁满汗珠，仍然坚持示意让秘书把诗词放在他的枕边。

周恩来对毛泽东的感情是非常真挚而深厚的，即使在弥留之际，还惦念着毛泽东的病情。

有一天，他醒过来，用微弱的勉强能听到的声音讷讷地问医生：

"主席……主席身体怎么样？"

"没有大的变化。"医生小声报告。

"只要主席健在，我就放心了。"周恩来说完后，又昏迷过去了。

周恩来逝世时，胸前佩有毛泽东头像和"为人民服务"五个大字组成的一枚像章。从这枚像章可以看出毛泽东和周恩来的关系。这枚像章，周恩来从不同意用任何单纯的毛泽东头像像章来替换。这无疑反映着周恩来的内心世界，反映出他心中人民、毛泽东与自己的位置和关系。

据周恩来的保健护士郑淑云回忆说："那天我走到总理办公室门口，一看门是半开着的，我就探过身往里瞧了一眼，一看总理今天破例没有伏案工作。桌上摊了一大堆毛主席纪念章，他正侧身站在那里仔细拣着。我一看很高兴。因为那时候，毛主席像章风靡全国，人人手里都有一大堆，常常拿出来比较、交换，有一枚好像章，就像得了宝贝似的，到处向人夸耀。我一看总理桌上有那么多好像章就眼睛发亮，走不动了。想看看有什么新的。总理抬头一看是我，就说：'进

209

来，进来。'平常我是不进他办公室的，这次因为我见他显然是在休息，所以就进去了。总理：'过来看看像章，我看来看去就喜欢这一枚。'我探过头去一看，并不是主席头像，而是主席手写的'为人民服务'章。"

周恩来永远和人民站在一起，这也是他和毛泽东成功合作关系的主要之点。人民是他们心中的"上帝"，"人民万岁"是发自他们内心肺腑的口号。他们都把自己融化在国家、民族和人民之中，并愿为之献出自己的一切。正是由于周恩来对人民爱得这样深切，所以他才对毛泽东表现出无比忠诚。

据秘书和医护人员回忆，周总理卧床不起后，特别是他病危后从昏迷中醒来时，曾多次抚摸毛主席像章和诗词，曾多次询问毛主席现在住哪里？身体怎么样？每逢这时，他们的心中都特别痛苦。如果毛主席身体好一些，能够到周总理的病房看一眼，在周总理的病床旁边坐一下，对于他们几十年的战斗友谊，对于我们的历史，都将是多么感人的一笔啊！

这期间，毛泽东的身体状况也令人担心。毛泽东的机要秘书张玉凤在她的回忆文章中这样写道：

"他讲话困难，仅能从喉咙内发出一些含糊不清的声音字句。由于长时间在他身边工作，我还能听懂主席的话。每当主席同其他领导同志谈话时，我就得在场，学说一遍。但到了他讲话、发音极不清楚时，我只能从他的口形和表情来揣摸，获得他点头认可。当主席的语言障碍到了最严重的地步时，他老人家只好用笔写出他的所思所想了。后来，主席的行动已经很困难，两条腿不能走路。如果没有人搀扶，连一步都走不动了。"

两位伟人同时处于这么严重的病态之中，他们的病榻相距不远，然而却被一堵红墙和西安门大街的柏油马路无情地隔开了。一个在北海西岸305医院内，一个在中南海西岸的游泳池旁，他们情有所往，不忍想见，无力相见，也永远不能相见了。

1976年1月8日。毛泽东几乎一夜未合眼，此时他正卧床，侧身看着文件。负责毛泽东身边工作的张耀祠急匆匆地赶到游泳池毛泽东卧室，将周恩来逝世的噩耗报告了毛泽东。

毛泽东听后许久一言未发，只是点点头表示知道了。对于周恩来的逝世，毛泽东显然早已料到了。在近几年的医生报告中，早有所觉，长期的伤感，使他的眼泪枯竭了。此时，他已无法向这位患难与共的同志、战友表露自己内心的悲伤和痛苦。

几天后，中央拟好了有关周恩来追悼会的规格，参加追悼会的政治局及党、政、军负责人的人数和悼词一并送毛泽东审阅。

中央考虑到毛泽东病重，便没有安排他参加有关周恩来逝世的一切活动。

据张玉凤回忆，毛主席审阅这个报告时，我一直守候在侧，不知道为什么在我这个普通人的心中，一直存有一线希望，或许会有四年前参加陈毅同志追悼会那样的突然决定，或许也能去参加周总理的追悼会。一句憋在我心里许多的话，不由自由主地脱口而出，像孩子般冒昧地问主席："去参加总理的追悼会吗？"一直处于悲伤中的主席，这时，一只手举着还没有来得及放下的文件，另一只手拍拍略微跷起的腿，痛苦而又吃力地对我说："我走不动了。"

毛泽东这时已站不起身，他不愿意让人们看见他举步维艰，离不开轮椅，不能讲话那种晚年病态和痛苦的心境。

毛泽东没有参加周恩来的追悼会，也是完全可以理解的。

毛泽东拿起他一贯使用的那支红铅笔。在送审报告上写有"主席"二字的地方端端正正画了一个圆圈。悼词千言，这个圆圈寄托了毛泽东对周恩来的深切哀思。这个圆圈表达了毛泽东对周恩来的深情厚谊。可是在人民的心目中，他确实是弱了，太弱了……这一笔怎么能表达得了对与自己风雨同舟几十年的战友的离别之情呢？人民当时多么希望毛泽东能在周恩来的追悼会上出现呀！

然而，若干年后，当人们从毛泽东身边的工作人员和卫士的回忆文章中得知他当时的身体状况时，人民不仅能理解毛泽东，也更深切地理解了毛泽东和周恩来之间情同手足的关系。

那天晚上，在毛泽东看电视的时候，护士和陪伴他的人注意到眼泪从他衰老的脸上流下来。

毛泽东没有参加追悼会，但他派人送来一个花圈，放置在曾与他携手近半个世纪的战友、曾任中华人民共和国国务院总理达27年之久的周恩来的遗像旁。毛泽东只能以这种方式同他这位忠贞不渝的同事告别。

周恩来逝世后，毛泽东的情绪非常不好，烦躁不愿讲话。只是借助刚刚治好的一只眼睛不停地阅读。这时，他虽然能自己看书、看文件，但由于他的身体过于虚弱，两只手颤抖，已经没有举起文件的力量了。为了满足毛泽东那艰难的阅读需要，身边的工作人员都要帮他举着书或文件。看得出来，此时他似乎只能从书本和文件上中摆脱一切痛苦。

有一天，毛远新告诉毛泽东，在上海一些颇有影响的人物贴出了令人不安的大字报。

周恩来
红镜头中的

▌1975年12月31日，毛泽东在中南海书房会见美国前总统尼克松的女儿朱莉和女婿戴维

　　大字报上说，邓小平在悼词中把周恩来赞颂得过分了，"结论应该推翻"。

　　且不管毛远新在向毛泽东汇报这张大字报时抱有什么动机，毛泽东给予了明确的答复："攻击周恩来，人民一定不会答应。在周恩来追悼会上所作的悼词，其结论是不能改变的。要推翻这个结论，人民是不会赞成的。"

　　毛泽东对与他共事近半个世纪的周恩来是深相信不疑的，他了解周恩来，信任周恩来，也知道人民爱戴周恩来，所以他不容许任何人诋毁周恩来。

第十二章
收到马克思的请帖

从中午开始，无数的人都自发走出家门，来到长安大街。他们中有怀抱婴儿的母亲，倚杖而立的老人，双腮垂泪的孩子，满目哀伤的青年工人、农民、学生、士兵、机关干部、街道居民……都臂戴黑纱，胸缀白花，任凭寒风吹打，伫立在长安大街两旁。他们的心情如这天空一般阴沉哀痛，默默等候着。这是中国历史上从未出现过的。在世界历史上也从未有过如此隆重、如此悲壮的葬礼。

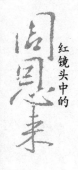
> 周恩来用目光注视着居住了长达26年之久的办公室，凝神不语；心力交瘁的他，终于不得不依依不舍离开了西花厅。这所院落从此空寂了

　　1974年5月31日，身患癌症的周恩来硬撑着疲惫不堪的身躯同马来西亚总理拉扎克签署了《中马建交公报》，接着，晚上又陪同毛泽东主席接见了拉扎克。就在那次接见中，两位伟人默默地最后一次握手道别。晚上他回到西花厅，在那里睡了最后一个好觉。第二天近中午时刻起床，早餐毕，周恩来到办公室里整理了一会儿文件，向秘书交代了一些工作后，穿着中山装，披上那件深藏青色大衣，在邓颖超、身边人员、医生及护士的陪伴下走到院子里。此时，为周恩来开车多年的司机杨金明师傅，早已将那擦得乌黑锃亮的总理座车停在了办公室外的院子里。

　　周恩来临走时，站在汽车旁，用目光将整个院子细细地看了又看；嗣后，面对他为国为民殚精竭虑地工作过的地方伫立良久，目光注视着居住了长达26年之久的办公室，凝神不语；业已心力交瘁的周恩来，终于不得不离开他非常钟爱的、无数个日日夜夜为民操劳的办公室——西花厅，住进医院接受外科手术治疗。

　　以往，周恩来虽然曾经因出国访问、陪同外宾去外地参观，或是到下面视察工作等原因而多次暂时离开过西花厅，但他绝没有想到，这一次，是他有生之年最后一次离开西花厅，是跟这所院落永别！

　　305医院自建院以来，住进来的第一位党中央高级领导人，就是周恩来总理。他，自打住进医院以后，再也没有出得了院。

　　周恩来是在1972年5月间一次常规的检查中发现患有癌症的。

　　尼克松总统走后两个多月，保健大夫张佐良按照惯例，一个星期给总理检查一次大小便常规。从肉眼看，取样的小玻璃瓶里无什么异样的颜色。第二天，化验结果送到了保健大夫手里，他一看化验单，不由得心一沉——4个红血球？！

　　就是说显微镜下的每个高倍视野就有4个红血球！

　　这意味着什么？

　　虽然这4个红血球在医生眼里几乎没有什么临床意义，但是他们手里的尿检报告是来自一国总理体内的信号。谁也不敢侥幸，也不能侥幸！必须再取样做进一步的化验。

病检报告第二天就出来了，红血球上升到8个。最要命的是发现了令人揪心的癌细胞。但在20世纪70年代，人们对癌细胞的认识还不像现在这样一致和确定。一开始北京的专家们对尿中的癌细胞有两种意见：有的认为就是癌症；有的则认为尿液中的细胞，往往变化无常，尿中发现癌细胞不一定有确定诊断的意义。最后派人去天津和上海两地，请有关专家再进一步确诊，专家们一看涂片标本都认为是癌细胞。

早期膀胱癌不容置疑地摆在了医生们的面前！

身边的工作人员无不心急如焚，可已经患病的周恩来仍然在日理万机，丝毫不关心自己的病情。这时，"文化大革命"已经进入第七个年头。在党和国家遭受危难的年代里，他始终处于一种难以言喻的痛苦和忧虑之中。他要不顾病魔缠身，抓住林彪叛国事件后历史出现的转机，毅然举起批判极左思潮这面旗帜，在各个领域里努力消除"文化大革命"的恶果，尽可能地把党和国家从危难和困境中摆脱出来。

此时此刻，作为周恩来的保健医生张佐良却像发了疯一样，四处奔走，在其他中央领导人的面前，他声泪俱下："再不抓紧治疗，迟早会尿血的……啊！那时再治疗就……晚了。"

他能不哭泣不焦急吗？万一有个闪失，怎么对得起总理！怎么向全国人民交代！

日子就这样在恐慌和担忧中度过了半年。

每次给总理尿检，医生们的神经都要承受一次重压，生怕看见大量红血球的报告单。有时，大家不安地定睛注视着日渐消瘦的总理，为总理用痛苦铸造的命运而悲伤，也为总理坚强的承受力而感动，不时地担心他体内那颗"定时炸弹"，不定什么时候会来个大"爆炸"！

1973年1月13日，天色还没有亮透，周恩来刚刚结束案桌的工作，从办公室里走了出来，他已经整整工作了20多个小时，如果抓紧时间，还能睡几个小时。

1972年4月7日，周恩来在广州郊区岭村考察工作

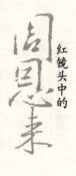

值班的同志见总理走进卧室，也松了一口气，急忙回到自己的房间，倒下快散架的身子，蒙上头好好睡一觉。

不知过了多久，蒙眬间，张佐良突然听见警卫秘书变了调的喊声："张大夫，张大夫，快起来，快起来。"

他被某种不祥之兆撞击，顿时清醒了过来，一跃而起，跑向门口……只见警卫秘书张树迎手里端着盛满鲜血的尿壶。看见这个触目惊心的颜色，再看看警卫秘书惊恐的神色，不用问，他什么都明白了。

血尿。日夜提心吊胆的事情终于来临！

"尿……都是红的……全是血……"警卫秘书的脸色都变了，双唇直哆嗦。

走进总理的卧室，见总理躺在床上，脸冲着房顶，一声不吭。

医生连忙进卫生间，再看马桶池，里面鲜红鲜红的。他眼测，这流血量不下500毫升。他这时想到总理有心脏病，千万不能让总理承受尿血的恐惧。他梳理了自己紧张的情绪，想了几句宽慰话，让总理稍稍宽宽心。

他才开口，周恩来扭头朝他直摆手，叫他什么也不要说。

跟随多年的医生突然明白，一个对周围非常敏感，对事物掌握极其细致的人能不察觉自己身体发生的变化？能没有充分的思想准备？难怪他极力回避这个话题，只是一味工作、工作。他在用有限的生命争时间，抢时间，用自己血肉之躯填写每一天。

大家心里苦涩苦涩的，也茫茫然，仿佛不知道应该向谁去求援？主席也重病在身……原来和总理熟识的老帅们也都打入冷宫，分散在天南地北，远隔千里。

周恩来义不容辞担负起组织医务人员为毛泽东治疗的重任……可是如今总理在尿血，谁又来为他承担？

猛然，大家想起了叶剑英元帅，对，叶帅！

他和总理个人感情不错，在中央会议上又能说上话，那几个人也不敢怎么样他。

他一定能起作用的！

叶剑英当时住在北京的西山。

医生们马上驱车去他那里求援。一见叶剑英，医生竟然有一种见到亲人的感觉，长时间的委屈和害怕好像找到了可以依靠可以宣泄的怀抱，他们禁不住泪水再次夺眶而出，还没开口却先哭出了声。

1973年6月，病中的周恩来陪同外宾访问延安，
看见延安依然很贫穷，不由得愁眉紧锁

1976年1月10日，宋庆龄副主席向周恩来遗体告别，
她与邓颖超紧紧握手

1976年1月10日，首都人民在北京医院向周恩来遗体告别

▌1975年1月，周恩来和叶剑英在四届人大会议上

叶剑英一见医生这般伤心，估计总理发生了严重的事情，但还没有意识到有这么严重。他听完保健大夫的讲述，愣怔了许久说不出话来。

到底是一位见过世面、经过大风大浪考验的老人，他控制住自己的感情极力宽慰两位泣不成声的大夫，理解他们孤立无援的痛楚。

"别着急，你们别着急。我想办法报告主席，向主席说明情况。"

"叶帅，您一定要说明这一点：膀胱癌不同其他癌，不是不治之症。治疗得早是可以根治的，是有救的……叶帅您一定要这么说啊，总理是有救的。"

"好好，我按照你们的意见说。现在你们别着急，要注意总理心脏，他的心脏有病，不能再增加他的思想负担。想办法先止血，稳定住病情。尽量争取早些做检查。你们放心，主席会帮助总理渡过难关，会同意总理做进一步检查的。"

有了叶帅这句话，他们才感到心里好受些。

几天后，中央批准了专家们的医疗报告。

当听见毛泽东来电话祝贺手术成功时，坚强的邓大姐泪水沾襟。可是眼泪没有感动苍天，周恩来的病情一天比一天严重

1973年3月8日，周恩来终于离开了西花厅，来到玉泉山接受检查。为了对外保密，专家们在玉泉山布置了一个治疗室。

手术台历来是生命的生死台，它几乎能改变甚至能决定一个人的命运。周恩来躺卧的手术台上，紧张的气氛像凝固一般，专家们心里都沉沉的，重重的，随着每一次手术器械落盘的声响，心越揪越紧，汗水不知不觉细细密密从额上渗出……

膀胱镜终于照见了发病部位，专家们眉眼露出了笑意。癌症灶直径还不到1厘米，表面仅有些毛茸茸。癌症还在早期，治愈的可能非常大！手术台闪动的眼神成了他们医生心灵沟通的语言。

负责主治的吴阶平院长一声不吭，立即用电烧手术器械烧掉了病灶，只有几秒钟，癌的病灶消失了，不再出血了。

医生们欢欣鼓舞，连忙把手术成功的消息报告给门外的领导。同时也将手术情况汇报给毛泽东，不到半小时，毛泽东住处就回电话过来："医生们做得好！感谢他们！"

悬在心头的石块，终于可以落地了。

邓颖超也等待在手术室的门外，听见丈夫手术很成功，她的心情并没有完全轻松，当听见毛泽东来电话祝贺，她却哭了。她内心深处的担忧和多日的紧张，随着无言的泪水滚淌。任何艰难困苦面前，坚强的邓大姐都没有落过泪，可这次她……泪水沾襟。在场的人谁也无法分担邓大姐内心的痛苦，更无法用语言去宽慰她。

好容易度过煎熬心灵的炎夏，浓郁的秋季给了周恩来稍稍宽松的环境。

10月下旬的一天，周恩来在大会堂福建厅约人谈话。

这天有些奇怪，医生们老是觉得隐隐有预感，会出点什么事情似的。观察尿色是最直接掌握病情的方法，医生非常注意总理的小便情况。每隔两三小时就提醒总理解手。这时他们发现总理已经好几个小时没有解手了，应该进去催促一下。周恩来一见医生进来，马上意识是叫他解手了，没有等医生说话，主动起身去了卫生间。

周恩来解手出来，看了门口医生一眼，什么也没有说，一扭头走向座位。可这一眼却叫熟悉他的医生心跳，这是什么样的眼神？这么古怪？医生随后一步冲进卫生间，完了……尿血……顿时脑子轰的一声，只觉得血沉到脚后跟，整个房间都在眼前转动。

这意味着周恩来很可能不再属于三分之一治愈的病例！

张大夫第一反应就赶紧给总理服镇静药，怕他心脏出问题。然后写了个条

一九七五年八月二十六日，周恩来在医院接见西哈努克亲王

子给在场参加会见的叶剑英："叶帅：总理刚才小便出血，看来已经复发。"

不一会儿，叶剑英神情紧张地走出来："怎么回事？张大夫，总理怎么了？"

张大夫急切地向叶帅汇报了刚才发生的情况。说到总理几个月心情不好，拒绝化疗，癌细胞又抬头时，眼眶又红了，咬着嘴唇，默默低下了头。

……叶帅长长叹了口气。

"别紧张，要沉住气，我来想办法。"说真话，此时此刻叶帅就是他们医生的救星。如果不是这样，他们的肩膀真不知道能不能扛得住这个严酷的现实。

厄运又一次降临在周恩来头上，癌症复发的痛苦远远比初期发病要严重得多，这次出血比以前任何一次都要迅猛，量也多。每天失血达100毫升以上。这样严重的病情不要说是发生在一个已经七旬老人身上，就是年轻力壮的人也吃不住劲的。

3月，周恩来又作了一次电烧手术，可是这次治疗远不如上次效果好，仅隔一个月又复发尿血。

这次复发带来一个非常痛苦的并发症——尿潴留！

膀胱里出血一多，就会凝固成血块，堵住排尿管口，尿被憋在膀胱里出不来，肿胀、疼痛。病人这时痛苦万分。每到周恩来会见外宾或是开完会，他就要开始承受这种难以忍受的痛苦，实在肿胀难忍时，就倒在会见厅的沙发上翻滚，希望能把血块晃动开。

大夫焦虑万分守护着总理，看着总理如此遭罪，却不能去帮他解脱痛苦，这简直就是医生遭受惩罚啊！

一天、两天、三天……周恩来天天都在痛苦地翻滚。

最后大家哭着把床搬到了大会堂，让他翻滚时有个稍宽敞的地方。

总理在人民大会堂参加活动多，和大会堂的工作人员特别熟悉。现在总理病了，带着病体来大会堂，工作人员就格外小心照顾，尽量减轻总理的疲劳和痛苦。可是总理的病情太重了。她们看见自己敬爱的总理一声不吭忍受常人难以忍受的痛苦，心都碎了。女人泪多。她们常常躲在总理看不见的地方抱头痛哭。可到了给总理添茶或是送手巾的时候，她们进门前抹抹脸，怕留下泪痕，然后强作微笑进去，可是一出门，又抑制不住"哇"地哭出了声。

眼泪没有感动苍天，周恩来的病情一天比一天严重。

张大夫没有放弃为总理治病，又去找叶剑英。因为他是为数不多能有机会见到主席的领导人，也是愿意在主席面前替总理说话的领导人。

叶帅听完全部情况，他表示一定帮助总理早日得到治疗。他说过几天要陪客人去游泳池见毛泽东，他到时一定向主席说明，争取批准治疗报告。

张大夫听见叶帅最近能见到主席，心里略略好受了些。他相信叶帅的威信和影响力，会如实向主席汇报总理病情的。

没有几天，毛泽东快速地批准了周恩来的治疗方案。

治疗地点放在305医院。专家们一接到这个通知，立即开始进行手术前的准备工作。

周恩来用略带沙哑的声调对杜修贤说："好了就好了，好不了就了啦！"这是周恩来向跟随他多年的摄影记者告别

"总理住院了！"这一消息传来时杜修贤犹如劈头一棒。

痛苦中也觉得奇怪，事先怎么就一点也不知道总理……得的是绝症？怎么就一点也没有察觉总理生了重病呢？这简直是一个不能原谅的粗心！

周恩来这几年明显消瘦，大家是有目共睹的，但是人们被他旺盛的精力和

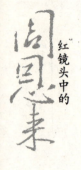

220

乐观的情绪所"蒙蔽",感觉发生了偏差。就连整天拍摄总理形象的人都不知道也无法相信总理已是身患绝症两年多的病人。

杜修贤想总理有了休息的环境,说不定休息治疗一段时间,病就会好的,又可以重新回到西花厅工作和生活。

可是周恩来将总理的工作岗位也带到了医院,只是换了个环境而已。有人曾经将总理1974年下半年在医院会见外宾做了个粗略的统计:

6月1日住院,5月31日还在人民大会堂会见外宾。住院手术仅一个月零五天就开始了短暂岁月里艰苦繁杂的工作和会见。

7月5日,会见美国参议员夫妇。

7月20日,会见西多。

8月1日,出席"八一"建军节招待会。

9月20日,会见马科斯夫妇(在此期间又一次手术)。

9月30日,出席"国庆"招待会。

10月6日,会见邦戈总理。

10月19日,会见丹麦首相。

10月27日,会见黎清毅。

11月5日,会见威廉斯。

11月10日,会见普鲁也伊。

11月25日,会见基辛格。

12月5日,会见池田大作。

12月12日,会见曼斯林多德。

半年里总理在医院参加活动和会见外宾达十多次,有时中间只隔四五天。这只是他会见外宾的记录,其他方面还做了不计其数的工作。

他是用重病的身躯在险恶复杂的政治环境里担挑着中国的前途和命运!

自从周恩来住进了医院,杜修贤的拍摄路线又多了一条通往医院的路线。

他不喜欢医院,也从不进医院。这不仅仅因为黄土高坡的艰苦磨砺铸造了他健壮的体魄,也因为飘洒药水气味的"白色世界"有一扇通往生命终点的门,它让人恐惧伤感。

可是现在他不得不追随总理的身影跨进医院的大门。这种心情绝不是当年跟随总理去亚洲、非洲、欧洲那种风光愉快的心情,它很沉重也很焦虑……

周恩来治疗的小楼东临北海,空气新鲜,环境宁静而温雅。

客厅在周恩来病房的外间,围着一圈沙发,外宾来一般都到这间简朴的客厅就座。

总理见过外宾后，杜修贤都要向卫士长或是秘书打听总理的病情。

周恩来的病一天天地在恶化。医院只能尽最大的努力延长他的生命。

周恩来超负荷的工作程序从西花厅一直延伸到305医院，这让身边的工作人员忧心忡忡，一碰到会见外宾的时间超过半个小时，他的卫士、秘书就开始在门外坐立不安，不住地从门缝往里瞧。如果超过一个小时还不结束，医护人员也着急地站在门外。

"老杜，你还不进去拍告别的镜头？"卫士长推推他。

"好像还没结束呢？"杜修贤不理解他的意思，朝门缝里瞧瞧，老实地说。

"啊呀，你进去一拍，会谈还不就结束了？"

"那哪成，这不犯规了吗？"

"没那么多的规矩。总理都病成啥样了，老这么坐着怎么行？进去呀，你进去呀！"卫士长几乎要把他推了进去。

杜修贤被说动了心，就走进会见厅。举起机子对准宾主的方向，也不知是凑巧还是外宾知趣，会谈还真的结束了。

12月5日，杜修贤去拍摄周恩来在医院会见日本池田大作的镜头。会见时间不太长。结束后，电影电视的记者已经收拾先走了，他提着摄影箱也准备离开，刚走到客厅的门口，身后有人叫他，心里"咯噔"一声，这非常熟悉的声音不用分辨也知道是谁。

总理不知什么时候从里间走出来，正在叫他。

"总理，您……"

总理没有坐下，而是走过客厅的门口，一手扶着门框，另一只手朝他招招。

一股滚烫的热流在胸间震荡、翻滚。三步并两步，跑到总理跟前，将手里的摄影箱放在地毯上，想扶总理进客厅里坐下，总理摆了一下头："不用了。"

他细细地端详总理，不由得鼻尖发酸。总理太瘦了，苍黄的面颊上布满了老年黑斑，总理微微地喘息，嘴唇因失血变得苍白而干燥，唯有那双深沉的眸子依然明亮。

总理喘定一口气，将视线缓缓地投在他的脸上，说："我的病你知道了吧？"

"嗯。"他闷着气应了一声，深深地埋下头，心里涌上深深的愧疚。

222

在总理住院的前几天，他还莽撞地跑到西花厅他的办公室里，进门也不细看里面的气氛，开口就对总理讲人民大会堂安装固定摄影灯，因为20米的电缆线和别的单位发生争执，请示总理怎么办。他急切地把话说完，才发现总理靠在沙发里，脸上气色蜡黄蜡黄的，很难看。他心里一悸，好像气氛不对头嘛，再细一看，邓大姐也神情黯淡坐在一边的沙发上。他讷讷自知失礼，不该贸然闯进来，打搅他们的工作，转身想走。总理朝他笑笑，叫他去找办公厅的领导，叫他们出面协商解决。临了，总理叹了口气，说："你呀，什么事都来找我，看我不在了你找谁！"

杜修贤一听不以为然，嘿嘿直笑："您什么时候都在！"

没有几天，杜修贤知道总理身患绝症住进了医院，心里顿时像刀子割，悔不该为20米长的电缆线也去打搅他，也许那时他正在遭受病痛的折磨……唉！真该死！

他望着眼前的总理，眼眶潮湿了，不知说什么才能绕过这个最害怕的话题。

周恩来用略带沙哑的声调对他说："外国朋友都问我，你的病好得了吗？我怎么回答？只能回答'好了就好了，好不了就啦！'"

"总理这这……"他语无伦次，一下子找不着合适的字眼来表达此时的痛苦感情。他看到总理坚强的目光，只好紧紧地抿住嘴，咽下这不适时宜的悲伤，竭力控制自己的声音，"总理，听说中医对这个病很有办法！您试试……"

总理无声地笑了，笑得那样平静，平静得使杜修贤心里直打颤。

泪水蒙上他的眼睛，他明白了，总理已经镇静自若、从容不迫准备走向生命的尽头。可他连一句话哪怕一句安慰的话也说不出来。

他难受地低下头，避开总理的目光，泪眼模糊地望着脚边四方崭齐的摄影箱子。

沉寂中，他的肩头感到了一种力量的拍击，一昂头，承接了总理平静而又坚强的目光，似乎在向他作最后的告别。

十多年的辛酸苦辣，十多年的风风雨雨，十多年的情深意长……未尽的希望，未尽的教诲，未尽的关怀都浓缩在这寥寥数语之中。

命运为什么对我们的总理要这样残酷？他心里悲愤地呐喊。泪水再也抑制不住了，纷纷滴落在紫红色的地毯里。

周恩来在医护人员搀扶下，走了，走进他的治疗间。杜修贤默默地望着总理略略弯曲的背影在视线里消失。

他神情恍惚。

第一次对医院浓郁的药味失去嗅觉，木然地走出医院的大门。直到汽车鸣着喇叭从后面追了上来，司机用古怪的眼神打量他，才想起他的新闻照片还要冲洗。

以后一年里，他又见到过总理几次，每次相见耳畔都会想起那天总理沙哑低沉的声音："好了就好了，好不了就了啦。"

杜修贤盼望奇迹出现。

杜修贤刚放下相机，与总理合影的人们也准备散开……猛然，大家被一种平缓声音震慑了——"我这是最后一次同你们合影，希望你们以后不要在我的脸上打××。"

3月底，周恩来做了一次腹部手术，切除了大肠内接近肝部位的肿瘤。手术刚完，医生还在包扎伤口，周恩来叫来了李冰，很艰难地说："云南，锡矿工人，肺癌发病情况，你，知不知道？"

"知道。"

"你们，要去解决……这个问题。"周恩来停了一会儿，喘了一口气接着说，"马上……去。"

李冰用力地点点头，眼圈红红地哑声说："我就去，请总理别说话了。千万要好好休息。"

一出手术室的门，李冰泪水止不住地流淌下来。周恩来知道属于自己的时间不多了，他不愿静养休息，第二天就让秘书给他念报纸和文件。

6月9日，周恩来不顾医护人员的再三劝阻，坚持乘车到八宝山参加了贺龙同志的骨灰安放仪式。他哀声哽咽地对贺龙夫人薛明说："我没有把他保护好呵。"因为贺龙毕竟是在周恩来保护中被造反派带走的，当时周恩来对贺龙说："半年后我再接你回来。"没想到贺龙这一走，就再没能回来了。周恩来泪水涌流，感到自己确实没能保住贺龙，心情沉重。

贺龙的女儿紧紧握住周恩来的手说："周伯伯，你要保重身体，要保重身体呀！"

周恩来声音颤抖地说："我的时间也不长了。"

他的话引起四周一片悲恸之声，大家为总理、为国家担忧。

6月23日，周恩来在医院会见了柬埔寨的波尔布特。

26日会见了美籍华人李振翩博士。

7月1日，周恩来在医院又会见了泰国总理克立·巴莫，并在《中泰建交公报》上签署了名字。李先念、乔冠华一起来陪同会见。

会见后，新华社记者杜修贤见没什么事了，就收拾好摄影箱也随后往楼外走，刚到楼厅，只见李先念和乔冠华送了客人又折身往回走。这时，乔冠华一把拽住他："唉，老杜你先别走，正找你有事。"

"什么事？"

"你就别问了，跟我走。"

杜修贤和他们一起又回到客厅里。一进门，他傻了眼啦！刚才还空空的客厅，眨眼的工夫坐满了人，定睛细瞧，都是总理身边的工作人员和为总理治病的医生护士。

"咦——你们都在这干吗？"杜修贤奇怪地问。

"等你呀！"

"等我？"杜修贤更加糊涂。

"平时请都请不来，今天趁你在，还不让你为我们照张合影？"

杜修贤望了一眼乔冠华，乔冠华朝他诡秘地笑着。原来他和工作人员串通一气，把杜修贤半道拦截了下来。

"那不早告诉我？我好有个准备。"杜修贤取出机子，到门外选景致。

选来选去，看看还是楼厅里开阔些，大厅的一侧有一排高坎似的台阶，正好可以站人。不过色调不理想，红窗帘红地毯，太艳，给本来就炎热的夏夜带来一种燥热的感觉。可没有再宽阔的地方可去，只好将就吧。

他将人分成两排，后排人站在高坎上，正好高前排人一头。李先念、乔冠华站在第一排，他排来排去，他们始终在中间空一个位置。这时乔老爷不紧不慢告诉他一个意外惊喜的消息："等会儿总理和我们一起合影。"

"啊呀，你怎么不早讲，早知道就选个白天在室外拍外景了，这里的色调太不理想。干吗非这个时候拍？大家好不容易和总理合一次影，不能选个好时

225

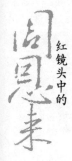

1975年7月1日，周恩来在医院与身边的工作人员照完这张合影后，对大家说："我这是最后一次同你们合影，希望你们以后不要在我的脸上打××。"

间？"他心里清楚这次合影或许是总理最后一次和身边的工作人员合影，应该将时间和地点选好。杜修贤不由得埋怨他们。

"工作人员早就有这个想法，想和总理合影留个纪念。一直见总理精神不行，怕影响他休息，今天大家见总理精神挺好，又看你走得迟，就向总理提出这个要求。总理答应了，我赶快就把你拖住，不然大家的要求又要落空了。"

一会儿，周恩来在两位护士搀扶下，微笑着朝大家走来。

总理走到第一排中间的空位上，两位小护士分别站在总理的两侧。

杜修贤迅速调整焦距，对好光圈，连着按了几张。

他刚放下相机，人们三三两两也准备散开……猛然，大家被一种声音震慑了，其实这不过是一种平缓的声音，却让他们惊恐万分："我这是最后一次同你们合影，希望你们以后不要在我的脸上打××。"

杜修贤不相信地望着总理那平静和蔼却郑重其事的面孔，这声音是从他肺腑吐出？万般谨慎的总理怎么会说这样的话？

大厅霎时间陷入沉寂，人们显然被总理突如其来的一句话搞蒙了，无法领会其中的意思。

乔冠华和杜修贤默默无语，匆匆交换了一个眼神。讳莫如深的话题使杜修贤感到不安。

从医院出来，城市已经走进夜幕之中。川流不息的车灯在凉爽的夜幕里来回扫射，把单薄的夜织得厚厚实实，密不透风。

总理这句话暗含着什么？他一定是有所指的，总理从来都是将自己生死安危置之度外的，不是气愤至极，不是忍无可忍他是不会讲这样话的。

这句话暗含他对损害他政治生命、争权夺利有狂妄野心的人的愤怒、声讨和抗争。

总理能不知道"批林批孔"的真正用意吗？能不知道批《水浒》的指向吗？活着尚且如此，死了呢？打"××"的事情还少吗？

大家都知道1973年11月，毛泽东认为周恩来在一次外事活动中说错了话，要求政治局开会批评周恩来。"四人帮"趁机发难，上纲上线说这是"第十一次路线斗争"。

过了不到一个月，毛泽东又批评了江青："有人说错了两句话，就讲是十一次路线斗争，不应该那么讲，实际上也不是。"

"一个讲总理迫不及待。他不是迫不及待，她自己才是迫不及待。"

1974年上半年，中国政坛风云急剧变幻。先是"批林批孔"，后来批起了"周公"。6月1日，周恩来因癌症入院。7月3日，小靳庄在"四人帮"的吹捧下腾空而起，一时有与大寨争春之势。到了下半年，"四人帮"与周恩来在由谁组阁问题上的冲突愈发尖锐。毛泽东两边都用，既让周恩来组阁，又让王洪文安排人事，但是后来他逐渐转向了周恩来。

7月17日，毛泽东在政治局会议上露面，他当众训斥江青，说："她不代表我，她代表她自己。""总而言之，她代表她自己。"毛泽东说："她算上海帮呢！你们要注意呢，不要搞'四人帮'小宗派呢！"

毛泽东出面为周总理讲了话，才免除总理更多的精神折磨。可是谁又能预料历史在有些人的手里不会变成了一段可以随心所欲剪来裁去、拼拼凑凑的布料？

1975年年初开始，邓小平一系列大刀阔斧的经济整顿，让反对派的神经越绷越紧，大有剑拔弩张之势。

已经回到北京的毛泽东，病情日渐严重，从江青那些人的口中，经常听到对邓小平不满的谈论。不过毛泽东反感的不是邓小平的整顿，而是江青几个人在中央拉帮结派的行为。7月，毛泽东在游泳池召开政治局会议，严厉批评了江青他们。

在生命之火即将熄灭的时候，周恩来最后一次乘飞机去完成他心中的使命。在长沙，周恩来没有忘记12月26日是毛泽东的生日。他准备了一桌生日宴席，为毛泽东祝寿

进入1974年12月，天气骤然变冷，凛冽刺骨的寒风夹裹着沙土在北京的上空飞舞、呼啸。周恩来从初夏住进305医院直到隆冬，已度过有近半年的时光，连着动了两次大手术后身体十分虚弱。

睡在病床上的周恩来，他的心一刻也不能轻松，四届人大召开在即，江青一伙把这次会议作为他们独揽大权和安插党羽的天赐良机。多年的政治生涯，周恩来太知道政治舞台上瞬息万变，一有疏忽，往往就能带来不可设想的后果。如果党和国家的权力被他们篡夺，那么中国将会面临一个什么样的命运？

11月份的时候，叶剑英悄悄问张大夫：总理能不能外出？

张大夫一愣，这时总理怎能外出？可他望着叶帅充满希望的目光，他想了想，说："严格意义上，总理是不能外出的。但是如果病情稳定，可以短暂外出。"

叶帅眉头一展，随即布置了一个绝密的任务："做好外出的思想准备，挑

一九七五年一月十三日——十七日，四届人大会议在北京召开，周恩来、叶剑英在主席台上

选一个精干的医疗班子。不要对任何人说。"

对于叶帅，张大夫是绝对信任的，如果总理外出，那也一定是经过深思熟虑、势在必行的行动。他一边排列医务人员的名单，一边将这个情况告诉了邓大姐，让她也有个思想准备。邓大姐虽然不参与丈夫的政治活动，但是政治嗅觉却敏锐，她心里比谁都清楚，中国又一次面临选择。她一听是叶帅安排的外出任务，自然对医务小组成员名单没有异议。

叶帅等和毛泽东共过事的老一辈的人，都了解毛泽东的个性。要在他面前将话讲透、讲准，就能得到他的理解和支持。

医疗小组由5个人组成。一个泌尿专家，一个心脏专家，一个医生即张大夫本人，还有两个护士。过了几天，叶剑英正式通知医疗小组：12月18日护送总理飞长沙。

这时张大夫他们才知道主席在长沙，以前只知道主席外出了，究竟到哪里，绝密，谁也不知道。

"这次执行重要的政治任务，'一个名单，两个报告'。你们千方百计护理好总理，绝不能发生意外。"叶帅一一和护送总理的医疗人员握手，每个人都能感受他手掌传送来的力量，好像传送接力棒：下一段路程全看你们了！

上午，周恩来一行人到了西郊机场，准备乘专机，可是王洪文迟迟不到。原来周恩来考虑此行是商讨四届人大的事情，不给江青他们留下"私人会谈"的话把子，再说王洪文也是党的副主席，许多工作是由他临时主持的，和他一同去主席那里汇报工作比较合适。临行前已经和王洪文说好了，让他同乘一架专机去长沙。

等了许久，还不见王洪文的影子，大家建议总理先走。这种身体情况进行空中旅行是十分危险的，医护人员几乎是提着一颗心同意总理冒这个风险，如果不是此次行动关系重大，他们说什么也不会让总理离开医院病床的，所以大家希望飞机快点起飞。

周恩来却有耐心，又一次叫工作人员和王洪文联系："想办法叫他一同走，能少放一趟专机就少飞一次，为国家节省开支。"

王洪文回答说："让总理先走，我随后就到。"

周恩来微微一笑，不再说什么，登上了专机。王洪文此时的心情可想而知，两个月前才飞长沙向毛泽东告周恩来、邓小平的状，被毛泽东好一顿批评，不仅自讨了没趣，还给主席留下了"上海帮"的坏印象。这次又去，不能不说心有余悸。

　　他没和总理同一架飞机去长沙，为了争取时间和江青、张春桥、姚文元商量对策。因为他知道总理一旦出马，他一个嘴上没毛的年轻人无论如何是压不住阵脚的。自知分量不够，王洪文想想也感到沮丧，他们四个人里，他的这个特殊地位岌岌可危。记得那次，他还没有说几句话，毛泽东就一锤定了音："总理还是总理嘛！"他顿时从毛泽东冷淡的眼神里，看到他的暗淡前景。可是这次……江青在背后推着，张春桥、姚文元在旁边捧着，他不得不硬着头皮又一次到长沙见毛泽东。

　　总理到长沙，也住进了毛泽东的宾馆大院里，只相隔一幢楼。总理平时有习惯，要睡一会儿午觉，可是他到后，还不见王洪文的影子，如果主席那里通知叫他们去怎么办？他不肯午休，一个人在大厅里慢慢踱步，不住地抬腕看表。

　　到了下午，王洪文才姗姗来迟，一见总理，就连连说："总理，对不起，我来晚了。昨夜晚上睡晚了，总理，让你久等了。"因为他知道总理一直在用电话催促他快来，一同会见主席。

　　周恩来亲临看望毛泽东，表面上毛泽东好像平平淡淡，和在中南海见面一样随意。但是他心里有数，周恩来将自己安危置之度外，抱病登门，此行意义绝非一般。但是也不知是因有王洪文在场，还是他还没有考虑成熟，没有过多地讨论四届人大的人选问题。

　　后来总理又去过主席那里四五次。每次会见，两位老人谈得多也谈得很投机，他们或许意识到，这次会面将是有生之年最后的见面，毛泽东对周恩来的人事安排给予了充分的肯定和支持。王洪文为了保住自己的前途，他不得不违心地在主席面前检讨自己水平低，能力差，年轻幼稚……虽然临行前和江青他们商量了好几种对策，但是王洪文说什么也不敢轻举妄动，更不敢在主席面前为江青说好话。

　　工作人员从总理的一个细节发现了毛泽东对王洪文有看法。

　　在长沙的一天下午，他们和总理一起打牌。总理平时也没有什么娱乐嗜好，挺寂寞的，大家就动员总理打牌，消磨消磨时光。不知是谁随手拿了一张报纸铺在桌上，总理戴上老花镜，专心致志看桌上的出牌时，无意中目光扫到报纸上一行小字。他放下牌，抽出报纸读了起来：外电消息，中共副主席王洪文出现在橘子洲头，可能中共主席毛泽东也在长沙。

　　"怎么搞的，没事到处乱跑，让外国记者发现了，乱弹琴！"总理生气了，牌也不打了。大家一见总理这口气，主席在长沙对外是保密的，估计王洪文被主席批评了。总理也在为他着急，大祸临头，还不好自为之！

▓ 1975年1月，叶剑英与邓小平在四届人大会议上投票

12月26日是毛泽东的生日。晚上，在周恩来住所，湖南省委书记请客，准备了一桌生日宴席，将医护人员和总理的警卫秘书叫到一起吃饭，为毛泽东祝寿。

当夜凌晨2点，毛泽东打电话单独约周恩来去会谈。

刚刚看过生日焰火的毛泽东，满面红光，心情格外愉悦。

周恩来和毛泽东整整密谈了两个小时，直至清晨4点，周恩来才轻轻地告别毛泽东，走出户外，深深吸了一口清冷的空气。

周恩来因获得成功而目光炯炯，中国的历史再次由这两位巨人合作谱写。

28日，周恩来完成了重大使命，飞回北京。

七天之后，即1975年1月5日，邓小平被任命为中央军委副主席兼中国人民解放军总参谋长。只相隔五天，邓小平又被任命为中央副主席、中央政治局常委。接着在四届人大上，周恩来仍被任命为国务院总理，邓小平为国务院第一副总理。

中国的政局出现了令人振奋的景象。

躺在病床的周恩来了却了他最后的心愿，为中国革命完成了一项非凡的使命。

1975年初，是周恩来在医院里精神最愉快，病情较稳定的一段时光。

有一次，他对张大夫说："我去过许多国家，大部分都是第三世界。如果身体允许，想去一次日本，等和美国关系再好一些，去一次美国。"

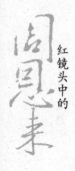

张大夫笑笑，心里却在流泪：总理啊，你还不知道，癌症已经扩散全身，再过几天，我们又要为你切除结肠上的肿瘤。

每一次手术使得周恩来获得暂时缓解，同时标志死神也临近一步。

在305医院，周恩来落下了他光辉灿烂的外交生涯帷幕。杜修贤几乎是从泪水模糊的取景框里抓拍了这个催人泪下的瞬间，按下了快门

周恩来在医院已经进入了生命的最后岁月。

1975年9月7日上午，周恩来在305医院留下了他外交生涯的最后瞬间，他近半个世纪的外交生涯随之而落下了光辉灿烂的帷幕。

谁见了这张照片不悲伤？不感慨？不动容？

周恩来用那略有残疾的右臂，握拳支撑在沙发边沿，左肘抵在沙发扶手上，为尽可能缓解腹部伤口未愈合而带来的剧痛，他上身艰难地向前微倾，凝神听着罗马尼亚共产党中央书记伊利耶·维尔德茨的谈话。他刀剑般锋利的浓眉拧着，眼睛却依然明亮。

病魔侵害了周恩来这位被人誉为东方美男子的儒雅阳刚的容貌，却没有改

周恩来和邓颖超与身边的工作人员在西花厅合影留念

变他彬彬有礼的风度和从容不迫的笑容。

杜修贤永远不能忘记那个日子。

那天，他在医院的客厅里拍摄，无形的压抑和无以名状的痛楚，堵得心里老是发慌，焦距在微微颤抖的手里老是模糊。他那潇洒而又庄重的形象曾千次万次出现在他的镜头里，也永远地留在了全国人民的心中……

可眼前的总理已经十分瘦弱和憔悴，从不要人搀扶的总理，哪怕是大手术之后，身体还未复原，也要坚持自己走上前和外宾握手，而这次他已不能独自走完这段只有几米长的平坦之路。

杜修贤几乎是从泪水模糊的取景框里抓拍了这个催人泪下的瞬间，按下了快门。

就在他按下快门的刹那，心底掠过不祥的惊悸，这会不会是总理最后一次会见外宾？热泪迅速挤进鼻腔里，他紧紧地合上眼帘，生怕一睁眼，泪珠子就会憋不住夺眶而落。

他心里默默提醒自己：我虽不能挽留您匆匆走向生命终点的脚步，但我可以用镜头挽留住您不朽的身影。

这次会见将成为他结束总理生涯的告别仪式，也成为杜修贤结束总理专职摄影记者生涯的最后一次拍摄，将镜头投向敬爱的周总理，按下了最后的瞬间！

就在这次接见外宾，总理在和客人谈到病情时，他安详平静地对客人说："马克思的请帖我已经收到了！"

9月20日，周恩来又一次手术，切除扩散的肿瘤。一个月后，肿瘤又一次生成，周恩来不得不再承受身体的剧痛，开刀拿掉瘤子。

10月20日，周恩来又要动手术了。到此为止，两年多的时间，周恩来一共承受了大大小小13次手术。这次手术是他最后一次。或许周恩来比谁都明白自己所剩的日子不多了，一旦再上手术台还能不能苏醒过来？在进手术室前，医生为他注射了术前麻醉剂，推车都停放在他的床前，而他却进了卫生间，反锁，将自己关在里面，竟然一个多小时也不见他出来，邓大姐着急，几次敲门，总理也不回答。

"知夫莫过妻"，邓大姐自言自语："唉！又在写东西。"

写东西？——遗言？大家暗暗猜测，也吃惊，难道总理挺不过这一关了？这是不祥之兆啊！

以后大家才知道周恩来所写的不是遗言。是为他自己50年前的一段历史作最后的申辩，为国民党制造的所谓"伍豪启事"澄清早已澄清的事实。

周恩来一生忍辱负重，不计个人得失。他年轻时没有享受过人生，没有子女，没有家产，晚年又忍受含沙射影的恶毒攻击。属于自己的唯剩这把随时都会化为灰烬的忠骨。他忍受了许多许多，唯一不能忍受对他政治生命的践踏。在生命最后一刻，他要做的竟然是为了一个不应该让他承受的冤案申辩，为保护清白的政治名誉而不惜耗尽最后一滴血。

这是一个即将离开人世垂危病人的心病啊！

推车在将周恩来推到手术室的门口，他突然说："张大夫，你叫一下小平同志。"

这时政治局的委员们已经和总理一一握过手，正站在走廊里，目送总理的推车进手术室。

"小平同志！总理叫你。"

邓小平连忙上前几步，一把握住总理的手。

"小平同志，你一年多的工作，证明——你比我强得多！"周恩来用最大气力高声说。

邓小平抿着嘴，使劲地点了下头。

身后的人都清楚地听见了总理这句评价。

周恩来这次手术后，他再没有能站立起来。

周恩来躺在病床上，大部分时间都是静静的，很少说话。他没有气力说话了，但是他的神志非常清醒。

12月底，周恩来进入了断断续续的昏迷状态，大家都做了最坏的思想准备。毕竟伴随生病的总理两年多时间，医护人员心理也一点点地增加了承受力。进入病危后，有一次他的呼吸突然停止，连心跳也骤然停止搏动。医务人员以为总理走到了生命的尽头。他们一边不失希望奋身抢救，一边通知中央领导人来医院和总理最后告别。

没有想到总理是被一口痰堵住了，把痰吸出后，总理又恢复了知觉，慢慢睁开了眼睛，他一见身边围着中央的领导同志，脸上露出了笑意。他颤巍巍伸出手，和大家一一握手。医生一见总理苏醒了，又是高兴又是担忧，生怕江青责怪医生谎报军情，故意让领导虚惊一场。定睛一看，江青没有来，这才松了口气。

红镜头中的
周恩来

周恩来又一次从死神手里挣脱回来，吐出非常微弱的"呜呜"的音节，"会不会是邬吉成？"周恩来临终前留下的千古之谜

一般人们都知道周恩来临终前最后会见的人是罗青长同志，但是很少有人知道总理临终前几天想见的一个人是中央警卫局副局长邬吉成。他住在钓鱼台，负责分管警卫二处，即外宾警卫，江青等人的警卫工作也由他负责。

1972年初尼克松访华前的一天，已经深夜1点了，正在酣睡的邬吉成接到电话说，总理要到钓鱼台察看尼克松即将下榻的18号楼，检查一下安全设施，要他在那里等待。邬吉成情急中找了一件新做的涤卡军便服穿上，因为他知道总理喜爱整洁，穿得邋遢，总理是要批评的。

来到钓鱼台，总理走下汽车，就着明亮的灯光上下打量了一眼站在身边的邬吉成，目光里流过一丝不易察觉的责备。邬吉成也没有意识到什么，陪着总理楼里楼外地看，阳历二月还没有走出冬季，夜半三更格外寒冷，只觉得风往骨头缝里钻，大家冻得直跺脚。那天总理穿得也很单薄，可是他一丝不苟地询问察看了一个多小时才离开钓鱼台。邬吉成刚回到办公室，还没暖过身子，总理的卫士张树迎就来了电话，听着听着，邬吉成不觉红了脸："总理问你是不是没有质地好一点的制服，如果没有，总理说拿他的一套给你。尼克松来华，警卫人员一定要穿戴整洁，不能让人家小瞧我们。"第二天，邬吉成向中央办公厅的领导报告了总理的指示，当即决定：参加接待尼克松总统访华的工作人员，马上到北京老牌服装店"红都"量体裁衣，每人做了一套毛料制服。笔挺、鲜明的制服往身上一穿，人顿时精神多了。总理一看舒心了，眉头往上挑了挑，说："外事警卫随时都要紧跟外宾，更应该比别的警卫注意衣冠整齐。'人在衣服马在鞍'嘛。不仅给人良好的精神面貌，同时也表示对客人的礼貌尊重。"

1976年1月2日，周恩来的身体像一盏即将耗尽油的灯，摇曳的生命之火

中央警卫局副局长邬吉成

235

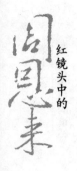

发出微弱顽强的弥留之光，时断时续的昏迷，时断时续的清醒，使周恩来备受病魔的痛苦折磨。上午，他又一次从死神手里挣脱回来，微微睁开眼睛，嘴唇动了动，吐出非常微弱的声音，身边的卫士连忙俯身倾听，只听见一个"呜呜"的音节，再细细听还是这个音节，卫士费劲地猜测，顺着话音向几乎已经连摆头的劲都没有的总理提示一件件事情，总理见卫士说不准他的心思，神情渐渐焦急起来，又吃力地说："邬……邬，钓鱼台的那个……"邓大姐在一边试着问："是不是还有话要和人说？"总理微微地点点头。大家马上接"邬"的音在钓鱼台里排，咦——"会不会是邬吉成？"总理点了一下头。

中午1点，邬吉成正好在家，总理的卫士张树迎打电话给他，急切地说："老邬，总理要见你，请你马上来。"

邬吉成愣愣地放下电话，痛心难过伤感激动一齐涌上心间，眼圈潮乎乎的：总理已经危在旦夕，还挂念着我。

他叫上车子就往305医院奔驰而去。"总理会和我说什么？临终之际还念念不能放下的一桩未了心愿会是什么？"邬吉成含着泪猜想着。车子开得很快，一会儿就到了305医院，他三步并两步走，恨不得一下就跨到总理的床头。当他来到总理病房门口，却被护士拦住了，告诉说："总理又昏迷过去了，你先到护士值班室等等，总理醒来我再叫你。"他失望地望了望眼前的门，只好独自在值班室里默默等待总理苏醒。时间一分一秒地流逝，3个多小时过去了，总理还没有醒过来。正在万分焦急时，有人跑进来通知他："准备一下，总理醒过来了，要见你，医生正在给总理治疗，马上就可以进去看总理。"

邬吉成激动地走到总理病房的门口。

可是总理没能等到医生治疗完，便又一次进入昏迷状态，而且这一次时间更长。邬吉成从2日中午1点一直等到次日凌晨。总理一直没有苏醒过来。邬吉成非常难过地走出总理治疗的小楼，在寒夜里徘徊。邓大姐也在那里徘徊，她眼睛里布满血丝，显得很憔悴。她见邬吉成还在苦等总理苏醒，叹了口气，委实不忍心直说总理已经很难清醒过来，只是叫邬吉成先回去，如果总理苏醒过来，再通知他。邬吉成听大姐这样说，想想也对，便向大姐提出，想在门口看总理一眼。大姐答应了他的要求。

邬吉成又走进楼里的病房。所谓病房，其实就是总理住院后会见外宾的客厅兼做治疗室，两者中间只隔了一道屏风。邬吉成蹑手蹑脚穿过外面的客厅，生怕惊动总理；到屏风边他止住了脚步，眼泪不知不觉地流了出来。

在这之前，他最后一次见到总理是1975年9月7日，那天总理会见罗马尼亚来的客人，邬吉成和以前一样负责警卫，陪同外宾一起来到医院，那时总理已经瘦弱不堪，说话的声音也十分微弱，但是总理特有的儒雅风度却丝毫未减，整个会见中总理的目光始终明亮慈祥，消瘦的脸颊上浮动着从容谦和的微笑……没想到四个月不见，总理英俊潇洒的容貌已经被癌症彻底摧毁，几根流动不同颜色液体的管子连通着他昏迷不醒的躯体。能证明一息尚存的生命的，便是心脏监视图上微弱弹跳的光点和满脸蓬乱的胡子随着呼吸的起伏微微颤抖。

邬吉成痛苦地想："总理，您找我要说什么呢？是命令我把钓鱼台那帮豺狼装进网里？还是告诉我暂时忍受侮辱等待时机？总理，您醒来吧，无论您让我怎么做，我都绝对服从。"可是，周总理再也没有醒来。邬吉成默默朝着病床向敬爱的周总理敬了一个军礼。

1月8日上午9时57分，一颗伟大的心脏停止了跳动。

周恩来临终前究竟为何要见邬吉成，成了无法破译的千古之谜！

"我想回西花厅，回那里再治疗……"张大夫无法用语言回答，只好含泪安慰总理："等病情稳定了，我们就回家。"

1976年1月8日上午周恩来静静地沉睡了，那样安详，那样从容，那样凝重！周恩来解脱了所有的病痛，也解脱了所有插在他身体上的管子。

这之前，周恩来曾经历了癌症病人最后的惨痛，离开人间的弥留之际，忍受了肌体由生到死蚕食般噬吞的漫长苦旅。至今想起仍令人心灵颤抖。

周恩来最后一次手术，同时献出了最后的健康基因。到了11月，他已不能自己进食，开始鼻饲维持生命。12月初，不能排便，在腹部安装肠瘘。因为多次开刀，腹部溃疡，脓、血、腹水等体液大量渗漏。周恩来浑身插满了管子，红的是血，黄的是脓，无色的是腹水，一些管子将体液排出体外，另一些管子

红镜头中的

周恩来

■ 周恩来的保健医生张佐良

则将鲜血、生理盐水、氧气、流质食物等补充进体内……

仅是这场面已经让人惨不忍睹了。

如果再想想此时周恩来忍受的痛苦，更是肝胆俱裂。

周恩来从进医院到生命最后的日子，唯有一次，他实在忍受不了病体剜心般的疼痛，他将张大夫叫到身边，痛苦地说："张大夫，我实在忍不住疼了，想哼哼，行不行？"张大夫简直忍不住自己的颤抖："总理，总理，你疼就喊……没关系……怎么样疼得轻一些，就怎么样！总理，你别……别再拘束……自己了。"说到这里，泪水已经顺着鼻梁滑落了下来。

这时，止痛针已经不起什么作用了，总理用超常的毅力，硬是咬牙挺着，实在忍不住才小声哼几声。

大凡一个人忍受痛苦到了极点，就会产生一种严肃的力量，使人震惊，使人敬仰！周恩来直到离开这个世界，他留下的仍是宁静的气息和安详的面容。

最后一次手术后，有几天，周恩来有些心神不定，老是不愿意麻烦医生。一天晚上，他对守护身边的张大夫和警卫秘书老张说："我的病就这样了，已经很清楚了。我不想再麻烦专家们了，他们应该到最需要他们的地方去，为更多的人治病。我想回西花厅，回那里再治疗……唉，出来两年多了，真想回去住住啊！"

张大夫他们无法用语言回答，只好含泪安慰总理："等病情稳定了，我们就回家。"身边工作人员都将西花厅称为"家"，这时说出"家"，除去亲切外更多的是悲伤。总理一旦离去，这个"家"何以完整？何以欢乐？

过了几天，总理不再提回家的事情了。他一向严于克己，知道这个事情让医务人员为难，就打消了这个恋家的念头。

叶剑英在周恩来病危阶段，几乎每天都在医院守着。他叫护理人员手头备一些纸笔，以防总理最后要说些什么，好作记录。叶帅还吩咐专家们尽最大的努力延长总理的生命，哪怕只有一天，或许能让总理临终前听一个好消息，了却他的心愿……大家都奇怪，什么好消息？叶帅笑笑，不说。可能直到总理逝世，也没有听到好消息传来。究竟怎么回事？至今是个谜！

1月8日这一天，和往常一样，总理的卫士张树迎向高振普交班，由他守在总理的病床前，高振普抚摸着总理干瘦的左臂。这是总理住院后期，他养成的习惯。周恩来的手臂发热，他就比较放心。此时总理还转过脸来，看看他，他很习惯地对总理点点头，周恩来没说话。他几天来都是这样，说话很困难。卫士乔金旺和高振普一个班，他走进病房，示意叫高振普休息一会儿。高振普会意地离开病房，轻步往外走，回到值班室。黄宛、方圻、吴蔚然同志都守在那里。忽然电铃响了，这不是平时的电铃，而是为遇紧急情况专设的电铃。不好！大家快步跑向病房，几乎同时看到监护器的心脏显示，心跳70多次，陈在嘉大夫说："一直是100多次，忽然掉到70多次……"她急得说不出话来，心跳在继续下降，60次、50次、30次……

医生们按照原定的抢救方案，采用了所有措施，呼唤、人工呼吸……都不起作用，陈在嘉哭了，她在监护器前坐不住了，方圻大夫替她守着。荧光屏上，进而显示一次心跳，渐渐地看不到心跳了，只见一条直线。总理，人民的总理，为人民的解放事业奋斗了60多个春秋的伟人，带着全国人民的敬仰，离去了。跳动78年的心脏于1976年1月8日9时57分停止了。他去得那么突然，走得太快了，太早了。

谁也承受不住这如同天崩地陷般的痛苦，全体医务人员、工作人员都站在总理的周围，忍不住放声大哭。这哭声中包含着对总理的爱，对总理的敬，对国家的忧。

中央领导同志接到总理去世的消息后都急匆匆地赶来了。李先念第一个走进病房，他弯下腰，双手紧握着总理的手，只叫了一声"总理……"便再也说不出话了，泪水一下涌了出来。他悲痛得双手发抖，站都站不住了，医护人员赶快把他扶到沙发上，他坐在那里，双眼直望着总理的遗容，无力地抽泣着。

邓小平、叶剑英也都来了，他们都站在总理床前，深深地向总理鞠躬。

11时5分，由邓小平带领，叶剑英、李先念、华国锋、陈锡联、纪登奎、吴德、汪东兴、陈永贵、王洪文、张春桥、姚文元等走进总理病房，围在总理遗体前。他们都肃立站好，邓小平说："恩来同志，安息吧！"然后向总理三鞠躬，目视着总理，缓缓地退出了病房。

11时30分左右，江青来了，她走进病房，高声喊着要见邓大姐："小超在哪里，我要见小超。"她没有靠近病床便停住了，她没看静卧在床上的总理，一边喊着"小超"就退出了病房。所有人都被她的表现给惊呆了，众人都用惊

239

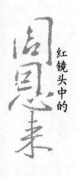

愕、愤怒的目光默默地盯着她。1976年的10月，粉碎"四人帮"以后，江青当时的秘书透露了这么一个细节，周总理去世的消息，他们接到中办的电话后，马上向江青作了汇报，说明中办通知叫她去医院。她却说，前几天不是告别过了吗？（注：1月4日总理曾因病危抢救，她到过医院）还去干什么？这足以说明了江青是个什么人。

负责总理警卫值班的同志和总理的厨师、服务员走进病房，看到的是逝世后安详地躺在病床上的总理，他们失声痛哭为没能在总理在世时最后看一眼总理而感到终生遗憾。

> **"民泣国伤今夜里，山呼海啸唤君回。""只见总理去，不见总理归。"这是亿万人民悲痛欲绝的真情流露，这是空前绝后的悼念！**

周恩来的去世，悲痛欲绝的是热爱他的全国人民。

1976年1月9日至1月15日的一周里，全国都被悲哀的气氛所笼罩着。9日上午，商店开门了，卖布匹的柜台十分繁忙。人们不约而同自发地来到这里购买黑布制作黑纱，柜台前少了平时的拥挤和喧闹，大家自觉地排成长队，默默地交钱，默默地拿起黑布。平时销量很少的黑布很快告罄，后来的人只有购买价格较贵的黑色绸缎回家。

卖纸和笔墨的柜台前也同样出现了排队的行列……

10点过后，北京各大小报亭前，人们也默默地排着很长的队伍购买还散发着墨香的当天的《人民日报》。这天首都和全国各地各大报纸都在头版刊登了周恩来的遗像和《讣告》。

当天下午，周恩来的遗体由解放军305医院移到了北京医院一间普通的太平间内。这间大小不足一百平方米的屋子中间，停放着党旗覆盖下的周恩来遗体，四周放着鲜花。邓颖超敬献的花圈挽带上写着"悼念恩来战友"。毛泽东和其他党和国家领导人的花圈上都写着相同的挽词："悼念周恩来同志"。这间临时布置的屋子，四周摆放着花圈，加上几位守灵人员，所剩下的空间就只够吊唁者成单行通过了。原定向遗体告别的人数6万，后减少到4万。即使这样，这间小小的吊唁厅显然也与周恩来的身份、影响是不相称的。吊唁天数也由原定的三天减去了一天。

北京所有的国旗都降了半旗……

第二天上午9点，拉着窗帘的红旗轿车接连不断地驰抵吊唁厅外有两个篮球场大的停车场，朱德、王洪文、叶剑英、邓小平、张春桥、江青、陈锡联、姚文元……走下轿车，依次走进吊唁厅。他们都在周恩来的遗体前肃立默哀，鞠躬诀别，然后绕灵床半周，从侧门退出。

朱德拄着手杖走在前面，这位年迈的老战士老泪纵横，低声呼唤着周恩来的名字，缓步来到周恩来遗体侧面，慢慢抬起右臂，向这位入党介绍人、在南昌共同向国民党打响第一枪的战友庄重地行了最后一个军礼。

臂戴黑纱的邓小平神情凝重，没有泪水，他随着哀乐缓缓地来到灵床前，默默地望着闭目而卧的周恩来，久久不肯离去。自去年全面整顿以来，周恩来是他最大最重要的支持者，是他的战友，更似兄长。周恩来的逝世将使他今后的处境更加困难，与"四人帮"的斗争也会更趋激烈。他多么希望能够继续得到这位静卧在鲜花丛中的兄长的支持啊！邓小平再次向遗体鞠了一躬，坚定地向侧门走去。

老帅们都来了，叶剑英、聂荣臻、徐向前都向他们敬重的战友行了最后一个军礼！

党和国家领导人走后，党、政、军机关和北京市各界群众代表缓缓地走进吊唁厅，向他们敬爱的总理最后告别。黑压压的队列，排得很远很远……

政治局委员们从吊唁厅出来，便被请到一间休息室里。

江青一进门就一屁股坐在沙发上，边捶大腿边呻吟："哎哟，我的两条腿都站肿了。"

叶剑英气愤地质问江青："江青同志，刚才向总理告别的时候，你为什么不摘帽子？"

江青脖子一扬答道："我感冒了，正发高烧，不能受凉呀！"

坐在一边的朱德一听江青的话，就用手杖"咚咚"地敲了几下地毯，愤愤地说："感冒了就不要来嘛。你这个样子，影响多不好。"

王洪文见势，赶忙抬抬手，示意大家静一静："现在有两件事，要同大家讲一下。第一，先请远新同志传达主席的有关指示。"

毛远新站起身来，从公文包中抽出一张纸，念道："主席指示，总理的丧事要坚持节约的原则，各地不开追悼会；不设灵堂；不提倡戴黑纱、做花圈；不邀请外国使团来京参加悼念活动；全党同志要化悲痛为力量，抓革命，促生产，深入开展反击右倾翻案风的斗争。"

丧仪制度早不改，迟不改，偏偏周恩来逝世，人民要表示自己的哀思时，却"丧仪从简"改革了。

邓小平质问毛远新："主席这些指示是什么时候讲的？"

张春桥早有准备地不慌不忙代毛远新说："哦，这是远新同志的一份报告，昨晚念给主席听后，主席表示同意，并请政治局讨论。"

王洪文接着问："大家有不同意见吗？"他见到会者一阵沉默，便继续说："如果没有不同意见，就请文元同志根据主席的这些指示起草一份通知，尽快以治丧委员会的名义发下去。"

"第二件事，治丧委员会决定15日在人民大会堂举行追悼会。"王洪文又说道，"谁来给总理致悼词？"

江青首先发言："我看由洪文或春桥同志致悼词比较合适。"

王洪文是绣花枕头一个，虽说现在他在主持中央日常工作，但自知太嫩，便推辞了。

张春桥也自知不够格，就找到叶剑英："现在全国都在反击右倾翻案风，邓小平作悼词不合适，还是请叶帅来吧。"

叶剑英斩钉截铁地说："我看不出有什么不合适的，他是堂堂正正的党中央副主席，又是国务院第一副总理，代替总理主持工作，理应由他来作悼词。再说我的心情太难过，也读不下来。"

张春桥碰了一鼻子灰，只好作罢。王洪文只有宣布，悼词由邓小平致。叶剑英在关键时刻给邓小平以极大的政治支持。

11日，是各界群众向周恩来遗体告别的第二天，也是最后一天。长长的队列一眼望不到头。世界上再也没有这样深挚的哀痛，哭唤声令天地变色，神鬼齐哀。吊唁群众的泪水把地毯洒湿了一米多宽的一圈，这是世界上绝无仅有的一例。不少人在吊唁厅哭得昏过去，靠旁边的人搀扶出去。人们恋恋不舍地走向侧门，都想多看周总理一眼。"一步一回头，步步泪水流。"

下午4点40分。

邓颖超双手捧着镶有周恩来遗像的镜框，在两名女工作人员搀扶下，步履蹒跚地步出吊唁厅。四名威武的礼仪士兵抬着一具黑色灵柩，紧随邓颖超身后。臂戴黑纱的王洪文、李先念、邓小平、叶剑英、汪东兴等一大群党和国家

1976年1月15日，邓小平在周恩来追悼会上致悼词，随后被再次打倒

领导人默默地走在后面。

4点45分。

载着周恩来遗体的一辆白色的灵车徐徐启动，驶出北京医院大门，数十辆小轿车在灵车后形成了送灵的车流。

北京的天空阴霾沉沉，寒风萧萧，滴水成冰。北京城裹着一身哀悼的素装。

从中午开始，无数的人都自发走出家门，来到长安大街。他们中有怀抱婴儿的母亲，倚杖而立的老人，双腮垂泪的孩子，满目哀伤的青年工人、农民、学生、士兵、机关干部、街道居民……都臂戴黑纱，胸缀白花，任凭寒风吹打，伫立在长安大街两旁。他们的心情如这天空一般阴沉哀痛，默默等候着。百万悼念的群众把十里长街变成了一条充满着哀痛和愤怒的河流。没有人动员，没有人组织的如此巨大而又井然有序的送葬队伍，是中国历史上从未出现过的。在世界历史上也从未有过如此隆重、如此悲壮的葬礼。

白色的灵车缓缓地从送葬的人群中通过，百万人群哭声一片，惊天动地。人们低下了头，军人摘帽默哀给总理送行。"周总理！周总理！"——哭喊声响彻长安大街。

灵车驶抵八宝山，早已聚集在那里的石景山的工人和八宝山公社的社员，蜂拥到火化处，哀求不要火化周恩来的遗体。从1月9日以来，全国各地无数要求永久保留周恩来遗体的电报和书信就已雪片般飞到中央。石景山工人和八宝山社员的要求反映了全国大多数人的心声。经过反复解释，人群才散开。

下午7点。

四名青年工人将周恩来的遗体小心翼翼地抬放在传送带上，仿佛怕惊醒了睡熟了的周总理。

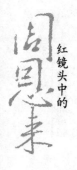

1976年1月11日，首都百万群众泪洒十里长街，目送灵车通过天安门广场

邓颖超猛然挣脱开搀扶着她的吴桂贤的手，扑向灵柩，发出了撕心裂胆的呼喊："恩来——"

长期在周恩来身边工作的卫士、秘书们也都扑了上去，想最后看周恩来一眼，大家哭成了一片……

周恩来的遗体被送进火化炉，烈火无情地吞没了非凡的身躯。

最让人撕心裂肝、痛不欲生的时刻莫过于此时此刻。从此，周恩来永远不会回来了！车子退出炉口，刚才还衣冠整齐的周恩来经过烈火的洗礼，化为了片片白骨灰。

身边的工作人员早已哭干了眼泪，哭哑了喉咙。这时大家等候在炉前的房间里，准备将总理的骨灰装进骨灰盒里。

可是没有想到骨灰盒竟然盛不下总理的遗骨。他们洗净手，用手指捻碎还有余热的骨片，从骨灰里捡出了皮鞋底子上的铁钉，皮带上的铁套头，以及假牙的铁托子，这些身外之物都是在总理去世后，他们亲手给穿戴的……而现在只剩下烧焦发黑的小铁疙瘩！

他们的双手不停地颤抖，许久也捻不碎一块骨片。这项并不艰巨的工作，他们整整干了一个多小时才完成。最后还有一点骨灰装不进骨灰盒里，只好装进一个小瓶里。

骨灰盒开始由警卫秘书捧着，后来邓大姐接了过去，一直到劳动人民文化宫，放进吊唁周恩来的灵堂里。

深夜11点，一辆车头装有黑黄两色绸结的红旗牌轿车沿长安街驶回。大街两旁仍有成千上万的群众不顾寒风凛冽，从下午自发地来到灵车通行的路边，一直伫立等候着周恩来归来。

"一身存殁系安危，星陨中天地恸悲。民泣国伤今夜里，山呼海啸唤君回。""只见总理去，不见总理归。"这辆周恩来生前乘坐的轿车，带回的却是周恩来的骨灰。

司机放慢车速，缓缓通过了长安街，驶进了劳动人民文化宫。

北京的群众直到深夜，人们还是不肯散去。

这是中国历史上空前的追悼！

周恩来的骨灰漫天飞舞，扬扬洒洒落在了养育他的祖国大地上。无论时光怎样流逝，他的忠魂永远飞舞在神州大地上，他的英灵就是一座不朽的丰碑！

从12日至14日，周恩来的骨灰安放在劳动人民文化宫太庙内，供群众吊唁三天。太庙厅堂的廊檐下悬挂着一条黑底白字的横幅："中国人民伟大的无产阶级革命家、杰出的共产主义战士周恩来同志永垂不朽！"周恩来的骨灰盒上覆盖着中国共产党党旗。

一九七六年一月十四日晚，警卫秘书抬着花圈，邓颖超捧着丈夫的骨灰盒，由劳动人民文化宫到人民大会堂

▍周恩来总理的骨灰撒在祖国大地上，丰碑树在人民心中

　　元月15日，周恩来的追悼会在人民大会堂召开，王洪文主持，邓小平致悼词。

　　追悼会一结束，邓大姐在台湾厅向大家宣布意外的消息：完成总理生前的遗愿，将骨灰撒掉。在场的人都失声痛哭起来：我们留不住总理，连骨灰都留不住吗？

　　但这是总理生前的遗愿，大家也没有办法改变，只好泪水涟涟和邓大姐告别。邓大姐要亲自将骨灰送到通县机场。这时外面进来人报告：外面都是群众，这时不能出去，一出去，知道总理骨灰要撒掉，他们一定会出来阻止的。原来追悼会结束后，首都群众又一次簇拥在大会堂外面，以为总理骨灰要在八宝山安葬，想亲自再送总理一程。他们在寒冷的黄昏里静静地等候着……

　　邓大姐和身边的工作人员又在台湾厅等了一会儿，看来不行，群众不见总理骨灰出来，就是不散。最后只好由地下通道将总理的骨灰送出大会堂。

　　警卫秘书和邓大姐坐一个车，邓大姐捧着总理的骨灰，一路默默流泪。警卫秘书一见，眼泪又不听话地流了出来，他心里非常难过。邓大姐在大家面前尽力克制自己的感情，也不让别人过多地哭泣。可是当她一个人面对丈夫骨灰的时候，就再无法控制自己的悲伤。警卫秘书想替大姐捧一会儿骨灰盒，可是大姐摇摇头，嘶哑着喉咙说："让我捧着吧，这是我最后一次和恩来在一起了……"

　　等汽车到通县机场，天已经漆黑，机场黑蒙蒙一片，好半天，才在黑暗中辨认出跑道和停着的一架飞机，等他们几个人上去，才知道是洒农药的农用飞机。

邓大姐紧紧握着代表中央播撒总理骨灰的罗青长和警卫们的手："这次任务全靠你们了，我代表恩来感谢你们！"

最初，总理骨灰并不准备用飞机空撒。邓大姐本想在北京郊区有水的地方，撒下骨灰。北京有水的地方就数玉泉山了，可是正是冰天雪地的季节，河流都结了冰，即使不结冰的水流，也非常细小，带不走骨灰。在追悼会前才决定用飞机撒。

13日西花厅召开了一个特殊的党支部会议，邓大姐召集全体党员开会。会上邓大姐提议由警卫秘书老张负责撒骨灰的任务。老张一听就急了，觉得任务太重，他承担不了，就说服大姐："我撒总理的骨灰，不合乎中国的传统，总理是有侄子侄女的，是周家的后代，即使非撒不可，那也应该由他们执行。"从内心说，老张不愿意把总理的骨灰撒掉，更不愿意自己亲手去撒，他的感情承受不了。可是邓大姐不同意，说："总理生前是这个支部的党员，你们又跟随总理这么多年，比亲人还亲，这次任务应该由你们执行。这是支部的决定！"

老张只好表态，"既然是支部的决定，那么我执行。"

飞机不断地升高，机舱里越来越冷，穿着皮夹克，也冻得浑身哆嗦。大家围着洒农药圆桶形的喷口，手里提着盛总理骨灰的红绸袋，骨灰分在三个口袋里，也就是说，骨灰要分别撒在三个地方。

在昏暗的灯光下，大家谁也不说话，心情极度地难过，不时听见驾驶员的抽泣声，可能他已经知道是撒总理的骨灰，边驾驶飞机边哭呢！

不一会儿，前面的领航员说："撒！"

他们将第一袋骨灰倒进了圆桶里，骨灰被风吹撒，漫天飞舞，扬扬洒洒落在了密云水库（撒骨灰的地方是后来才知道的）。飞机又撒了第二袋，是在天津海河的位置，最后一袋撒在了黄河入海口。整个空撒任务往返4个小时才完成。

第二天一早，他们来到西花厅，邓大姐整整一夜没有睡觉，眼圈乌黑乌黑的，她一见俩警卫，老泪纵横，张开双臂，一把抱住他们，三个人痛哭着抱在了一块儿……

"感谢你们，感谢你们替我了却了恩来同志的遗愿！感谢你们！"

后来听其他同志说，那一夜邓大姐不仅仅挂念总理骨灰是不是撒干净了，也担心这两名警卫的安全。

密云水库——天津海河——黄河入海口。

它象征什么？象征周恩来的足迹，周恩来的胸怀，也象征着周恩来永存的生命！

密云水库曾经留下周恩来洒落的汗水；天津是周恩来早期革命活动的地方；黄河是中华民族的摇篮，生生不息的生命河流，周恩来的灵魂由入海口走到更博大的怀抱！

周恩来走了，但没有离去……他的英灵已经属于九百六十万平方公里，又何须几尺见方的墓穴！他的名字已经被亿万人民铭记，又何须小小石碑来镌刻！
